HANS PETER ADLER

Nachträgliche Anforderungen an Gewerbebetriebe

Schriften zum Wirtschaftsrecht

Band 12

Nachträgliche Anforderungen an Gewerbebetriebe

Von

Dr. Hans Peter Adler

DUNCKER & HUMBLOT / BERLIN

Gedruckt 1970 bei Richard Schröter, Berlin 61
Printed in Germany

Inhaltsübersicht

Verzeichnis der Abkürzungen

a.A.	=	anderer Ansicht
a.a.O.	=	am angegebenen Ort
ABl	=	Amtsblatt
ÄndG	=	Änderungsgesetz
ÄndVO	=	Änderungsverordnung
ALR	=	Allgemeines Landrecht für die preußischen Staaten
Anh.	=	Anhang
Anm.	=	Anmerkung
Arg.	=	Argument
AS	=	Amtliche Sammlung von Gerichtsentscheidungen
AWG	=	(Bundes-)Außenwirtschaftsgesetz v. 28. 4. 1961
Bad.-Württ.	=	Baden-Württemberg
bad.-württ. WG	=	baden-württembergisches Wassergesetz v. 25. 2. 1960
BAnz	=	Bundesanzeiger
BauNutzVO	=	(Bundes-)Verordnung über die bauliche Nutzung der Grundstücke v. 26. 6. 1962
Bay, bay	=	Bayern, bayerisch
BayVerwBl	=	Bayerische Verwaltungsblätter (Zeitschrift NF seit 1955)
BB	=	Der Betriebsberater (Zeitschrift seit 1946)
BBahnG	=	Bundesbahngesetz v. 13. 12. 1951
Bd.	=	Band
Begr.	=	Begründung
Bek.	=	Bekanntmachung
BergG	=	Berggesetz (der einzelnen Länder)
BGB	=	Bürgerliches Gesetzbuch v. 18. 8. 1896 mit Änderungen
BGBl. I	=	Bundesgesetzblatt, seit 1949; Bundesgesetzblatt Teil I seit 1951
Bln, bln	=	Berlin, berliner
bln. WG	=	Berliner Wassergesetz v. 23. 2. 1960
BR	=	Bundesrat
BRDrucks	=	Bundesratsdrucksache
Brem, brem	=	Bremen, bremisch
Breg	=	Bundesregierung
brem. WG	=	Bremisches Wassergesetz v. 13. 3. 1962
BSG	=	Bundessozialgericht
BT	=	Bundestag
BTDrucks	=	Bundestagsdrucksache
BVerwG	=	Bundesverwaltungsgericht
DÖV	=	Die Öffentliche Verwaltung (Zeitschrift seit 1947)
dt	=	deutsch
DV	=	Deutsches Verwaltungsblatt (Fortsetzung des Reichsverwaltungsblatt von 1943—1949)

DVBl	=	Deutsches Verwaltungsblatt (seit 1950)
DVO	=	Durchführungsverordnung
Einf.	=	Einführung
Entw.	=	Entwurf
ErgG	=	Ergänzungsgesetz
Erl.	=	Erlaß
ESVGH	=	Entscheidungssammlung des Hessischen und des Württemberg-Badischen Verwaltungsgerichtshofes
ff.	=	folgende
FiZ	=	Fischers Zeitschrift für Verwaltungsrecht (von 1880 bis 1900: Zeitschrift für Praxis und Gesetzgebung der Verwaltung)
G	=	Gesetz
GBl	=	Gesetzblatt
GewArch	=	Gewerbearchiv (Zeitschrift seit 1955, zitiert nach Jahreszahl)
GewO	=	Gewerbeordnung für das Deutsche Reich v. 1896 idF v. 26. 6. 1900 mit vielen Änderungen
GG	=	Grundgesetz für die Bundesrepublik Deutschland v. 23. 5. 1949
GMBl	=	Gemeinsames Ministerialblatt
GoldtArch	=	Goldtammers Archiv (Zeitschrift)
Gruchot	=	Beiträge zur Erläuterung des preußischen (seit 1872: deutschen) Rechts, begründet von Gruchot (Zeitschrift 1857—1933)
GS	=	Preußische Gesetzessammlung (1907—1945; bis 1906: Gesetzessammlung für die Königlich Preußischen Staaten)
GüKG	=	(Bundes-)Güterkraftverkehrsgesetz v. 17. 10. 1952
GVBl	=	Gesetz- und Verordnungsblatt
GWB	=	(Bundes-)Gesetz gegen Wettbewerbsbeschränkungen v. 1957 idF v. 3. 1. 1966
Hambg, hambg	=	Hamburg, hamburger
HBO	=	Hessische Bauordnung
Hess, hess	=	Hessen, hessisch
HessVGH	=	Verwaltungsgerichtshof für das Land Hessen in Kassel
hess. WG	=	Hessisches Wassergesetz v. 6. 7. 1960
Hrsg, hrsg	=	Heraugeber, herausgegeben
HSOG	=	Hessisches Gesetz über die öffentliche Sicherheit und Ordnung v. 17. 12. 1964
idF	=	in der Fassung
idR	=	in der Regel
ImschG	=	Immissionsschutzgesetz (der einzelnen Länder)
insbes.	=	insbesondere
iVm	=	in Verbindung mit
Jahrb	=	Jahrbücher des Sächsischen Oberverwaltungsgerichts
JR	=	Juristische Rundschau (Zeitschrift seit 1947)

Jus	=	Juristische Schulung (Zeitschrift seit 1961)
JW	=	Juristische Wochenschrift (1872—1939)
JZ	=	Juristenzeitung (seit 1951)
KG	=	Kammergericht
KWG	=	(Bundes-)Kreditwesengesetz
LebensmG	=	(Reichs-)Gesetz über den Verkehr mit Lebensmitteln und Bedarfsgegenständen (Lebensmittelgesetz) v. 17. 1. 1936, insbes. geändert d. G. v. 21. 12. 1958
LG	=	Landgericht
Lit.	=	Literatur
MBliV	=	Ministerialblatt für die preußische Innere Verwaltung
MDR	=	Monatsschrift für deutsches Recht (seit 1947)
Min.	=	Minister
Nds, nds	=	Niedersachsen, niedersächsisch
nds. WG	=	Niedersächsisches Wassergesetz v. 7. 7. 1960
NJW	=	Neue Juristische Wochenschrift (seit 1947)
Nordrh.-Westf.	=	Nordrhein-Westfalen
nordrh.-westf.	=	nordrhein-westfälisch
Nr.	=	Nummer
nordrh.-westf. WG	=	Wassergesetz für das Land Nordrhein-Westfalen (LWG) v. 22. 5. 1962
OLG	=	Oberlandesgericht
OVG	=	Oberverwaltungsgericht
PBefG	=	(Bundes-)Personenbeförderungsgesetz v. 21. 3. 1961
PolVO	=	Polizeiverordnung
Pr, pr	=	Preußen, preußisch
PrGewO	=	Preußische Gewerbeordnung v. 17. 1. 1845
PrPolVerwG	=	(preußisches) Polizeiverwaltungsgesetz v. 1. 6. 1931
PrVerwBl	=	Preußisches Verwaltungsblatt (Zeitschrift von 1879 bis 1933)
RdA	=	Recht der Arbeit (Zeitschrift seit 1948)
RdErl	=	Runderlaß
Rdn.	=	Randnummer
Reg.-Bez.	=	Regierungsbezirk
Reg.Bl	=	Regierungsblatt
Reger	=	Entscheidungen der Gerichte und Verwaltungsbehörden auf dem Gebiet der inneren Verwaltung, begründet von Reger, herausgegeben von R. Oschey
RG	=	Reichsgericht
RGBl	=	Reichsgesetzblatt (1871—1945)
Rhld.-Pf.	=	Rheinland-Pfalz
rhld.-pf.	=	rheinland-pfälzisch
rhld.-pf. WG	=	Wassergesetz des Landes Rheinland-Pfalz v. 1. 8. 1960
Rspr.	=	Rechtsprechung
RVerwBl	=	Reichsverwaltungsblatt (1934—1943)
RVerwG	=	Reichsverwaltungsgericht

SächsOVG	=	Sächsisches Oberverwaltungsgericht
saarl. WG	=	Saarländisches Wassergesetz v. 28. 6. 1960
SchanlVO	=	Verordnung über Getränkeschankanlagen v. 14. 8. 1962
SeuffArch	=	Seufferts Archiv für Entscheidungen der obersten Gerichte in den deutschen Staaten (1847—1944)
Soz.Min.	=	Sozialminister
StAnz	=	Staatsanzeiger
StGB	=	Strafgesetzbuch von 1871
str.	=	streitig
StVZO	=	Straßenverkehrs-Zulassungs-Ordnung von 1937 idF v. 29. 3. 1956
techn.	=	technisch
TR	=	Technische Regeln
TVSchanl	=	Verordnung über technische Anforderungen an Getränkeschankanlagen v. 15. 3. 1966
u. U.	=	unter Umständen
VA	=	Verwaltungsakt
VerwArch	=	Verwaltungsarchiv, Zeitschrift für Verwaltungsrecht und Verwaltungsgerichtsbarkeit
VerwRspr	=	Verwaltungsrechtsprechung, Verwaltungsrechtsprechung in Deutschland, herausgegeben von Ziegler
VG	=	Verwaltungsgericht
VGH	=	Verwaltungsgerichtshof
vgl.	=	vergleiche
VO	=	Verordnung
VOBl	=	Verordnungsblatt
Vor	=	Vorbemerkung
VwGO	=	(Bundes-)Verwaltungsgerichtsordnung v. 21. 1. 1960
VwVerfG	=	Entwurf eines Verwaltungsverfahrensgesetzes von 1963
Ziff.	=	Ziffer
z. B.	=	zum Beispiel
ZfB	=	Zeitschrift für Bergrecht

Erstes Kapitel

Problemstellung

Die in den letzten Jahren immer mehr zunehmende Industrialisierung, die immer stärker zusammenrückenden Städte und die damit zunehmende Bevölkerungsdichte führt zu einer immer größer werdenden Beeinträchtigung der Bewohner dieser Gebiete durch Geräusche und Luftverunreinigungen. Auf dem Gebiet des Wasserhaushaltes führt sie zu einer immer stärkeren Verschmutzung der oberirdischen Gewässer, zu einer Bedrohung des Grundwassers und damit der Trinkwasserversorgung insgesamt.

Um diesen Gefahren zu begegnen, reichte es wegen der zahlreichen bereits vorhandenen Anlagen nicht mehr aus, die entsprechenden Maßnahmen bei Erteilung einer Genehmigung zum Betrieb einer bestimmten Anlage oder der Erteilung einer wasserrechtlichen Bewilligung zu treffen, es mußten vielmehr Grundlagen geschaffen werden, die die Anordnung der im Einzelfall erforderlichen Maßnahmen auch noch nach Erteilung einer Genehmigung oder Bewilligung in rechtlicher Hinsicht ermöglichten. Beispiele dafür sind das Wasserhaushaltsgesetz[1] und die Änderung der Gewerbeordnung durch das Gesetz von 1959[2]. Zu nennen sind in diesem Zusammenhang auch die sich nicht an eine bestimmte Anlage oder an einen bestimmten Gewerbebetrieb wendenden Immissionsschutzgesetze[3] und Lärmschutzverordnungen[4] einiger Länder und das Gesetz gegen den Baulärm[5] als hier herausragende gesetzliche Regelungen. Daneben bestehen noch eine ganze Anzahl gleichartiger Bestimmungen oder werden im Laufe der Zeit noch hinzukommen. Sie alle sollen einerseits einen größeren Schutz der Bewohner gewährleisten, andererseits treffen sie jedoch den Unternehmer und

---

[1] V. 27. 7. 1957 (BGBl I S. 1110) idF d. ÄndG v. 19. 2. 1959 (BGBl I S. 37) idF d. 2. ÄndG v. 6. 8. 1964 (BGBl I S. 611).

[2] 2. ÄndG v. 22. 12. 1959 (BGBl I S. 782).

[3] V. Nordrh.-Westf. v. 30. 4. 1962 (GVBl S. 225) v. Bad.-Württ. v. 4. 2. 1964 (GBl S. 55), v. Rhld.-Pf. v. 28. 7. 1966 (GVBl S. 211) und von Nds. v. 6. 1. 1966 (GVBl S. 1).

[4] Vgl. für das Land Hessen die PolVO v. 23. 4. 1959 (GVBl S. 9) idF v. 15. 3. 1965 (GVBl S. 69).

[5] V. 9. 9. 1965 (BGBl I S. 1214).

Genehmigungsinhaber insoweit empfindlich, als dieser sich nunmehr nicht mehr darauf verlassen kann, seine gewerbliche Anlage im Rahmen der Genehmigung oder, soweit eine solche für den Betrieb nicht erforderlich war, im Rahmen der bisherigen Gegebenheiten ungestört betreiben zu können.

Als Ausgangspunkt für die Betrachtung dieses notwendigerweise bestehenden Interessenkonfliktes sollen Beispiele aus der bisherigen Rechtsprechung der Gerichte dienen:

Die Klägerin betreibt seit Ende des vorigen Jahrhunderts ein inzwischen modernisiertes Thomas-Stahlwerk. Seit 1953 wird in diesem Werk bei der Erzeugung von Thomas-Stahl das flüssige Roheisen im Konverter mit Sauerstoff angereicherter Luft oder mit einem Sauerstoff-Wasserdampfgemisch gefrischt. Bei einem Frischen entsteht der sogenannte braune Rauch, der neben Eisenoxyd weitere Fein- und Grobstäube enthält. An jedem Tag fallen in dem Werk etwa 24 t Staub an, die teilweise außerhalb des Werkes niedergehen, Die Verwaltungsbehörde ordnete den Einbau einer Entstaubungsanlage an. In diesem Fall war der Einbau einer wirksamen Anlage technisch nicht möglich und auch für den Betrieb mit untragbaren Kosten verbunden. Eine entsprechende Klage hatte daher Erfolg[6].

War in diesem Fall ein Gewerbebetrieb betroffen, dessen Anlage auf Grund einer besonderen Genehmigung betrieben wurde, so sind es in anderen Fällen solche Anlagen und Betriebe, die zwar vom Gesetzgeber als ungefährlich angesehen werden, die jedoch gleichwohl zu Belästigungen und Gefahren für Nachbarn und Beschäftigte führen können. Hierzu zwei der Rechtsprechung entnommene Beispiele:

1. Die Klägerin unterhält seit Jahrzehnten zur rentablen Verwertung der in einem Mühlenbetrieb anfallenden Nebenprodukte eine Schweinemästerei. Wegen der nunmehr auftretenden Geruchsbelästigungen forderte die Verwaltungsbehörde die Klägerin auf, geeignete Maßnahmen zur Beseitigung der Belästigung zu treffen. Die Klägerin riß daraufhin die alten Stallungen ab und baute mit Genehmigung der Baugenehmigungsbehörde neue Stallungen. Als die Geruchsbelästigung nicht aufhörte und eine Beseitigung dieser Belästigung nicht zu erzielen war, untersagte die Verwaltungsbehörde den weiteren Betrieb der Schweinemästerei und gebot, die Schweine vom Grundstück zu entfernen. Die mit dem Ziel erhobene Klage, für die Beseitigung eine Entschädigung zu erlangen, hatte keinen Erfolg[7].

2. Einem bisher ordnungsgemäß betriebenen Steinbruch wurden Sprengungen deshalb untersagt, weil dadurch eine Gefahr für den Verkehr auf einer lange nach Errichtung des Steinbruchs gebauten Straße gegeben war. Die Verfügung wurde vom Sächsischen OVG wegen der hier anzuwendenden Vorschrift des § 51 GewO aufgehoben[8].

Aus der Gegenüberstellung des erstgenannten Falles und der beiden letzteren Fälle ergibt sich die mit dieser Arbeit gestellte Aufgabe. Tre-

---

[6] VG Arnsberg Urt. v. 25. 11. 1965 GewArch 1966, S. 58 = BB 1966, S. 185.

[7] BGH v. 20. 1. 1966 in NJW 1966, S. 649.

[8] SächsOVG v. 14. 6. 1927 Jahrb 31, S. 42; vgl. auch BVerwG v. 25. 5. 1965 DVBl 1965, S. 766; VG Darmstadt v. 12. 11. 1965 III 202/64.

ten im ersten Fall die Interessen der Anwohner hinter denjenigen des genehmigten Betriebes weitgehend zurück, so wurden sie im zweiten Fall, bei einem nicht genehmigten Betrieb, als unbedingt vorrangig erklärt.

Ob und inwieweit diese Auffassung zutreffend ist, soll unter anderem genauer untersucht werden. Es wird daher in dieser Arbeit darzustellen und zu prüfen sein, unter welchen Voraussetzungen und in welchem Umfang Maßnahmen der gezeigten Art getroffen werden können, und zwar sowohl bei den einer besonderen Genehmigung bedürfenden als auch bei den nicht genehmigungspflichtigen Anlagen und Betrieben. Dabei wird allerdings nur zu untersuchen sein, wann solche Maßnahmen entschädigungslos getroffen werden können und nicht, ob sie etwa im Wege eines enteignenden Eingriffs zulässig wären. Jedoch sind in jedem Falle die sich aus Art. 14 GG ergebenden Grenzen zu beachten[9].

---

[9] Zu dem allgemeinen Problem siehe *Wiegand*, Reinhaltung der Luft; ferner Wirtschaftliche Mitteilungen der Niederrheinischen Industrie- und Handelskammer Duisburg-Wesel zu Duisburg, Heft 4/1967.

Zweites Kapitel

Allgemeine Grundlagen nachträglicher Anforderungen

1. Abschnitt: Definition und allgemeine Zusammenhänge

Bevor nun auf allgemeine Voraussetzungen und die einzelnen hier heranzuziehenden gesetzlichen Vorschriften eingegangen wird, bedarf es einer Begriffsbestimmung und der Darstellung der rechtlichen Bedeutung der nachträglichen Anforderung, da einmal die in den einzelnen Vorschriften verwendeten Begriffe unterschiedlich sind und zum anderen über die rechtliche Qualifikation nachträglicher Anforderungen Streit besteht.

A. Klärung der Begriffe

I. Der Begriff der „Anforderung"

Spricht der Gesetzgeber bei der Anordnung bestimmter Maßnahmen, die im Rahmen eines Genehmigungs- oder Bewilligungsverfahrens gestellt werden, von Auflagen und Bedingungen, so werden in den Fällen nachträglicher Anordnungen bestimmter Maßnahmen einmal die Begriffe „Auflagen"[1] und „Anforderungen"[2], zum anderen auch der Begriff der nachträglichen Bedingung verwendet[3].

Bei Auflagen und Bedingungen handelt es sich um Nebenbestimmungen zu begünstigenden Verwaltungsakten, durch die eine durch diese Verfügung gewährte Vergünstigung von bestimmten vom Begünstigten zu erfüllenden Umständen abhängig gemacht wird[4].

Dabei ist für die Bedingung davon auszugehen, daß sie ein dem Verwaltungsakt innewohnender Bestandteil ist, von dessen Erfüllung die Entstehung (aufschiebende Bedingung) oder der Bestand (auflösende

---

[1] Vgl. § 17 AtomG.
[2] Vgl. § 25 Abs. 3 GewO.
[3] Vgl. § 14 DampfkVO.
[4] Keine Auflage ist die Befristung (auch die nachträgliche) einer Genehmigung oder Bewilligung.

Bedingung) der durch die Verfügung gewährten Rechtsposition abhängt[5].

Demgegenüber ist die Auflage ein selbständiger Teil des Verwaltungsaktes, dessen Nichterfüllung nicht unmittelbar zu der Auflösung der Vergünstigung führt[6]. Die Nichterfüllung stellt lediglich für die Verwaltungsbehörde einen Grund dar, die Vergünstigung, soweit eine Erfüllung auch im Wege der zwangsweisen Durchsetzung nicht möglich ist[7], zu widerrufen[8]. Das durch die Verfügung entstandene Recht ist unbedingt entstanden; es ist jedoch mit der Möglichkeit des Entzuges behaftet.

Ist nun einmal eine Genehmigung, Erlaubnis oder Bewilligung erteilt, so hat der Begünstigte dadurch eine Rechtsposition erworben[9], die ihm nur unter besonderen Voraussetzungen und durch den besonderen Akt des Widerrufs oder der Rücknahme entzogen werden kann. Es ist daher begrifflich nicht möglich, in diesen Fällen von einer nachträglichen Bedingung zu sprechen. Richtigerweise wird daher regelmäßig bei Anordnungen bestimmter Maßnahmen nach Erteilung der Befugnis von nachträglichen Auflagen gesprochen.

Wird nun der Begriff der „nachträglichen Auflage" in aller Regel nur im Zusammenhang mit begünstigenden Verwaltungsakten und daher nicht bei Anordnungen bezüglich bestehender, genehmigungsfreier Anlagen und Betriebe verwendet, so umfaßt der Begriff der „nachträglichen Anforderungen" weitere Tatbestände. Er besagt zwar auch im wesentlichen nur, daß der Betroffene bestimmte Maßnahmen zur Beseitigung beanstandeter Zustände zu treffen hat, er erfaßt jedoch auch solche Maßnahmen, die gegenüber genehmigungsfreien Betrieben und Anlagen angeordnet werden, ohne daß hier ein begünstigender Verwaltungsakt und eine dadurch eingeräumte besondere Rechtsposition des Unternehmers gegeben ist.

Wenn im folgenden von „nachträglichen Anforderungen" gesprochen wird, so sollen damit Anordnungen gemeint sein, die sowohl hinsichtlich genehmigten als auch hinsichtlich genehmigungsfreien Betrieben und Anlagen getroffen werden.

---

[5] *Wolff* S. 285; *Fachinger* DV 1949, S. 118; *Eyermann-Fröhler* Anh. § 42 Rdn. 26 ff; *Assfalg* BB 1967, S. 190.

[6] *Krüger* DVBl 1955, S. 450; *Fachinger* DV 1949, S. 118; *Wolff* S. 285.

[7] *Eyermann-Fröhler* Anh. 42 Rdn. 42.

[8] *Wolff* S. 285; *Fachinger* DV 1949, S. 118; vgl. auch § 12 Nr. 5 GaststG, § 17 AtomG, § 19 c Abs. 2 Nr. 2 WHG.

[9] *H. Westermann* Luftreinhaltung S. 39; *Wolff* S. 275; *Forsthoff* S. 185; *Jellinek* S. 271; SächsOVG v. 26. 10. 1926 GArch Bd. 25, S. 235; Bad.-Württ. VGH v. 18. 5. 1951 DVBl 1951, S. 640; *Huber* I S. 64 ff u. S. 730; *Schilling* JR 1968, S. 87.

II. Der Begriff der Nachträglichkeit

Wie sich aus dem Wort „nachträglich“ selbst ergibt, muß für die Auslegung dieses Begriffes auf einen bestimmten Zeitpunkt abgestellt werden. Von welchem Zeitpunkt an von nachträglich gestellten Anforderungen zu sprechen ist, läßt sich nicht einheitlich beantworten. Zunächst ist zu unterscheiden, ob es sich im konkreten Fall um einen genehmigungspflichtigen, genehmigten Betrieb oder um eine sogenannte genehmigungsfreie Anlage handelt. Bezüglich der nachträglichen Anforderungen an bereits erteilte Rechte werden in der Literatur zwei Auffassungen vertreten. Einmal wird auf den Zeitpunkt der Errichtung der Anlage abgestellt[10], zum anderen auf den Zeitpunkt des Eintritts der Unanfechtbarkeit des das Recht gewährenden Verwaltungsaktes[11]. Der ersteren von Landmann-Rohmer[12] zu § 25 Abs. 3 GewO vertretenen Auffassung steht jedoch der eindeutige Wortlaut der Vorschrift entgegen, wonach auf die Erteilung der Genehmigung abzustellen ist. Im übrigen würde diese Auffassung dazu führen, daß, wenn die Errichtung der Anlage der Genehmigungserteilung vorangeht, in der Genehmigung selbst nur in beschränktem Maße Auflagen und gar keine Bedingungen gestellt werden könnten. Ein Ergebnis, das § 18 GewO weitgehend überflüssig machen würde. Auch die Auffassung, die auf die Unanfechtbarkeit abstellt[13], steht im Widerspruch zu dem Wortlaut einiger gesetzlicher Vorschriften[14], wonach ebenfalls wie in § 25 Abs. 3 GewO auf den Zeitpunkt der Erteilung der Genehmigung abgestellt wird. Danach ist es aber der Verwaltungsbehörde nicht gestattet, nach Erteilung, aber vor Unanfechtbarkeit der Genehmigung unbegrenzt, wie bei der Genehmigungserteilung selbst, besondere Anforderungen zu stellen. Trotzdem ist der gesetzliche Wortlaut nicht ganz eindeutig. Es bedarf einer Unterscheidung, ob die nachträglichen Anforderungen von der Behörde von sich aus (dann handelt es sich um nachträgliche Anforderungen) oder ob sie auf Grund des Widerspruchs und der Anfechtungsklage eines durch die Genehmigungserteilung belasteten Dritten gestellt werden. In letzterem Falle wird man noch nicht von nachträglichen Anforderungen sprechen können, da insoweit ein Bestandsschutz des Rechtes des Begünstigten noch nicht gegeben ist.

Soweit es sich um die Anordnung von Maßnahmen an genehmigungsfreie Anlagen und Betriebe handelt, kann man nicht auf den Zeitpunkt einer Genehmigungserteilung abstellen. Hier wird allein entscheidend sein der Zeitpunkt der Errichtung der gewerblichen Anlage.

---

[10] *Landmann-Rohmer* § 25 Rdn. 30.
[11] *Sieder-Zeitler* § 5 Rdn. 1.
[12] *Landmann-Rohmer* § 25 Rdn. 30.
[13] *Sieder-Zeitler* § 5.
[14] Vgl. § 19 b WHG, § 11 GaststG.

Der Begriff der Nachträglichkeit setzt in keinem der vorangegangenen Fälle voraus, daß bereits mit der Inswerksetzung der Genehmigung oder Bewilligung begonnen wurde, wenn dem auch wegen einer darauf beruhenden Zurücknahmemöglichkeit der erteilten Genehmigung besondere Bedeutung zukommt[15]. Ebensowenig bedeutet der Begriff der Nachträglichkeit, daß es sich unbedingt um zusätzliche, zu den bei Genehmigungserteilung gemachten Anforderungen handeln muß, da es hier auch möglich ist, daß bisher noch keine Anforderungen an den einzelnen Betrieb oder die Anlage gestellt wurden[16].

B. Rechtsnatur nachträglicher Anforderungen

I. Darstellung der verschiedenen Meinungen

Nach allgemeiner, in Literatur und Rechtsprechung vertretener Ansicht handelt es sich bei nachträglichen Anforderungen sowohl an genehmigungspflichtige als auch an genehmigungsfreie Anlagen und Betriebe um belastende Verwaltungsakte, gegen die mit den verwaltungsgerichtlichen Rechtsbehelfen des Widerspruchs und der Anfechtungsklage vorgegangen werden kann[17]. Darüber hinaus findet sich in Literatur und Rechtsprechung die Auffassung, daß es sich bei diesen Anforderungen, soweit sie sich auf Genehmigungen, Erlaubnisse oder Bewilligungen beziehen, um eine Teilrücknahme dieser erteilten Rechte handelt[18]. Demgegenüber wird die Meinung vertreten, daß bei nachträglichen Anforderungen eine vollständige Zurücknahme des erteilten Rechtes unter gleichzeitigem Erlaß einer neuen mit einer Anforderung versehenen Genehmigung, Erlaubnis oder Bewilligung gegeben ist[19]. Einer dritten Meinung nach ist weder eine Zurücknahme und beschränkte Neuerteilung, noch eine auch nur teilweise Zurücknahme des erteilten Rechtes gegeben[20]. Nach dieser Auffassung handelt es sich um Anordnungen, die die einmal erteilte Genehmigung als solche jedoch unberührt lassen. Eine Begründung dieser Meinungen wird nicht gegeben.

II. Kritik und Lösung

Grundsätzlich wird man zur Lösung der gestellten Frage vom Zweck der nachträglichen Anforderung ausgehen müssen.

---

[15] Vgl. § 17 Abs. 2 Nr. 1 AtomG.
[16] *Sieg-Leifermann* § 25 Anm. 10.
[17] *Rohmer-Eyermann* § 11 Anm. 2 b; *Landmann-Rohmer* § 25 Rdn. 34.
[18] *Eyermann-Fröhler* Anh. § 42 Rdn. 31; *Mangels* S. 14; *Krüger* Gutachten S. 112 f; *Krüger* DVBl 1955, S. 455; Bad.-Württ. VGH v. 18. 5. 1951 in DVBl 1951, S. 640 f.
[19] Vgl. *Wolff* S. 287.
[20] *Janssen* § 25 Anm. VII; *Sievers* DVBl 1961, S. 147; *Fischerhof* § 17 Rdn. 5.

a) „Unechte" nachträgliche Anforderungen

Zunächst sind Anforderungen denkbar und zulässig, die lediglich dazu dienen, einen mit den gesetzlichen Bestimmungen im Einklang stehenden Zustand einer bestimmten Anlage oder eines bestimmten Betriebes herzustellen. Mit diesen Anforderungen wird daher nicht mehr verlangt, als der Unternehmer schon auf Grund der ihm erteilten Genehmigung, Bewilligung oder Erlaubnis oder auf Grund besonderer gesetzlicher Vorschriften zu leisten verpflichtet ist. Zu denken ist hier an solche Anforderungen, die zur Erfüllung der mit der Genehmigung übernommenen besonderen Verpflichtungen angeordnet werden, oder an allgemeine polizeiliche Anordnungen auf Grund der entsprechenden Vorschriften, wie der Lärmschutzverordnungen, der Immissionsschutzgesetze usw. Weiterhin gehören hierher die Fälle, in denen für bestimmte Anlagen und Betriebe besondere Betriebsordnungen geschaffen wurden, in deren Grenzen der Unternehmer trotz einer ihm gewährten Rechtsposition seine Anlage zu betreiben hat. Insbesondere sei hier auf die zu § 24 GewO ergangenen Verordnungen[21] und die Apothekenbetriebsordnungen der Länder[22] hingewiesen. Die danach zulässigen nachträglichen Anforderungen stellen keine zusätzliche Belastung dar, sondern konkretisieren lediglich bereits bestehende Verpflichtungen; sie haben also insoweit nur deklaratorischen Charakter. Soweit sie an Anlagen und Betriebe gerichtet sind, die mit einer besonderen Genehmigung, Erlaubnis oder Bewilligung betrieben werden — nur insoweit kann von einer irgendwie gearteten Rücknahme gesprochen werden —, kann wegen der bestehenden Verpflichtung des Unternehmers von einer Rücknahme und gleichzeitiger Neuerteilung einer belasteten Genehmigung, Erlaubnis oder Bewilligung oder einer Teilrücknahme der gewährten Rechtsposition nicht gesprochen werden. Insoweit handelt es sich lediglich um belastende Verwaltungsakte, denen über ihre unmittelbare Zweckbestimmung keine rechtskonstitutive Bedeutung zukommt.

b) „Echte" nachträgliche Anforderungen

Von den bisher genannten „unechten" nachträglichen Anforderungen sind solche zu unterscheiden, die keine bereits bestehende Verpflichtung des Unternehmers konkretisieren, sondern eine solche erst durch konstitutiven Akt schaffen. Solche Anforderungen sind dann gegeben, wenn die Durchführung bestimmter Maßnahmen angeordnet wird, obwohl der Betrieb oder die betroffene Anlage im Rahmen des erteilten Rechtes betrieben wird. Diese nachträglichen Anforderungen, die von dem Betroffenen etwas zusätzliches, über seine mit der Genehmigung

---

[21] Siehe die im 2. Abschn., A. I angegebenen Vorschriften.
[22] Wiedergegeben bei *Hoffmann* § 21 Rdn. 10.

begründeten Verpflichtungen hinausgehendes verlangen, können als „echte“ oder als solche im eigentlichen Sinne bezeichnet werden. Nur in diesen Fällen ist die Frage berechtigt, ob von einer Teilzurücknahme des erteilten Rechtes oder von einer völligen Zurücknahme unter gleichzeitiger Neuerteilung des mit der nachträglichen Anforderung belasteten Rechtes gesprochen werden kann. Als Beispiel dieser Fälle sei auf § 25 Abs. 3 GewO hingewiesen, wonach dem Unternehmer nachträgliche Anforderungen auferlegt werden können, obwohl er die im Einzelfall in Betracht kommende Anlage im Rahmen der nach §§ 16 ff GewO erteilten Genehmigung und damit ordnungsgemäß im Rahmen seiner Verpflichtungen betreibt.

1. Die Auffassung einer völligen Zurücknahme unter gleichzeitiger Neuerteilung des Rechtes

Der Ansicht, die in diesen nachträglichen Anordnungen die völlige Zurücknahme der insoweit unbelasteten Vergünstigung und den Erlaß einer neuen belasteten Verfügung sieht, wird entgegenzuhalten sein, daß dies nur dann zutreffend sein kann, wenn die Voraussetzungen einer Rücknahme oder eines Widerrufs dieses Rechtes gegeben sind[23]. Da zunächst einmal die bestehende Vergünstigung beseitigt werden muß, steht der hier vertretenen Auffassung nicht entgegen, daß gleichzeitig mit der Zurücknahme eine neue, belastete Vergünstigung gewährt wird. Im übrigen ist dieser Auffassung entgegenzuhalten, daß sie zu sehr konstruiert ist, um mit dem übereinzustimmen, was die Beteiligten wollten und was in dem Bescheid der Verwaltungsbehörde zum Ausdruck gekommen ist.

2. Die Ansicht der Teilrücknahme

Die Annahme einer Teilrücknahme des erteilten Rechtes würde voraussetzen, daß ein Teil der Vergünstigung dem Berechtigten wieder entzogen wird. Nun ist zwar davon auszugehen, daß der mit der nachträglichen Anforderung belastete Unternehmer in seinem Recht, die betroffene Anlage oder seinen Betrieb im Rahmen der Genehmigung ungestört betreiben zu können, beeinträchtigt wird. Aus der Tatsache, daß es sich bei der nachträglichen Anordnung besonderer Maßnahmen niemals um eine Bedingung, sondern nur um eine das erteilte Recht unmittelbar nicht betreffende selbständige Auflage handeln kann, ergibt sich, daß von einer auch nur teilweisen Zurücknahme grundsätzlich nicht gesprochen werden kann. Bestätigt wird diese Auffassung durch die gesetzliche Terminologie, wonach zwischen Widerruf, Beschränkung

[23] Vgl. dazu die Ausführungen im 3. Kap., 3. Abschn., B.

und nachträglicher Auflage zu unterscheiden ist[24]. Soweit Eyermann-Fröhler[25] und Mangels[26] die Ansicht der Teilrücknahme vertreten, handelt es sich um die Fälle, in denen ein gesetzlicher Vorbehalt, eine gesetzliche Grundlage, nicht gegeben ist und daher auf die allgemeinen Regeln der Rücknahme und des Widerrufs begünstigender Verwaltungsakte abgestellt werden muß. Hier ist jedoch darauf hinzuweisen, daß die Voraussetzungen des Widerrufs bzw. der Rücknahme des begünstigenden Verwaltungsaktes nicht deshalb gegeben sein müssen, weil es sich um eine teilweise Rücknahme handelt, sondern deshalb, weil beim Fehlen einer besonderen Rechtsvorschrift eine nachträgliche Anforderung nur dann zulässig ist, wenn die Vergünstigung ansonsten beseitigt werden könnte[27].

Von einer Teilrücknahme der gewährten Vergünstigung kann demgegenüber nur dann gesprochen werden, wenn die gewährte Rechtsposition hinsichtlich des Umfangs der Ausübung dauerhaft beschränkt wird. In diesen Fällen ist es dann aber nicht mehr richtig — wie sich auch aus der oben erwähnten gesetzlichen Terminologie ergibt —, von nachträglichen Anforderungen zu sprechen[28]. Hier handelt es sich um echte Beschränkungen in der Ausübung und damit um eine teilweise, d. h. quantitativ beschränkte Rücknahme der gewährten Vergünstigung. Bei nachträglichen Anforderungen handelt es sich daher um belastende Verwaltungsakte, die dazu dienen, die mit der Ausübung einer Befugnis verbundenen Benachteiligungen Dritter abzuwenden, die jedoch diese nicht abändern[29]. Davon zu unterscheiden sind die Beschränkungen einmal erteilter Vergünstigungen. Nur letztere sind als teilweise Rücknahme anzusehen. Daraus ergibt sich weiterhin, daß bei den gesetzlichen Vorschriften, die nachträgliche Auflagen oder nachträgliche Anforderungen zulassen, solche Maßnahmen nicht zulässig sind, die eine quantitative Beschränkung der erteilten Genehmigung, Bewilligung oder Erlaubnis bewirken. Allerdings wird die Grenze nicht immer leicht zu ziehen sein, wie sich etwa an dem Beispiel eines Betriebsverbotes während der Nachtstunden zeigt[30].

---

[24] Vgl. die §§ 12 WHG, 19 c WHG, 11 GWB u. die hier nicht völlig zutreffenden Bestimmungen der §§ 6 Abs. 5 TVbF, 14 Abs. 5 DampfkVO; *Sievers* WHG § 12 Anm. 1: „Beschränkung ist teilweise Rücknahme".

[25] *Eyermann-Fröhler* Anh. § 42 Rdn. 31.

[26] *Mangels* S. 14.

[27] Vgl. unten 3. Kap., 3. Abschn. B.

[28] Vgl. Anm. 24.

[29] So auch der GemRdErl des nordrh.-westf. Arbeits- und Sozialministers, des Min. f. Wirt., Mittelstand und Verkehr und des Min. für Landesplanung, Wohnungsbau und öffentliche Arbeiten v. 23. 10. 1961 (MBl Nordrh.-Westf. 1961, S. 1700 = Arbeitsschutz 1962, S. 2) zur Auslegung der §§ 16, 25 GewO: „5. 3: Nachträgliche Anordnungen nach § 25 III GewO ändern die für die Anlage erteilte Genehmigung nicht ab."

[30] Vgl. hierzu 3. Kap., 1. Abschn., B, I, c.

2. Abschnitt: Grundsätzliche Voraussetzungen und Grenzen nachträglicher Anforderungen

A. Rechtsgrundlagen

Als belastende Verwaltungsakte sind nachträgliche Anforderungen immer dann zulässig, wenn sie auf gesetzlicher Grundlage ergehen, soweit diese gültig und die dort vorgesehenen materiellen und formellen Voraussetzungen gegeben und beachtet sind. Soweit keine gesetzliche Ermächtigung für die nachträgliche Anordnung bestimmter Maßnahmen besteht, sind diese nach allgemeiner Meinung[31] grundsätzlich unzulässig. Daneben sind zwei Sonderfälle zu erwähnen, in denen nachträgliche Anforderungen als zulässig angesehen werden[32]:

1. Auf Grund des argumentum a majore ad minus, wenn die gesetzlichen Voraussetzungen für die Rücknahme der Genehmigung, Bewilligung oder Erlaubnis gegeben sind und
2. wenn bei Gewährung der Befugnis ein entsprechender Vorbehalt gemacht worden ist.

Unter welchen Voraussetzungen allerdings ein solcher Vorbehalt zulässigerweise gemacht werden kann, ist streitig und bedarf noch näherer Betrachtung.

Als Rechtsgrundlagen, die nachträgliche Anforderungen zulassen, kommen u. a. folgende im Wortlaut wiedergegebene Vorschriften in Betracht:

I. Vorschriften, die ausdrücklich nachträgliche Anforderungen an genehmigte Anlagen oder Betriebe zulassen

§ 25 Abs. 3 GewO[33]

Ergibt sich nach der Genehmigung einer unter § 16 Abs. 1—3 fallenden Anlage, daß die Besitzer oder Bewohner der benachbarten Grundstücke oder das Publikum überhaupt vor Gefahren, Nachteilen oder Belästigungen nicht ausreichend geschützt sind, so sollen von der zuständigen Behörde nachträgliche Anordnungen über Anforderungen an die technische Einrichtung und den Betrieb der Anlage getroffen werden. Das gilt auch für die unter § 16 Abs. 4 fallenden Anlagen. Die Anordnungen müssen nach dem jeweiligen Stand der Technik erfüllbar und für Anlagen dieser Art wirtschaftlich vertretbar sein. Sie sollen sich im Rahmen der Grundsätze halten, die in der Technischen Anleitung (§ 16 Abs. 3) niedergelegt sind.

§ 120 d Abs. 1 GewO

Die zuständigen Polizeibehörden sind befugt, im Wege der Verfügung für einzelne Anlagen die Ausführung derjenigen Maßnahmen anzuordnen,

---

[31] *Wolff* S. 287; *Fachinger* DV 1949, S. 146; *Krüger* DVBl 1955, S. 455; *Nebinger* S. 207; OVG Hamburg v. 26. 7. 1963 VerwRspr Bd. 6, S. 81.

[32] Siehe die in Anm. 31 zitierte Literatur.

[33] Gewerbeordnung für das Deutsche Reich idF v. 26. 7. 1900, idF des ÄndG Nr. 2 v. 22. 12. 1959 (BGBl I S. 782).

welche zur Durchführung der in § 120 a bis § 120 b enthaltenen Grundsätze erforderlich und nach der Beschaffenheit der Anlage ausführbar erscheinen. Sie ...

Abs. 3

Den bei Erlaß dieses Gesetzes bereits bestehenden Anlagen gegenüber können, solange nicht eine Erweiterung oder ein Umbau eintritt, nur Anforderungen gestellt werden, welche zur Beseitigung erheblicher, das Leben, die Gesundheit oder die Sittlichkeit der Arbeiter gefährdender Mißstände erforderlich oder ohne unverhältnismäßige Aufwendungen ausführbar erscheinen.

§ 11 GaststG[34]

Dem Inhaber einer Gaststätte oder Schankwirtschaft können von der für die Erlaubniserteilung zuständigen Behörde bei Erteilung oder auf Antrag der Polizeibehörde nach Erteilung der Erlaubnis Auflagen gemacht werden:

a) zum Schutze der Gäste, Angestellten und Arbeiter gegen Gefahren für Leben, Gesundheit, Sittlichkeit,

b) zum Schutze der Bewohner des Grundstücks und der Nachbargrundstücke sowie der Bevölkerung gegen erhebliche Nachteile oder Belästigungen.

§ 15 ArzneimG[35]

Abs. 1: Die Erlaubnis gilt nur für die in der Erlaubnisurkunde bezeichnete Betriebsstätte. Sie kann unter Auflagen erteilt werden. Auflagen können auch nachträglich angeordnet werden.

§ 18 ApothG[36]

Abs. 2: Die mit der Überwachung der Apotheken beauftragten Personen sind befugt, Räume, die dem Apothekenbetrieb dienen, während der Geschäftszeit zu betreten, in ihnen Besichtigungen vorzunehmen, Proben zu entnehmen und erforderlichenfalls vorläufige Anordnungen zur Gewährleistung eines ordnungsgemäßen Apothekenbetriebes zu treffen. Das Grundstück der Unverletzlichkeit der Wohnung (Artikel 13 des Grundgesetzes) wird insoweit eingeschränkt.

§ 17 AtomG[37]

Abs. 1: Genehmigungen ...

Sie können zur Erreichung der in § 1 bezeichneten Zwecke inhaltlich beschränkt und mit Auflagen verbunden werden. Soweit es zur Erreichung der in § 1 Nr. 2 und 3 bezeichneten Zwecke erforderlich ist, sind nachträgliche Auflagen zulässig.

§ 5 WHG[38]

Die Erlaubnis und die Bewilligung stehen unter dem Vorbehalt, daß nachträglich

---

[34] Gaststättengesetz v. 28. 4. 1930 (RGBl I S. 146), idF v. 3. 7. 1934, v. 9. 10. 1934, v. 27. 9. 1938, v. 9. 10. 1941, v. 24. 11. 1941, v. 27. 7. 1957, v. 12. 8. 1960, v. 4. 8. 1961.

[35] Gesetz über den Verkehr mit Arzneimitteln v. 16. 5. 1961 (BGBl I S. 538) idF d. ÄndG v. 25. 7. 1961 (BGBl I S. 1076) u. v. 23. 6. 1964 (BGBl I S. 365).

[36] Gesetz über die friedliche Verwendung der Kernenergie und den Schutz gegen ihre Gefahren v. 23. 12. 1959 (BGBl I S. 814) idF d. 1. ÄndG u. ErgG v. 23. 4. 1963 (BGBl I S. 201) u. v. 1. 6. 1964 (BGBl I S. 337).

[37] Gesetz über das Apothekenwesen v. 20. 8. 1960 (BGBl I S. 697) idF der Änderungen bis 5. 6. 1968.

[38] Gesetz z. Ordnung d. Wasserhaushalts v. 27. 7. 1957 (BGBl I S. 1110 berichtigt S. 1386) idF d. ÄndG v. 19. 2. 1959 (BGBl I S. 37) idF d. 2. ÄndG v. 6. 8. 1964 (BGBl I S. 611) idF d. 3. ÄndG v. 15. 8. 1967 (BGBl I S. 909).

1. zusätzliche Anforderungen an die Beschaffenheit einzubringender oder einzuleitender Stoffe gestellt,
2. Maßnahmen für die Beobachtung der Wasserbenutzung und ihrer Folgen angeordnet,
3. Maßnahmen für eine mit Rücksicht auf den Wasserhaushalt gebotene sparsame Verwendung des Wassers angeordnet

werden können. Wird das Wasser aufgrund einer Bewilligung benutzt, so müssen die Maßnahmen nach Nummer 2 und 3 wirtschaftlich gerechtfertigt und mit der Benutzung vereinbar sein.

§ 19 b WHG

Abs. 1: ... Auflagen über Anforderungen an die Beschaffenheit und den Betrieb der Anlage sind auch nach Erteilung der Genehmigung zulässig, wenn zu besorgen ist, daß eine Verunreinigung der Gewässer oder eine sonstige nachteilige Veränderung ihrer Eigenschaften auftritt.

§ 10 WHG

Abs. 2: Konnte der Betroffene nachteilige Wirkungen während des Verfahrens nach § 9 nicht voraussehen, so kann er verlangen, daß dem Unternehmer nachträglich Auflagen gemacht werden.

§ 18 WHG

Art, Maß und Zeiten der Ausübung von Erlaubnissen, Bewilligungen, alten Befugnissen können auf Antrag eines Beteiligten oder von Amts wegen in einem Ausgleichsverfahren geregelt oder beschränkt werden, wenn das Wasser nach Menge und Beschaffenheit nicht für alle Benutzungen ausreicht oder sich diese beeinträchtigen und, wenn das Wohl der Allgemeinheit, insbesondere die öffentliche Wasserversorgung, es erfordert. In diesem Verfahren können auch Ausgleichszahlungen festgesetzt werden.

§ 196 ABG[39]

1. Der Bergbau steht unter polizeilicher Aufsicht der Bergbehörden.
2. ...

§ 197 ABG

1. Das Oberbergamt ist befugt, für den ganzen Umfang oder für einzelne Teile seines Verwaltungsbezirks Polizeiverordnungen über die in § 196 bezeichneten Gegenstände zu erlassen.
2. ...

§ 33 1. SSVO[40]

1. Die Aufsichtsbehörde kann durch Verfügung diejenigen Schutzmaßnahmen bestimmen, sie zur Durchführung der §§ 21 bis 23, 25 bis 32 erforderlich und nach der Art des Umgangs mit radioaktiven Stoffen ausführbar sind.
2. ...

§ 6 DampfkVO[41]

Dampfkesselanlagen müssen nach den Vorschriften des Anhangs zu dieser Verordnung und im übrigen nach den allgemeinen anerkannten Regeln der Technik errichtet und betrieben werden.

§ 8 DampfkVO

1. Die nach Landesrecht zuständige Behörde kann für eine Dampfkesselanlage aus besonderen Gründen Ausnahmen von den Vorschriften des § 6 zulassen, wenn die Sicherheit auf andere Weise gewährleistet ist.

---

[39] Pr. Berggesetz v. 23. 6. 1865 (GS S. 93).

[40] VO über d. Schutz vor Schäden durch Strahlen radioaktiver Stoffe v. 15. 10. 1965 (BGBl I S. 1654).

[41] VO ü. d. Errichtung u. d. Betrieb v. Dampfkesselanlagen v. 8. 9. 1965 (BGBl I S. 1300).

2. Die nach Landesrecht zuständige Behörde kann auf Antrag des Herstellers oder Einführers für Anlagen Ausnahmen von den Vorschriften des § 6 zulassen, wenn dies dem technischen Fortschritt entspricht und die Sicherheit auf andere Weise gewährleistet ist. Die Vorschriften des § 14 über die Bauartzulassung gelten entsprechend.

§ 32 Abs. 5 DampfkVO

Soweit in den Vorschriften dieser Verordnung Anforderungen gestellt werden, die über die bisher gestellten Anforderungen hinausgehen, kann die nach Landesrecht zuständige Behörde verlangen, daß Anlagen oder Anlageteile, die bei Inkrafttreten dieser Verordnung in Betrieb genommen oder beschafft waren, den Vorschriften dieser Verordnung entsprechend geändert werden, wenn

1. sie erweitert, umgebaut oder geändert werden oder
2. erhebliche Gefahren für Beschäftigte oder Dritte zu befürchten sind.

§ 6 VbF[42]

Anlagen, die dieser Verordnung unterliegen, müssen nach den für sie aufgrund des § 24 Abs. 1 Nr. 3 der Gewerbeordnung erlassenen Vorschriften und im übrigen nach den allgemein anerkannten Regeln der Technik errichtet und betrieben werden.

§ 21 VbF

1. Die Vorschriften dieser Verordnung gelten vorbehaltlich des Absatzes 2 auch für Anlagen, die bereits bei Inkrafttreten dieser Verordnung betrieben werden.
2. Eine Erlaubnis, die vor Inkrafttreten dieser Verordnung aufgrund der Vorschriften der Länder über den Verkehr mit brennbaren Flüssigkeiten für eine Anlage erteilt ist, gilt als Erlaubnis im Sinne dieser Verordnung. Die Erlaubnisbehörde kann jedoch den Vorschriften dieser Verordnung entsprechende Anforderungen stellen, wenn

a) eine Erweiterung, ein Umbau oder eine Änderung in der Benutzung der Anlage vorgenommen wird
oder
b) solche Anforderungen zur Beseitigung erheblicher Gefahren erforderlich sind.

§ 10 TVbF[43]

Soweit in den Vorschriften dieser Verordnung Anforderungen gestellt werden, die über die bisher gestellten Anforderungen hinausgehen, kann die nach Landesrecht zuständige Behörde verlangen, daß Anlagen oder Anlageteile, die bei Inkrafttreten dieser Verordnung in Betrieb genommen oder beschafft waren, geändert werden, wenn

1. sie erweitert, umgebaut oder geändert werden
oder
2. erhebliche Gefahren für Beschäftigte oder Dritte zu befürchten sind.

---

[42] VO ü. d. Errichtung u. d. Betrieb von Anlagen zur Lagerung, Abfüllung u. Beförderung brennbarer Flüssigkeiten zu Lande v. 18. 2. 1960 (BGBl I S. 83).

[43] VO ü. Anforderungen insbes. techn. Art an Anlagen zur Lagerung, Abfüllung u. Beförderung brennbarer Flüssigkeiten zu Lande v. 19. 9. 1964 (BGBl S. 717), idF d. VO v. 7. 9. 1965 (BGBl I S. 1271); siehe auch für Nordrh.-westf. VO v. 19. 4. 1968 in Arbeitsschutz 1968, S. 198; für Hessen VO v. 10. 4. 1968 StAnz 1968, S. 753.

§ 3 Elektr. Anl. VO[44]

1. Elektrische Anlagen in explosionsgefährdeten Räumen müssen nach den Vorschriften des Anhangs zu dieser Verordnung und im übrigen nach den allgemein anerkannten Regeln der Technik errichtet werden.

§ 19 Elektr. Anl. VO

1. Die Aufsichtsbehörde kann im Einzelfall aus besonderen Gründen Ausnahmen von Vorschriften dieser Verordnung zulassen, wenn die Sicherheit auf andere Weise gewährleistet ist.

§ 2 AufzVO[45]

Aufzugsanlagen müssen gemäß den für sie aufgrund des § 24 Abs. 1 Nr. 3 der Gewerbeordnung erlassenen technischen Vorschriften und im übrigen gemäß den allgemein anerkannten Regeln der Technik errichtet und betrieben werden.

§ 2 TVAufz[46]

Die Anlagen, insbesondere die Errichtung, die Herstellung, die Bauart, die Werkstoffe, die Ausrüstung und die Unterhaltung sowie der Betrieb müssen den Anforderungen der Nummern 100 bis 599 des Anhangs zu dieser Verordnung genügen und im übrigen nach den allgemein anerkannten Regeln der Technik errichtet und betrieben werden.

§ 8 TVAufz

Soweit in den Vorschriften dieser Verordnung Anforderungen gestellt werden, die über die bisher gestellten Anforderungen hinausgehen, kann die nach Landesrecht zuständige Behörde verlagen, daß Anlagen oder Anlageteile, die bei Inkrafttreten dieser Verordnung errichtet sind oder mit deren Errichtung begonnen worden ist, den Vorschriften dieser Verordnung entspechend geändert werden, wenn

1. sie erweitert, umgebaut oder geändert werden
   oder
2. erhebliche Gefahren für Beschäftigte oder Dritte zu befürchten sind.

§ 3 SchanlVO[47]

Getränkeschankanlagen müssen nach den für sie aufgrund des § 24 Abs. 1 Nr. 3 der Gewerbeordnung erlassenen technischen Vorschriften und im übrigen nach den allgemein anerkannten Regeln der Technik errichtet und betrieben werden.

§ 2 TVSchanl[48]

Getränkeschankanlagen müssen nach den Anforderungen des Anhangs zu dieser Verordnung und im übrigen nach den allgemein anerkannten Regeln der Technik errichtet und betrieben werden.

All den bisher genannten Vorschriften kommt doppelte Bedeutung zu:

---

[44] VO über elektrische Anlagen in explosionsgefährdeten Räumen v. 15. 8. 1963 (BGBl I S. 697) idF d. 1. ÄndVO v. 25. 8. 1965 (BGBl I S. 1029) und d. 2. ÄndVO v. 29. 1. 1968 (BGBl I S. 109).

[45] VO über die Errichtung und den Betrieb von Aufzugsanlagen v. 28. 9. 1961 (BGBl I S. 1763) geändert d. VO v. 6. 10. 1965 (BGBl I S. 1576) und d. VO v. 20. 6. 1967 (BGBl I S. 605).

[46] VO über Anforderungen, insbes. techn. Art, an Aufzugsanlagen v. 6. 10. 1965 (BGBl I S. 1576).

[47] VO über Getränkeschankanlagen v. 14. 8. 1962 (BGBl I S. 561 berichtigt S. 660).

[48] VO über technische Anforderungen an Getränkeschankanlagen v. 15. 3. 1966 (BAnz S. 69, Nr. 56 berichtigt Nr. 68).

Einerseits gestatten es diese Bestimmungen, daß unbeschadet der allgemeinen Voraussetzungen für den Widerruf oder die Rücknahme begünstigender Verwaltungsakte die in den einzelnen Vorschriften zugelassenen Anforderungen nachträglich immer dann gestellt werden können, wenn die besonderen Erfordernisse der im Einzelfall in Betracht kommenden Vorschrift erfüllt sind. Andererseits folgt aus der Tatsache, daß der Gesetzgeber den in den speziellen Vorschriften zugelassenen Anordnungen ein ganz besonderes Gewicht beigemessen hat, so daß diese Anforderungen sogar gegenüber rechtsbeständigen, begünstigenden Verwaltungsakten und sogar gegenüber den durch die Genehmigung und Bewilligung entstandenen Rechtspositionen[49] durchgreifen, daß hier regelmäßig wichtige Allgemeininteressen oder besondere als schützenswert anzusehende Interessen des Einzelnen berücksichtigt werden, die das entschädigungslose Zurücktreten der Interessen des Berechtigten erfordern. Gleichzeitig beinhaltet dies aber auch, daß die entsprechenden Vorschriften gerade wegen des dem Betroffenen eingeräumten Rechtes eng auszulegen sind[50].

II. Vorschriften über die Zurücknahme erteilter Genehmigungen, Erlaubnisse oder Bewilligungen

Für die Zulässigkeit nachträglicher Anforderungen, soweit die gesetzlichen Voraussetzungen für die Beseitigung der Genehmigung oder Bewilligung gegeben sind, wird im einzelnen auf folgende Vorschriften Bezug genommen werden:

§ 51 Abs. 1 GewO

Wegen überwiegender Nachteile und Gefahren für das Gemeinwohl kann die fernere Benutzung einer jeden gewerblichen Anlage durch die höhere Verwaltungsbehörde zu jeder Zeit untersagt werden. Doch muß dem Besitzer alsdann für den erweislichen Schaden Ersatz geleistet werden.

§ 12 GaststG

Abs. 1: Die Erlaubnis zum Betrieb eines der im § 1 Abs. 1 bezeichneten Gewerbe oder zur Ausübung des Gewerbes durch einen Stellvertreter muß von der für die Erlaubniserteilung zuständigen Behörde zurückgenommen werden, wenn sie der Betriebsinhaber vorsätzlich durch unrichtige Angaben erwirkt nat.

Abs. 2: Die Erlaubnis kann zurückgenommen werden,

1. wenn der für die Zurücknahme zuständigen Behörde Tatsachen bekannt werden, welche die Versagung der Erlaubnis nach § 2 Abs. 1 Ziff. 1 oder 2 rechtfertigen würden.
2. wenn sie der Betriebsinhaber durch Angaben erwirkt hat, deren Unrichtigkeit er bei Anwendung der erforderlichen Sorgfalt hätte kennen müssen,

---

[49] Vgl. oben die im 2. Kap., I. Abschn., A, I, Anm. 9 wiedergegebene Literatur.

[50] *Fischerhof* AtomG § 17 Rdn. 5.

3. wenn die Betriebsart, für welche die Erlaubnis erteilt worden ist, unbefugt geändert wird, oder wenn andere als die zugelassenen Räume zum Betriebe verwendet werden,
4. wenn der Betriebsinhaber seinen Betrieb ohne Erlaubnis durch einen Stellvertreter führen läßt,
5. wenn der Betriebsinhaber oder sein Stellvertreter die gemäß § 11 gemachten Auflagen nicht vollzieht,
6. wenn der Betriebsinhaber oder sein Stellvertreter in dem Betrieb Personen beschäftigt, von denen er weiß oder den Umständen nach annehmen muß, daß ihre Beschäftigung nach § 17 Abs. 1 untersagt ist.

§ 17 AtomG

Abs. 2: Genehmigungen und allgemeine Zulassungen können widerrufen werden, wenn
1. von ihnen innerhalb von zwei Jahren kein Gebrauch gemacht worden ist, soweit nicht die Genehmigung oder allgemeine Zulassung etwas anderes bestimmt,
2. eine ihrer Voraussetzungen von Anfang an nicht gegeben war oder später weggefallen ist und nicht in angemessener Zeit Abhilfe geschaffen wird oder
3. gegen die Vorschriften dieses Gesetzes oder der aufgrund dieses Gesetzes erlassenen Rechtsverordnungen gegen die hierauf beruhenden Anordnungen und Verfügungen der Aufsichtsbehörden oder gegen die Bestimmungen des Bescheids über die Genehmigung oder allgemeine Zulassung erheblich oder wiederholt verstoßen oder wenn eine nachträgliche Auflage nicht eingehalten worden ist und nicht in angemessener Zeit Abhilfe geschaffen wird.

Abs. 3: Genehmigungen sind zu widerrufen, wenn die Deckungsvorsorge nicht der Festsetzung nach § 13 Abs. 1 entspricht und der zur Deckungsvorsorge Verpflichtete eine der Festsetzung entsprechende Deckungsvorsorge nicht binnen einer von der Verwaltungsbehörde festzusetzenden angemessenen Frist nachweist.

Abs. 4: Genehmigungen oder allgemeine Zulassungen sind außerdem zu widerrufen, wenn dies wegen einer erheblichen Gefährdung der Beschäftigten, Dritter oder der Allgemeinheit erforderlich ist und nicht durch nachträgliche Auflagen in angemessener Zeit Abhilfe geschaffen werden kann.

§ 19 c WHG

Abs. 1: Die Genehmigung nach § 19 a kann gegen Entschädigung beschränkt oder zurückgenommen werden, wenn eine Verunreinigung der Gewässer oder eine sonstige nachteilige Veränderung ihrer Eigenschaften zu besorgen ist. Dies gilt auch, wenn die Besorgnis durch Teile der Rohrleitungsanlage begründet ist, die außerhalb des Geltungsbereichs dieses Gesetzes errichtet oder betrieben werden.

Abs. 2: Die Genehmigung kann ohne Entschädigung beschränkt oder zurückgenommen werden, wenn der Inhaber
1. die Genehmigung aufgrund von Nachweisen, die in wesentlichen Punkten unrichtig oder unvollständig waren, erhalten hat und ihm die Unrichtigkeit oder Unvollständigkeit bekannt war,
2. trotz einer mit der Androhung der Rücknahme verbundenen Warnung Bedingungen oder Auflagen nicht erfüllt hat.

Abs. 3: Unberührt bleibt die Festsetzung nachträglicher Auflagen ohne Entschädigung nach § 19 b Abs. 1 Satz 3.

§ 12 WHG

Abs. 1: Die Bewilligung kann, soweit dies nicht schon nach § 5 ohne Entschädigung zulässig ist, gegen Entschädigung beschränkt oder zurückgenommen werden, wenn von der uneingeschränkten Fortsetzung der Benutzung eine erhebliche Beeinträchtigung des Wohls der Allgemeinheit, insbesondere der öffentlichen Wasserversorgung, zu erwarten ist.

Abs. 2: Die Bewilligung kann ohne Entschädigung, soweit dies nicht schon nach § 5 zulässig ist, nur beschränkt oder zurückgenommen werden, wenn der Unternehmer

1. die Bewilligung aufgrund von Nachweisen, die in wesentlichen Punkten unrichtig oder unvollständig waren, erhalten hat und ihm die Unrichtigkeit oder Unvollständigkeit bekannt war;
2. die Benutzung innerhalb einer ihm gesetzten angemessenen Frist nicht begonnen oder drei Jahre ununterbrochen nicht ausgeübt hat;
3. den Zweck der Benutzung so geändert hat, daß er mit dem Plan (§ 8 Abs. 2 Nr. 2) nicht mehr übereinstimmt;
4. trotz einer mit der Anordnung der Rücknahme verbundenen Warnung wiederholt die Benutzung über den Rahmen der Bewilligung hinaus erheblich ausgedehnt oder Benutzungsbedingungen oder Auflagen nicht erfüllt hat.

§ 4 ApothG

Die Erlaubnis ist zurückzunehmen,

1. wenn die zuständige Behörde das Vorliegen der nach § 2 erforderlichen Voraussetzungen irrtümlich angenommen hat, oder
2. wenn eine der Voraussetzungen nach § 2 Abs. 1 Nr. 1, 2, 4, 6 oder 7 weggefallen ist oder Erlaubnisinhaber Rechtsgeschäfte vorgenommen oder Absprachen getroffen hat, die gegen § 9 Abs. 1, §§ 10 oder 11 verstoßen.

§ 15 Arzneimittelgesetz

Abs. 2: Die Erlaubnis ist zu widerrufen, wenn

1. einer der Versagungsgründe des § 13 bei der Erteilung der Erlaubnis der zuständigen Behörde nicht bekannt war oder nachträglich eingetreten ist, oder
2. eine Auflage nach Abs. 1 nicht eingehalten worden ist

und diesem Mangel nicht innerhalb einer von der zuständigen Behörde zu setzenden angemessenen Frist abgeholfen wird.

III. Vorschriften über nachträgliche Anforderungen an genehmigungsfreie Anlagen und Betriebe

§ 2 Gesetz zum Schutz gegen Baulärm[51]

Wer Baumaschinen betreibt, hat dafür zu sorgen, daß

1. Geräusche der Baumaschinen verhindert werden, die nach dem Stand der Technik vermeidbar sind, und
2. Vorkehrungen getroffen werden, die die Ausbreitung unvermeidbarer Geräusche von der Baustelle auf ein Mindestmaß beschränken,

soweit dies erforderlich ist, um die Allgemeinheit vor Gefahren, erheblichen Nachteilen oder erheblichen Belästigungen zu schützen.

---

[51] V. 9. 9. 1965 (BGBl I S. 1214).

§ 3 Abs. 1

Die nach Landesrecht zuständigen Behörden[52] sind befugt, im Einzelfall die Ausführung derjenigen Maßnahmen anzuordnen, die zur Erfüllung der sich aus § 2 ergebenden Pflichten erforderlich sind.

§ 5

Eine Untersagung des Betriebes ist zulässig, bei Nichtbefolgen der Anordnungen oder wenn Anforderungen nach § 3 Abs. 1 zur Abwehr von Gefahren, erheblichen Nachteilen oder erheblichen Belästigungen nicht ausreichen.

§ 2 Immissionsschutzgesetz von Nordrh.-Westf.[53]

Wer eine Anlage im Sinne des § 1 Abs. 1 betreibt, ist verpflichtet, Feuerungsstätten, Maschinen, Geräte und sonstige Betriebseinrichtungen so einzurichten, zu betreiben und zu unterhalten, daß die Nachbarschaft oder die Allgemeinheit vor Gefahren, erheblichen Nachteilen oder Belästigungen durch Immissionen soweit geschützt sind, wie es der jeweilige Stand der Technik und die Natur der Anlage gestatten.

§ 3 Immissionsschutzgesetz von Rheinland-Pfalz[54]

Der Eigentümer und der Betreiber einer Anlage im Sinne des § 1 Abs. 1 sind verpflichtet, diese so einzurichten, zu betreiben und zu unterhalten, daß die Nachbarschaft oder die Allgemeinheit vor Gefahren, erheblichen Nachteilen oder unzumutbaren Belästigungen soweit geschützt sind, wie es nach dem jeweiligen Stand der Technik möglich und für Anlagen dieser Art wirtschaftlich zumutbar ist.

§ 3 Immissionsschutzgesetz von Niedersachsen[55]

Der Eigentümer und Betreiber einer Anlage im Sinne des § 1 Abs. 1 sind verpflichtet, diese so einzurichten, zu betreiben und zu unterhalten, daß die Nachbarschaft oder die Allgemeinheit vor Gefahren, erheblichen Nachteilen oder erheblichen Belästigungen soweit geschützt sind, wie es der jeweilige Stand der Technik gestattet und Eigentümern und Betreibern der Anlagen dieser Art wirtschaftlich zumutbar ist.

§ 3 Immissionsschutzgesetz von Baden-Württ.[56]

Der Eigentümer und Betreiber einer Anlage im Sinne des § 1 Abs. 1 sind verpflichtet, die Anlage so einzurichten, zu betreiben und zu unterhalten, daß die Nachbarschafft oder die Allgemeinheit vor Gefahren, erheblichen Nachteilen oder Belästigungen durch Immissionen soweit geschützt sind, wie es der jeweilige Stand der Technik gestattet und Eigentümern und Betreibern der Anlage dieser Art wirtschaftlich zumutbar ist.

B. Allgemeine Grenzen nachträgicher Anforderungen

Abgesehen von dem grundsätzlichen Erfordernis einer Rechtsgrundlage gelten auch bei nachträglichen Anforderungen die allgemeinen

---

[52] Siehe die Durchführungsverordnungen der Länder Nordrh.-Westf. v. 25. 10. 1965 (GVBl 321), v. Bad.-Württ. v. 21. 11. 1965 (GBl S. 321), den Erl. d. Hess. Min. f. Arbeit, Volkswohlfahrt u. Gesundheitswesen v. 14. 4. 1966 StAnz S. 646 u. d. Gem. RdErl d. nordrh.-westf. Arbeits- u. Soz. Min. u. d. Min. f. Wirtschaft, Mittelstand u. Verkehr v. 8. 8. 1966 (MBl S. 1606).

[53] Gesetz z. Schutze vor Luftverunreinigungen, Geräuschen u. Erschütterungen v. 30. 4. 1962 (GVBl S. 225).

[54] V. 28. 7. 1966 (GVBl S. 211).

[55] V. 6. 1. 1966 (GVBl S. 1).

[56] V. 4. 2. 1964 (GBl S. 55).

Voraussetzungen, die an ein rechtmäßiges Verwaltungshandeln zu stellen sind. Hieraus ergeben sich allgemeine Grenzen, die bei der Anwendung der oben wiedergegebenen Bestimmungen zu beachten sind.

I. Der Grundsatz der Verhältnismäßigkeit

Besondere Bedeutung für die Rechtmäßigkeit eines jeden Verwaltungshandelns — und damit auch für die nachträgliche Anordnung bestimmter Maßnahmen — hat der Grundsatz der Verhältnismäßigkeit, dem verfassungsmäßiger Rang zukommt[57]. Er besagt, daß die durch die angeordnete Maßnahme bei dem Betroffenen eintretende Beeinträchtigung nicht in offenbarem Mißverhältnis zu dem beabsichtigten Erfolg stehen darf[58]. Es muß also, um diesem Grundsatz Rechnung zu tragen, ein angemessenes Verhältnis zwischen Erfolg auf der einen und Nachteil auf der anderen Seite bestehen[59].

Von besonderer Bedeutung ist dies dann, wenn einzelne gesetzliche Bestimmungen nachträgliche Anforderungen in unbeschränktem Umfang und ohne Rücksicht auf die wirtschaftliche Leistungsfähigkeit des Betroffenen zulassen[60] und hier insbesondere in den Fällen, in denen dies bereits bei bloßen Nachteilen und Belästigungen gesetzlich für zulässig erklärt wird[61]. Bei Vorliegen dieser Voraussetzungen liegt im Einzelfall ein Verstoß gegen den Grundsatz der Verhältnismäßigkeit nahe.

II. Sachbefugnis und zulässiger Zweck nachträglicher Anforderungen

Jede nachträgliche Anordnung bestimmter Maßnahmen bringt für den betroffenen Gewerbebetrieb eine gewisse Belastung mit sich und ist daher nur auf Grund einer Rechtsvorschrift zulässig, die Voraussetzung und Umfang der Belastung regelt. Allein aus diesen Vorschriften folgt, was von dem Betroffenen verlangt werden kann und wozu er nach dieser Vorschrift zu leisten verpflichtet ist.

Dementsprechend kann z. B. die Verwaltungsbehörde von dem Inhaber einer Genehmigung oder Bewilligung nicht mehr verlangen, als der Gesetzgeber in den Bestimmungen festgelegt hat, die nachträgliche Anforderungen zulassen[62]. Unzulässig ist daher die Verfolgung von Interessen, die auf anderem Wege mangels ausreichender Rechtsgrund-

[57] BVerfG v. 15. 12. 1965 Bd. 19, S. 342 ff. (348).
[58] Vgl. § 5 Hess. Gesetz ü. d. öffentliche Sicherheit und Ordnung v. 17. 12. 1964 (GVBl S. 209).
[59] So schon BGH v. 1. 2. 1954 DVBl 1954, S. 478; *Müller* § 60 HBO S. 3.
[60] Siehe § 15 ArzneimG; § 11 GaststG; § 19 c WHG.
[61] Vgl. § 25 Abs. 3 GewO; *Thieme* NJW 1966, S. 1436.
[62] Vgl. *Landmann-Rohmer* § 18 Rdn. 20; *Michel* § 11 Anm II b.

lage nicht wahrgenommen werden können[63]. Die Leistungspflicht muß also stets auf einer sicheren Rechtsgrundlage beruhen. Diese Grundsätze sind leicht zu befolgen, soweit die einzelne Rechtsvorschrift genau aussagt, unter welchen Voraussetzungen Anforderungen zusätzlich gestellt werden können oder aber genau bestimmt, zu welchem Zweck eine nachträgliche Anordnung erfolgen darf[64]. So sind z. B. nach der ausdrücklichen Regelung des § 17 AtomG Anforderungen nur zulässig, soweit sie den in § 1 Nr. 2 und 3 genannten Zwecken dienen. Entsprechendes ist auch in § 19 b Abs. 1 WHG geregelt. Nicht so eindeutig ist die Lage, wenn der Gesetzgeber lediglich bestimmt hat, daß nachträgliche Auflagen zulässig sind. Als Beispiel sei hier auf § 15 ArzneimG hingewiesen. Aber auch in diesen Fällen muß ein innerer Zusammenhang zwischen dem Inhalt der Anforderung und — soweit dies der Fall ist — der einmal erteilten Erlaubnis oder Genehmigung gegeben sein, der die nachträgliche Hinzufügung rechtfertigt. Dieses zwischen nachträglichen Anforderungen und gewährten Rechtspositionen erforderliche Bindeglied kann bei solchen Anforderungen, die auf besonderer gesetzlicher Grundlage ergehen, nur im Gesetzeszweck gesehen werden[65]. Darüber hinausgehende Anforderungen, die durch den Gesetzeszweck nicht gerechtfertigt sind, werden von der im Einzelfall anzuwendenden Rechtsvorschrift nicht gedeckt und sind daher unzulässig[66]. Zu beachten ist hierbei, daß „Gesetzeszweck“ im Sinne des Schutzes derjenigen Interessen zu verstehen ist, die durch das Genehmigungs- oder Erlaubnisverfahren geschützt und berücksichtigt werden; also nicht der Normzweck im engeren Sinne der Vorschrift, die die nachträglichen Anforderungen gestattet.

III. Sonstige allgemeine Voraussetzungen

Weiterhin ist eine nachträgliche Anordnung bestimmter Maßnahmen nur dann rechtmäßig, wenn sie ausreichend bestimmt ist[67] und die angeordneten Maßnahmen zur Erreichung der zulässigen Zwecke erfor-

[63] *Krüger* DVBl 1955, S. 518; zur Sachgemäßheit von Anforderungen vgl. *Schlund* BayVerwBl 1968, S. 5.

[64] Vgl. auch § 16 PBefG und § 13 GüKG, die hier nicht besonders berücksichtigt werden.

[65] BGH v. 7. 12. 1954 BB 1955, S. 8; OVG Münster v. 9. 2. 1954 DÖV 1955, S. 189; BadVGH v. 31. 3. 1952 VerwRspr Bd. 5, S. 86; *Fachinger* DV 1949, S. 121; *Mattern-Raisch* § 17 Rdn. 6; soweit diese Auffassung als zu eng abgelehnt wird — vgl. *Krüger* DVBl 1955, S. 522 und *Wolff* S. 250 — kann dies nur für die Fälle der Auflagen im Zusammenhang mit der Erteilung eines Rechtes Bedeutung haben, soweit keine ausdrückliche gesetzliche Regelung besteht. Vgl. auch § 32 Abs. 2 KWG, ferner die Fälle verliehener Rechtspositionen, auf die kein Rechtsanspruch besteht.

[66] Vgl. dazu auch VG Bremen v. 11. 11. 1964 NJW 1965, S. 1196.

[67] Vgl. OVG Münster v. 22. 3. 1961 GewArch 1962, S. 168 = DÖV 1962, S. 147; *Janssen* § 18 Anm. IV, 4.

derlich und notwendig sind[68]. Hierzu gehört insbesondere, daß die Verwaltungsbehörde in jedem Falle das den Betroffenen am wenigsten beeinträchtigende Mittel wählt, sofern nur der zulässigerweise verfolgte Zweck damit erreicht werden kann und mehrere gleichwertige Mittel gegeben sind[69]. Dabei ist nicht nur zu prüfen, welches Mittel für den Betroffenen am günstigsten ist, sondern auch, welches Mittel die Allgemeinheit am wenigsten beeinträchtigt[70]. Die für den Betroffenen mildere Maßnahme kann daher nur angeordnet werden, wenn dadurch nicht die Allgemeinheit in stärkerer Weise belastet wird.

Ferner darf die einzelne Anordnung, sofern der Behörde in der anzuwendenden gesetzlichen Bestimmung ein Ermessensspielraum eingeräumt ist, nicht mit einem Ermessensfehler behaftet sein.

Eine weitere Voraussetzung, die zwar auch in einzelnen gesetzlichen Vorschriften erwähnt wird[71], jedoch in gleicher Weise für alle nachträglichen Anforderungen Geltung hat, ist, daß mit der geforderten Maßnahme nicht etwas tatsächlich oder rechtlich Unmögliches verlangt wird. Die Frage der wirtschaftlichen Unmöglichkeit bleibt einer besonderen Erörterung vorbehalten. Letztlich ist zu beachten, daß die nachträgliche Anordnung bestimmter Maßnahmen nicht gegen fundamentale Rechtsgrundsätze oder gegen sonstige zwingende gesetzliche Vorschriften verstoßen darf[72].

C. Verfassungsrechtliche Schranken nachträglicher Anforderungen

I. Gesetzgebungskompetenz

Nach Art. 74 Nr. 11 GG ist Gegenstand der konkurrierenden Gesetzgebung das Recht der Wirtschaft. Danach ist der Bund im Rahmen des Art. 72 GG berechtigt, Regelungen bezüglich der einzelnen Wirtschaftszweige, wie Bergbau, Industrie, Handwerk, Gewerbe usw. zu treffen. Diese Regelungsbefugnis umfaßt sowohl Beginn, Errichtung und Inbetriebnahme als auch den Betrieb und die Ausübung der mit diesen Gebieten zusammenhängenden Anlagen und Tätigkeiten. Hierzu gehört auch die Befugnis, Vorschriften für Gewerbebetriebe zu schaffen, wodurch diesen Belastungen zum Schutze der Anwohner oder Arbeit-

---

[68] Vgl *Lerche* S. 24 u. d. weiter dort angegebene Literatur; siehe auch § 5 HSOG; *Müller* § 60 HBO S. 2.

[69] OVG Münster v. 29. 9. 1961 GewArch 1962, S. 47; Bad.-Württ. VGH v. 9. 1. 1964 DVBl 1964, S. 450 = GewArch 1964, S. 188; v. 11. 2. 1965 DVBl 1965, S. 776.

[70] So mit Recht *Müller* § 80 HBO S. 2.

[71] Vgl. § 25 Abs. 3 GewO.

[72] Insbesondere ist u. U. bei der Anwendung von Landesrecht Art. 31 GG zu beachten.

nehmer auferlegt werden können oder die zumindest die Grundlage für derartige Anordnungen ergeben[73]. Die Vorschriften müssen sich ausschließlich an Gewerbebetriebe wenden. Sie dürfen wegen der Zuständigkeit der Landesgesetzgebung keine allgemein gültigen Regeln zur Gefahrenabwehr enthalten.

Der Landesgesetzgebung sind solche Reglungen zugewiesen, bei denen die Aufrechterhaltung der öffentlichen Sicherheit und Ordnung unabhängig von Gewerbebetrieben den alleinigen, unmittelbaren Gesetzeszweck bilden, also das Polizeirecht im engeren Sinne[74].

In diesem Zusammenhang wird teilweise die Auffassung vertreten, die Vorschriften über nachträgliche Anforderungen an Gewerbebetriebe dienten der Gefahrenabwehr und seien daher der Landesgesetzgebung zuzurechnen[75]. Dieser Meinung ist jedoch entgegenzuhalten, daß es sich in den Fällen nachträglicher Anforderungen nicht um reine Gefahrenabwehr im Sinne des Polizeirechts handelt, sondern daß Gegenstand der Regelung der Gewerbebetrieb als solcher ist. Dementsprechend wird auch in den Vorschriften nicht allein auf die Gefahr und ihre Beseitigung abgestellt. Es findet vielmehr regelmäßig eine Interessenabwägung zwischen den Interessen der betroffenen Nachbarn und den betroffenen Betriebsinhabern statt, eine Regelung, die dem reinen Polizeirecht fremd ist. Soweit die Vorschriften, die nachträgliche Anforderungen zulassen, sich auf erteilte Genehmigungen oder Erlaubnisse zum Betrieb einer gewerblichen Anlage beziehen, ist der genannten Auffassung darüber hinaus auch deshalb nicht zu folgen, weil wegen des engen sachlichen Zusammenhangs zwischen den Anforderungen, die im Rahmen der Erteilung eines bestimmten Rechtes und solchen, die nachträglich in bezug auf das bereits erteilte Recht gestellt werden, kein Unterschied gemacht werden kann. Die Regelungsbefugnis bezüglich der Erteilung einer Genehmigung für einen bestimmten Gewerbebetrieb oder eine bestimmte gewerbliche Anlage und die in diesem Zusammenhang zu stellenden Anforderungen steht jedoch unbestritten dem Bund im Rahmen des Art. 72 GG zu. Die in Art. 74 GG dem Bund eingeräumte Gesetzgebungskompetenz umfaßt daher auch die Zuständigkeit zur Regelung nachträglicher Anforderungen an gewerbliche Anlagen und Betriebe.

Soweit nachträgliche Anforderungen auf Grund des Wasserhaushaltsgesetzes für zulässig erklärt sind, beruht die Gesetzgebungszuständig-

---

[73] BVerfG v. 29. 4. 1958 DÖV 1959, S. 66.

[74] So BVerfG v. 29. 4. 1958 DÖV 1959, S. 66; Beispiele hierfür sind die allgemeinen Polizeigesetze, die Immissionsschutzgesetze und Lärmschutzverordnungen der Länder.

[75] *Rabeneick* DVBl 1960, S. 497, ist der Auffassung, § 25 Abs. 3 GewO sei verfassungswidrig.

keit des Bundes auf Art. 75 Nr. 4 GG[76]. Hiernach ist allerdings nur die Möglichkeit der Schaffung von Rahmenvorschriften vorgesehen, weshalb insoweit auch die ergänzenden landesrechtlichen Bestimmungen anzuwenden sind.

II. Rückwirkungsverbot gesetzlicher Bestimmungen

Soweit Vorschriften über nachträgliche Anforderungen sich auch auf bei ihrem Erlaß bereits genehmigte Anlagen und Betriebe beziehen[77], liegt die Frage eines Verstoßes gegen das Rückwirkungsverbot gesetzlicher Bestimmungen nahe. Eine verfassungswidrige sog. echte Rückwirkung dieser Vorschriften wäre jedoch nur dann zu bejahen, wenn sie nachträglich abändernd in abgewickelte, der Vergangenheit angehörende Tatbestände eingriffen[78]. Die Vorschriften entwerten zwar die erteilten Genehmigungen, sie regeln aber nicht nachträglich den Fall der Errichtung und Genehmigungserteilung, sondern den laufenden Betrieb der Anlage, also einen gegenwärtigen und nicht abgeschlossenen Tatbestand[79]. Diese Fälle der Entwertung von Rechtspositionen durch Eingriffe in nicht abgeschlossene Tatbestände sind als sog. unechte Rückwirkung dann verfassungswidrig, wenn der Betroffene auf das Bestehenbleiben der nun geänderten Regelungen vertrauen und darauf Schutz beanspruchen durfte[80]. Der Unternehmer kann jedoch grundsätzlich nicht darauf vertrauen, seine Befugnis unverändert und ohne Rücksicht auf die allgemeine und technische Entwicklung für alle Zeit ausnutzen zu können. Insoweit kann und will das Genehmigungsverfahren allein keinen Schutz gewähren. Dafür, ob bei Hinzutreten besonderer Umstände ein Vertrauensschutz gerechtfertigt ist, kommt es auf den Einzelfall an.

III. Grundsätzliche Zulässigkeit nachträglicher Anforderungen nach Art. 14 GG

Für die Frage der grundsätzlichen Zulässigkeit nachträglicher Anforderungen im Hinblick auf die durch Art. 14 GG gegebenen Grenzen ist

---

[76] Nach *Maunz* S. 189 wurde hier in bedenklicher Weise der Begriff der Rahmenvorschrift weit ausgelegt. Vgl. auch BVerfG v. 30. 10. 1962 (BGBl S. 688) über die Verfassungswidrigkeit des Bundeswasserstraßenreinhaltungsgesetz v. 17. 8. 1960 (BGBl II S. 2125).

[77] Das Problem besteht nicht bei genehmigungsfreien Anlagen und Betrieben.

[78] BVerfG v. 24. 7. 1957 Bd. 7, S. 89 ff, v. 19. 12. 1967 Bd. 23, S. 32, v. 17. 1. 1967 Bd. 21, S. 132.

[79] VG Darmstadt v. 29. 9. 1967 HessVGRspr 1968, S. 62; *Quack* S. 289.

[80] *BVerfG* v. 11. 10. 1962 Bd. 14, S. 297, v. 17. 1. 1967 Bd. 21, S. 132, v. 19. 12. 1967 Bd. 23, S. 32; dem Gebot der Rechtssicherheit sind jedoch zwingende Gründe des Gemeinwohls übergeordnet, die eine Rückwirkungsanordnung rechtfertigen; insoweit ist der Vertrauensschutz eingeschränkt.

zunächst darauf abzustellen, ob der Gewerbebetrieb oder die gewerbliche Anlage auf Grund einer Genehmigung, Erlaubnis oder Bewilligung betrieben wird. In diesen Fällen kommt durch die nachträgliche Anordnung bestimmter Maßnahmen ein entschädigungspflichtiger Eingriff in die gewährte Rechtsposition in Betracht. Dies kann jedoch nur dann der Fall sein, wenn die Rechtsposition bereits gewährt war, bevor die Bestimmungen über nachträgliche Anforderungen geschaffen worden waren. Ist die Genehmigung, Erlaubnis oder Bewilligung erst nach Inkrafttreten der Bestimmungen über nachträgliche Anforderungen erteilt worden, so ist sie mit einem gesetzlichen Vorbehalt oder mit einer gesetzlichen Verpflichtung zur Ausführung bestimmter Maßnahmen in dem vom Gesetz vorgesehenen Umfang belastet[81], so daß der Unternehmer bereits kein Recht erworben hat, das vor nachträglichen Eingriffen absolut geschützt werden sollte[82]. Insoweit fehlt es daher für einen entschädigungspflichtigen Eingriff bereits an einer geschützten Rechtsposition. Besonders zum Ausdruck gekommen ist dies in § 5 WHG, wo die dort vorgesehene Eingriffsmöglichkeit ausdrücklich als Vorbehalt bezeichnet wird.

Soweit sich die Bestimmungen über nachträgliche Anforderungen auch auf bereits bei Erlaß dieser Vorschriften erteilte Befugnisse — sog. alte Rechte — beziehen, ist im Einzelfall durch die Anordnung ein Eingriff in diese bestehende Rechtsposition gegeben. Zwar war die Frage des Eigentumsschutzes öffentlich rechtlicher Rechtspositionen in früheren Jahren streitig[83], durch die Entscheidung des Bundesverfassungsgerichtes vom 7. 5. 1963[84] dürfte ihr jedoch keine wesentliche Bedeutung mehr zukommen. Nach nunmehr wohl herrschender Meinung[85] ist der Eigentumsschutz öffentlich rechtlicher Rechtspositionen dann zu bejahen, wenn sie im Einzelfall so stark ist, daß nach dem rechtsstaatlichen Gehalt des Grundgesetzes eine ersatzlose Entziehung als ausgeschlossen erscheint. Wesentliches Merkmal dafür ist die eigene Leistung des Berechtigten und hier insbesondere das von dem Unternehmer zur Ausnutzung der Berechtigung eingesetzte Kapital. Die für Gewerbebetriebe

[81] Vgl. § 5 WHG und die zu § 24 GewO ergangenen Verordnungen; siehe auch *v. Münch* S. 53 für den Fall des gesetzlich vorgesehenen Widerrufs.

[82] A. A. wohl *Hoppe* BB 1966, S. 1372 ff, der eine solche Unterscheidung aber nicht trifft. Die Rechtssicherheit gebietet jedoch, daß ein umfassender Auflagenvorbehalt grundsätzlich wegen Umgehung des Art. 14 GG nicht zulässig ist, z. B. in den Fällen des § 18 GewO.

[83] Vgl. BVerfG v. 30. 4. 1952 Bd. 1, S. 265 und v. 1. 7. 1953 Bd. 2, S. 380: „Eigentum i. S. d. Art. 14 GG umfaßt grundsätzlich nicht vermögenswerte Rechte des öffentl. Rechts. A. A. BGH v. 10. 6. 1952 Bd. 6, S. 270.

[84] Bd. 16, S. 94 = DVBl 1963, S. 590.

[85] BSG v. 19. 3. 1957 Bd. 5, S. 40 = DVBl 1959, S. 321; *Dürig* JZ 1958, S. 23; *Weber* S. 354; *Kimminich* Art. 14 Rdn. 14 ff; *Forsthoff* NJW 1955, S. 1249; *Scheuner* in Verfassungsschutz S. 96; *Ipsen* JZ 1953, S. 663 i. d. Anm. z. Urt. d. BVerfG v. 1. 7. 1953 Bd. 2, S. 380.

oder für gewerbliche Anlagen erteilten Genehmigungen werden aus diesem Grunde regelmäßig von dem Eigentumsschutz des Art. 14 GG erfaßt.

Fraglich ist jedoch, inwieweit derartige Eingriffe in diese geschützten Rechtspositionen durch die Sozialpflichtigkeit des Eigentums gedeckt sind. Der Schutz des Art. 14 GG ist nicht unbeschränkt. Ziel der verfassungsmäßigen Eigentumsgarantie ist nur, ungleiche und innerlich nicht gerechtfertigte Eingriffe in bestehende Rechtspositionen auszuschließen. Die Garantie ist damit inhaltlich insoweit beschränkt, als eine grundsätzliche Pflichtbindung des Rechtssubjekts und eine Zweckbindung der Güter an die Allgemeinheit besteht. Wann unter diesen Voraussetzungen im Einzelfall getroffene Maßnahmen von den Grenzen der Sozialbindung gedeckt sind, ist in Rechtsprechung und Lehre nicht unbestritten[86]. Auf diese Streitfrage braucht jedoch nicht näher eingegangen zu werden. Es genügt, hier festzustellen, daß es dem Unternehmer grundsätzlich zugemutet werden kann, Maßnahmen auszuführen, die zur Abwehr der für die Allgemeinheit bestehenden Gefahren, erheblichen Nachteilen oder Belästigungen erforderlich sind. Dies gilt auch dann, wenn Anforderungen deshalb gestellt werden, weil sich die allgemeinen Anschauungen darüber, was als erhebliche Beeinträchtigung anzusehen ist, seit der Zeit der Errichtung und Genehmigung des Gewerbebetriebes geändert haben, da auch das Eigentumsrecht und seine Grenzen nicht absolut und unveränderlich sind. Nicht gedeckt wird von der Sozialpflichtigkeit nach allgemeiner Auffassung der völlige Entzug eines Sachobjektes oder eines Rechtes[87]. Generell unzulässig sind daher solche Maßnahmen bezüglich sogenannter alter Rechte, die wegen der mit ihnen verbundenen Belastung einem völligen Entzug des erteilten Rechtes gleichstehen[88].

Diese Grundsätze gelten dann nicht, wenn der Gewerbebetrieb nicht aufgrund einer besonderen öffentlich-rechtlichen Befugnis betrieben wird. In diesem Falle ist dem Unternehmer kein besonderes Recht verliehen, in das durch die nachträgliche Anordnung bestimmter Maßnahmen eingegriffen werden könnte. Als geschützte Rechtsposition i. S. d. Art. 14 GG kommt hier allein das Recht am Gewerbebetrieb in Betracht[89]. Da jedoch der Unternehmer verpflichtet ist, seinen Gewerbe-

[86] Siehe BGH Bd. 6, S. 270 ff; Bd. 15, S. 268; Bd. 23, S. 30 ff; BVerfG v. 19. 6. 1957 NJW 1957, S. 1534, in dem die Ansicht des BGH abgelehnt wird. Eine Zusammenstellung der Meinungen findet sich bei *Sellmann* NJW 1965, S. 1689, ferner bei *Bender* NJW 1965, S. 1297.

[87] Vgl. *Wolff* S. 379; *Hamann* Art. 14 Anm. B 6; *Scheuner* in Verfassungsschutz S. 111.

[88] *H. Westermann* Luftreinhaltung S. 44.

[89] Daß das Recht am eingerichteten und ausgeübten Gewerbebetrieb geschützt ist, wird heute allgemein anerkannt. Vgl. dazu insbesondere *Schack* BB 1963, S. 1227; ferner BVerfG v. 30. 4. 1952 Bd. 1, S. 264 (277); BGH v.

betrieb im Rahmen der geltenden Gesetze zu betreiben, ist hier ein Schutz vor der nachträglichen Anordnung bestimmter Maßnahmen grundsätzlich nicht gegeben[90].

Zusammenfassend ist daher festzustellen, daß auch im Hinblick auf Art. 14 GG die nachträgliche Anordnung bestimmter Maßnahmen grundsätzlich zulässig ist. Eine wesentliche Einschränkung erfährt dieser Grundsatz bezüglich der sogenannten alten Rechte, die durch die verfassungsmäßige Eigentumsgarantie vor einem Entzug oder einer völligen Entwertung durch nachträgliche Anforderungen geschützt sind.

---

28. 1. 1957 Bd. 23, S. 157 ff; v. 30. 9. 1957 Bd. 25, S. 266 ff; v. 7. 7. 1960 NJW 1960, S. 1995; BGH v. 7. 12. 1967 in JZ 1968, S. 130.

[90] Zu der Frage, inwieweit von diesem Grundsatz Ausnahmen zu machen sind, vgl. unten 4. Kap., 3. Abschn., C.

Drittes Kapitel

Nachträgliche Anforderungen bei genehmigten Betrieben und Betriebsanlagen

Einheitliche Voraussetzungen für die Zulässigkeit nachträglicher Anforderungen sind nach den oben aufgezählten Rechtsgrundlagen nicht gegeben. Für die Frage der Voraussetzungen ist daher auf die im konkreten Fall in Betracht kommende Rechtsgrundlage abzustellen. Solche im Einzelfall heranzuziehenden gesetzlichen Grundlagen sind sowohl als Landesrecht als auch als Bundesrecht ergangen. Sie beziehen sich einmal auf die Anlagen, für deren Betrieb eine besondere Sacherlaubnis erforderlich ist, zum anderen auf solche Betriebe und Anlagen, die einer besonderen dem Unternehmer in bezug darauf erteilten Personalerlaubnis bedürfen[1]. Darüber hinaus sind die Vorschriften des Wasserhaushaltsgesetzes zu beachten, die sich nur auf die mögliche Einwirkung auf die Gewässer oder das Grundwasser beziehen, also grundsätzlich nur mittelbar, gleichwohl jedoch in erheblichem Umfang einen Gewerbebetrieb als solchen betreffen. Neben den ausdrücklichen gesetzlichen Bestimmungen rechtfertigen auch allgemeine Verwaltungsrechtsgrundsätze die nachträgliche Anordnung bestimmter Maßnahmen.

Diese hier getroffene Unterscheidung soll der weiteren Untersuchung zugrundegelegt werden.

1. Abschnitt: Bundesrechtliche Bestimmungen

A. Nachträgliche Anforderungen nach § 120 d GewO

Unabhängig von der oben getroffenen Unterscheidung zwischen sogenannten Sacherlaubnissen und Personalerlaubnissen sieht § 120 d Abs. 1 GewO die weitere Möglichkeit vor, nachträgliche Anforderungen an einen Gewerbebetrieb dann zu stellen, wenn dies zur Befolgung der

[1] Die an sich ebenfalls in die Unterscheidung einzubeziehenden reinen Personalerlaubnisse sind für diese Erörterungen nicht von Bedeutung, da hier der Bestandsschutz eines gewerblichen Betriebes wegen sachlicher Anforderungen nicht in Frage steht. Zur Unterscheidung siehe *Fuhr* Vor § 16 GewO.

in den §§ 120 a und b GewO zum Schutze der Arbeitnehmer aufgestellten Grundsätze notwendig ist. Erfaßt werden daher von dieser Vorschrift alle gewerblichen Betriebe, gleichgültig ob sie genehmigungspflichtig oder genehmigungsfrei sind, es sei denn, sie gehören zu den in § 6 GewO genannten Betrieben und Anlagen, für die § 120 d GewO keine Anwendung findet[2].

Entsprechend den Bestimmungen der §§ 120 a und b GewO sind Anforderungen bezüglich der Betriebssicherheit zum Schutze des Arbeitnehmers vor Gefahren für Leib und Leben und Anforderungen zur Aufrechterhaltung von Sitte und Anstand in den Betrieben zulässig.

Weitere Voraussetzungen für die Zulässigkeit der nach § 120 d Abs. 1 GewO angeordneten Maßnahmen sind deren Erforderlichkeit und Ausführbarkeit nach der Beschaffenheit der Anlage. Soweit hier auf die Erforderlichkeit abgestellt wird, verlangt der Gesetzgeber etwas schon nach allgemeinen Verwaltungsrechtsgrundsätzen Selbstverständliches[3]. Fragen ergeben sich jedoch aus der Formulierung „nach der Beschaffenheit der Anlage ausführbar erscheinen". Zunächst einmal deckt sich der Wortlaut nicht mit dem der §§ 120 a und b, wo auf die Natur des Betriebes abgestellt wird. Man wird jedoch in diesem Fall annehmen können, daß sich letztere Formulierung mehr auf einen Unternehmenszweig[4], auf bestimmte Unternehmensarten bezieht und daß der Wortlaut des § 120 d Abs. 1 die im Einzelfall von der behördlichen Anordnung betroffene Anlage meint. Ein wesentlicher, zu Ungunsten des Unternehmers gegebener, sachlicher Unterschied kann jedoch hier deshalb nicht gesehen werden, weil ansonsten trotz des engen und notwendigen Zusammenhangs ein Unterschied zwischen der sich aus den §§ 120 a und b ergebenden Verpflichtungen des Unternehmers einerseits und der zulässigen Anordnung der zuständigen Behörde[5] andererseits ergeben würde, so daß der Unternehmer letztlich nach § 120 d GewO zur Ausführung umfangreicherer Maßnahmen angehalten werden könnte, als er nach den §§ 120 a und b auszuführen verpflichtet ist. Ein wenn auch geringer Unterschied ergibt sich daraus, daß die grundsätzliche Verpflichtung der Unternehmer nach der Natur dieser Betriebe beurteilt wird, während bei Einzelanordnungen der Behörden die kon-

---

[2] Vgl. zur Anwendbarkeit des § 120 d bzw. des darin zum Ausdruck gekommenen Gedankens die Entscheidung des RG v. 30. 9. 1886 Reger Bd. 7, S. 3551 betr. einer Bergwerksanlage.

[3] Vgl. oben 2. Kap., 2. Abschn., B, III.

[4] *Boldt-Steffens* § 120 d Anm. II.

[5] Im allgemeinen die Gewerbeaufsichtsämter; vgl. *Stahlhacke* § 120 d GewO Anm. I; zur Frage der Zuständigkeit sind in den einzelnen Ländern zum Teil neue besondere Vorschriften erlassen: vgl. z. B. f. Nds. die VO v. 30. 6. 1965 (GVBl S. 151), f. Nordrh.-Westf. die VO v. 18. 6. 1957 (GVBl S. 171), f. Bad.-Württ. die VO v. 30. 6. 1960 (GBl S. 182) iVm der VO v. 14. 11. 1965 (GBl S. 247) und für Berlin die VO v. 7. 10. 1958 (GVBl S. 969).

kreten Gegebenheiten des im besonderen Fall betroffenen Betriebes zu berücksichtigen sind, was zu weniger einschneidenden Maßnahmen führen kann.

Aus der Formulierung des § 120 d Abs. 1 GewO ergeben sich jedoch insoweit weitere in der Literatur erörterte Zweifelsfragen, als hier sowohl die technische Durchführbarkeit als auch die wirtschaftliche Zumutbarkeit der angeordneten Maßnahmen gemeint sein kann[6].

Keine Lösung der Frage ergibt sich aus der Feststellung, es werde nur etwas Selbstverständliches wiederholt, wenn allein auf die technische Durchführbarkeit abgestellt wird (ultra posse nemo obligatur), da die Bestimmung auch ausdrücklich die Erfüllung des allgemeinen Verwaltungsrechtsgrundsatzes der Erforderlichkeit der angeordneten Maßnahmen fordert.

Die Voraussetzung der Beschaffenheit der Anlage bezieht sich nach dem Wortlaut eindeutig auf die technischen Gegebenheiten. Hierbei wird nicht darauf abgestellt, ob die geforderten Maßnahmen grundsätzlich überhaupt technisch ausführbar sind[7], sondern darauf, ob die Maßnahmen bei dieser im konkreten Fall getroffenen Anlage möglich sind, und zwar unter der weiteren Einschränkung, daß dabei die technischen Gegebenheiten der Anlage als gegeben vorausgesetzt werden. Ein Bestandsschutz der einmal bestehenden gewerblichen Anlage ist daher insoweit gegeben, als von dem Unternehmer nicht die Ausführung einer jeden technisch möglichen Maßnahme verlangt werden kann, sondern nur solche, die die gegebene Anlage an sich bestehen lassen.

Soweit gewerbliche Anlagen bei Erlaß des § 120 d GewO bereits bestanden, sind nach § 120 d Abs. 3 GewO nachträgliche Anforderungen in dem nach § 120 d Abs. 1 zulässigen Umfang nur gerechtfertigt[8], wenn die Anlage umgebaut wird oder erhebliche das Leben, die Gesundheit oder die Sittlichkeit der Arbeiter gefährdende Mißstände gegeben sind oder aber die Anforderung ohne unverhältnismäßigen Aufwand ausführbar ist[9].

Ist die Verwaltungsbehörde bezüglich der nach § 120 d zutreffenden Maßnahmen im Rahmen der allgemeinen Grundsätze des Verwaltungs-

---

[6] Beide Auffassungen werden i. d. Literatur vertreten: Vgl. *Stahlhacke* § 120 d Anm. II, 2 u. *Nöthlichs* RdA 1964, S. 91 einerseits und *Landmann-Rohmer* § 120 d Rdn. 6, *Rohlfing-Kiskalt-Wolff* § 120 d Anm. 3 und *Boldt-Steffens* § 120 d Anm. II andererseits.

[7] Vgl. § 25 Abs. 3 GewO und die dort genannte Formulierung „nach dem jeweiligen Stand der Technik erfüllbar".

[8] Es ist selbstverständlich, daß Anforderungen an alte, bei Erlaß des Gesetzes bestehende Anlagen, nicht weitergehen als dies bei nach Erlaß des Gesetzes errichteten Anlagen zulässig ist.

[9] Die Vorschrift des § 120 d Abs. 3 GewO hat allerdings durch Zeitablauf weitgehend an Bedeutung verloren.

handelns frei, so besteht diese Freiheit dann nicht mehr[10], wenn aufgrund des § 120 e GewO generelle Anordnungen für bestimmte Anlagen getroffen wurden[11]. Die Behörde ist hierin gebunden und kann für diese Anlagen keine weitergehenden oder abweichenden Vorschriften erlassen[12]. Dies gilt jedoch nur, soweit die betreffende Bestimmung im Einzelfall eine abschließende Regelung treffen wollte und auch getroffen hat.

B. Nachträgliche Anforderungen bei erteilten Anlageerlaubnissen

I. Die Anlagen des § 16 GewO

Nach § 16 GewO bedürfen solche Anlagen, die für die Nachbarn oder die Allgemeinheit erhebliche Nachteile, Belästigungen oder Gefahren herbeiführen können, für ihre Errichtung einer einmal zu erteilenden besonderen Genehmigung. Ist diese Genehmigung erteilt, so bleibt sie nach § 25 Abs. 1 GewO so lange in Kraft, als keine Änderung in der Lage oder Beschaffenheit der Betriebsstätte vorgenommen wird. Dieser damit gewährte grundsätzliche Bestandsschutz der Anlage wird durch die Vorschrift des § 25 Abs. 3 GewO erheblich eingeschränkt. Danach ist die Möglichkeit gegeben, zum Schutze vor von Gewerbebetrieben ausgehenden Beeinträchtigungen auch noch nachträglich die Ausführung besonderer Maßnahmen anzuordnen.

a) Der Anwendungsbereich des § 25 Abs. 3 GewO

Der Anwendungsbereich dieser Bestimmung erstreckt sich allein[1] auf die unter § 16 GewO fallenden Anlagen und Betriebe[2], und zwar auch auf die Anlagen des § 16 Abs. 4 GewO, die bisher ohne Genehmigung errichtet und betrieben werden konnten. Der Anwendungsbereich der

---

[10] Insbesondere kann sie nach § 120 d Abs. 3 GewO nur Einzelanordnungen und keine generellen, für mehrere Anlagen geltende Verfügungen treffen; so *Landmann-Rohmer* § 120 d Rdn. 3. Die Frage, ob und wann die Behörde zum Schutz der Arbeitnehmer nach § 120 d GewO tätig werden will, entscheidet sie nach pflichtgemäßem Ermessen (Opportunitätsprinzip) — *Stahlhacke* § 120 d GewO Anm. II, 1. Ein Anspruch des Einzelnen auf Einschreiten oder ein Anspruch aus § 839 BGB kommt daher nur in beschränktem Maße in Betracht, so bei offenkundigen, ganz erheblichen Gefahren.

[11] Vgl. dazu *Sartorius* (800) § 120 e GewO Anm. 3; ferner *Stahlhacke* § 120 e GewO.

[12] Siehe dazu die bei *Landmann-Rohmer* § 120 a Rdn. 2 zitierte Begründung: „Solange nicht für bestimmte Arten von Anlagen auf dem in § 120 e bezeichneten Wege besondere Vorschriften erlassen sind". Vgl. auch *Stahlhacke* § 120 d Anm. II, 2 und *Nöthlichs* RdA 1964, S. 91 für den Fall der Allgemeinverfügung.

[1] Die Frage, ob § 25 Abs. 3 auch für genehmigungsfreie Anlagen Geltung hat, ist zu verneinen; vgl. dazu unten 4. Kap., 1. Abschn., C.

[2] *Landmann-Rohmer* § 25 Rdn. 30; VG Darmstadt v. 20. 10. 1967 III 872/66.

Vorschrift wird auch nicht dadurch beschränkt, daß die Anlage vor dem Erlaß der Bestimmung bereits errichtet war. Sie gilt daher auch für sogenannte alte Anlagen[3].

Inwieweit § 25 Abs. 3 auch auf die Anlagen des § 24 GewO Anwendung finden kann, ist umstritten. Aus dem eindeutigen Wortlaut der Vorschrift ergibt sich jedoch, daß die Bestimmung nicht für die unter § 24 GewO fallenden Anlagen geschaffen wurde. Für diese Anlagen gelten die speziellen und strengeren Anforderungen der in den einzelnen technischen Verordnungen niedergelegten Vorschriften[4]. Auch ist seit jeher anerkannt, daß die Anlagen der §§ 16, 24 GewO in der hier in Betracht kommenden Hinsicht privilegiert sind. Wenn daher § 25 Abs. 3 in seiner Neufassung nur von Anlagen des § 16 spricht, kann aus diesem Grunde kein allgemeiner Schluß gezogen werden[5].

b) Die Voraussetzungen nachträglicher Anforderungen

Nach § 25 Abs. 3 GewO sollen an die technische Einrichtung und den Betrieb einer gewerblichen Anlage nachträgliche Anforderungen gestellt werden, wenn die Besitzer oder Bewohner der benachbarten Grundstücke oder das Publikum vor Gefahren, Nachteilen oder Belästigungen nicht ausreichend geschützt sind.

Soweit in dieser Vorschrift noch einmal ausdrücklich die Voraussetzung der Gefahr genannt ist, besagt sie insoweit nur etwas Selbstverständliches, da schon bei bloßen Nachteilen nachträgliche Anforderungen gerechtfertigt sind. Unterschiedliche Auffassungen darüber, was im einzelnen unter den in der Bestimmung genannten Voraussetzungen zu verstehen ist, sind nicht gegeben. So werden unter Gefahren solche im polizeilichen Sinne verstanden. Nachteile sind durch Immissionen verursachte wirtschaftliche oder ideelle Einbußen[6].

Belästigungen sind Einwirkungen auf das körperliche Wohlbefinden[7]. Darüberhinaus wird noch zu fordern sein, daß die Gefahren, Nachteile oder Belästigungen erheblich sind, wie sich aus dem Zusammenhang mit den §§ 16 ff GewO und hier insbesondere mit dem § 18 ergibt. Wann unter den genannten Voraussetzungen im Einzelfall nachträg-

---

[3] VG Darmstadt v. 29. 9. 1967 HessVGRspr 1968, S. 62 ff.; OVG Lüneburg v. 23. 6. 1967 DÖV 1968, S. 213.

[4] A. A. *Hoppe* BB 1966, S. 1372; OVG Münster v. 10. 11. 1965 BB 1966, S. 1371.

[5] So *Fuhr* § 24 Anm. 4; a. A. *Hoppe* BB 1966, S. 1372 und OVG Münster v. 10. 11. 1965 BB 1966, S. 1371; vgl. auch den RdErl des nordrh.-westf. Arbeits- und Sozialministers, des Min. für Wirtschaft, Mittelstand und Verkehr und des Min. für Landesplanung, Wohnungsbau und öffentl. Arbeiten v. 10. 2. 1966 (MBl 1966, S. 496 = Arbeitsschutz 1966, S. 94); siehe auch *Ebner*, GewArch 1969, S. 193.

[6] BVerwG v. 24. 10. 1967 Der Betrieb 1968, S. 395; OVG Hamburg v. 22. 3. 1955 GewArch 1955, S. 89.

[7] OVG Münster v. 22. 3. 1961 GewArch 1961, S. 292.

liche Anforderungen gestellt werden können, ist nach dem Empfinden eines Durchschnittsmenschen zu beurteilen, wobei Natur und Zweckbestimmung des von der Einwirkung betroffenen Grundstücks von entscheidender Bedeutung sein muß[8]. Mit nachträglichen Anforderungen können daher in diesen Fällen die gleichen Maßnahmen angeordnet werden, wie sie im Zeitpunkt ihrer Anordnung in einem Genehmigungsverfahren nach § 18 GewO zulässig wären[9]. Zu diesen genannten Voraussetzungen heißt es in der Preußischen Technischen Anleitung:[10]

„Für die Frage, ob eine Anlage erhebliche Nachteile, Gefahren oder Belästigungen für das Publikum herbeiführen kann, ist davon auszugehen, daß nur solche Nachteile, Gefahren oder Belästigungen, welche in der physischen Einwirkung der Anlage auf ihre Umgebung ihren Grund haben, zur Erörterung zu ziehen sind. Nachteile anderer Art aber, auf welchen der Einspruch von Opponenten basieren wird, z. B. schädliche Konkurrenz, Verteuerung der Arbeitskräfte, stärkere Abnutzung öffentlicher Wege, Erhöhung der Feuerversicherungsprämien und dergleichen haben ebenso außer Betracht zu bleiben wie die Einwendungen, welche auf speziellen, privatrechtlichen Titeln beruhen. Es ist zu erwägen, ob jene Nachteile, Gefahren oder Belästigungen dasjenige Maß überschreiten, dessen Duldung sowohl den Nachbarn als dem Publikum im Interesse der für die allgemeine Wohlfahrt unentbehrlichen Industrie angesonnen werden kann."

Aus der Gegenüberstellung von Gefahren einerseits und bloßen Nachteilen und Belästigungen andererseits, ist zu entnehmen, daß die Intensität der Nachteile und Belästigungen sich nicht zu einer Gefahr im polizeirechtlichen Sinne verdichtet haben müssen.

Fraglich ist jedoch, ob nachträgliche Anforderungen nur dann gestellt werden können, wenn die Behörde bei Kenntnis aller Tatsachen die Auswirkungen falsch eingeschätzt hat,[11] oder ob sie auch dann zulässig sind, wenn sich deren Notwendigkeit erst dadurch ergibt, daß in der Umgebung Veränderungen eingetreten sind, die nicht in den Verantwortungsbereich des Unternehmers fallen[12] oder sich die allgemeinen Anschauungen, was unter beachtlichen Nachteilen und Belästigungen und unter Gefahren zu verstehen ist, geändert haben. Zu diesem Problemkreis führt das OVG Münster[13] folgendes aus:

„Der Senat vermag dem Verwaltungsgericht[14] darin nicht zu folgen, daß nur Änderungen im Betrieb der Anlage selbst, nicht aber in der Umgebung

---

[8] BGH v. 28. 4. 1967 MDR 1967, S. 913; zur Frage der Ortsüblichkeit von Bauarbeiten (§ 906 BGB); v. 19. 5. 1967 BB 1967, S. 813 und v. 8. 6. 1958 NJW 1958, S. 1393; OVG Münster v. 22. 3. 1961 GewArch 1961, S. 292: „bei Lärmbelästigungen gilt das Maß dessen, was üblicherweise in der betreffenden Gegend zugemutet werden kann."

[9] Vgl. die Technische Anleitung zum Schutze gegen Lärm v. 16. 7. 1968 (Beil. z. BAnz Nr. 137) in Nr. 2. 23; *Landmann-Rohmer* § 25 Rdn. 33.

[10] Siehe *Landmann-Rohmer* Anh. II, 4; vgl. dazu auch BVerwG v. 24. 10. 1967 DVBl 1968, S. 35 ff. (37) mit Anm. von *Schrödter*.

[11] So VG Gelsenkirchen v. 25. 2. 1965 BB 1965, S. 725.

[12] So OVG Münster v. 10. 11. 1965 BB 1966, S. 1371.

[13] V. 10. 11. 1965 BB 1966, S. 1371.

[14] VG Gelsenkirchen v. 25. 2. 1965 BB 1965, S. 725.

einer Anlage berücksichtigt werden könnten. Diese Ansicht findet weder im Wortlaut des Gesetzes noch in den Materialien dazu eine Stütze. Wenn es in der Bundesdrucksache 301 zur Begründung des § 25 Abs. 3 heißt, die Zulassung zusätzlicher Anforderungen sei notwendig, da die Genehmigungsbehörde nur in seltenen Fällen die Auswirkungen für einen längeren Zeitraum voraussehen könnte, so kann daraus keineswegs geschlossen werden, daß der Gesetzgeber Auswirkungen eines Betriebes von der Neuregelung ausschließen wollte, die erst dadurch für die Umgebung belästigend werden, weil diese Umgebung nach der Genehmigung der Anlage zulässig verändert worden ist. § 25 Abs. 3 kann nur so aufgefaßt werden, daß bei gewerblichen Konzessionen ganz allgemein der starre Grundsatz des § 25 Abs. 1 GewO mit Rücksicht auf die im Grundgesetz ausdrücklich statuierte Sozialpflichtigkeit des Eigentums gemildert werden sollte. Das ergibt sich insbesondere auch daraus, daß gleichzeitig mit der Änderung des § 25 GewO auch eine Änderung des § 906 BGB erfolgt ist."

Diese zutreffende Begründung des OVG Münster trifft auch für die Fälle der Änderung allgemeiner Anschauungen zu. Auch hier rechtfertigt die Sozialpflichtigkeit des Eigentums und auch der umfassende Wortlaut des § 25 Abs. 3 GewO durch die Formulierung „ergibt sich" die Anwendung dieser Bestimmung.

Aus der Formulierung der Bestimmung „ergibt sich, daß ... nicht ausreichend geschützt sind" folgt weiterhin, daß nicht schon dann Anforderungen zulässig sind, wenn nur die Befürchtung besteht, es könnten künftig Gefahren, Nachteile oder Belästigungen eintreten. Es ist vielmehr zu fordern, daß bereits im konkreten Falle solche Beeinträchtigungen gegeben sind.

c) Der Umfang nachträglicher Anforderungen

Liegen nun die einzelnen Voraussetzungen des § 25 Abs. 3 GewO vor, so soll die Behörde die erforderlichen Maßnahmen anordnen.[15] Für die Frage, welche Maßnahmen angeordnet werden dürfen, bestimmt die Vorschrift, daß sie technisch erfüllbar und für eine Anlage dieser Art wirtschaftlich vertretbar sein müssen.

Daß die Anforderungen technisch erfüllbar sein müssen, ist eine Selbstverständlichkeit (ultra posse nemo obligatur). Im Einzelfall sollen sie sich im Rahmen dessen halten, was in den Grundsätzen der — aller-

[15] Die Frage, ob die Nachbarn vor Gefahren, Nachteilen oder Belästigungen nicht ausreichend geschützt sind, ist als Tatsachen- und Rechtsfrage der Nachprüfung der Gerichte unterworfen — so *Rasch* DVBl 1961, S. 813. Wegen des der Verwaltungsbehörde eingeräumten Ermessensspielraums hat der Einzelne grundsätzlich keinen Anspruch auf die Anordnung bestimmter Maßnahmen. Durch die Formulierung „sollen" ist der Ermessensspielraum jedoch so ausgestaltet, daß die Verwaltungsbehörde bei Vorliegen der Voraussetzungen zum Einschreiten verpflichtet ist, sie aber davon absehen kann, wenn besondere Umstände dies rechtfertigen; vgl. dazu *Landmann-Rohmer* § 25 Rdn. 34; *Stahlhacke* § 25 Anm. 7; BVerwG v. 18. 8. 1960 DVBl 1961, S. 125 = NJW 1961, S. 793. Für die Frage der Zuständigkeit in Hessen siehe die VO ü. d. Zuständigkeit nach den §§ 16 und 25 GewO v. 20. 9. 1960 (GVBl S. 206).

dings noch nicht erlassenen — technischen Anleitungen zu § 16 Abs. 3 GewO niedergelegt ist.[16]

Zur Frage der wirtschaftlichen Vertretbarkeit führt der Berichterstatter im Bundestag aus:[17]

„Die Anordnungen müssen nach dem jeweiligen Stand der Technik erfüllbar und für Anlagen dieser Art wirtschaftlich vertretbar sein. Durch die Einführung der Worte für Anlagen dieser Art soll nach dem Willen des Gesundheitsausschusses verdeutlicht werden, daß die Frage der wirtschaftlichen Vertretbarkeit nicht vom subjektiven Vermögen des betreffenden Betriebes her, sondern nach einem objektiven Maßstab geprüft werden muß. Demnach hat für die wirtschaftliche Vertretbarkeit als Maßstab ein gesundes Durchschnittsunternehmen der jeweiligen Betriebsart zu gelten. Daher können sich sogenannte Grenzkostenbetriebe, die durch den Einbau kostspieliger Filter möglicherweise wirtschaftlich fühlbar beeinträchtigt werden, nicht auf die genannte Begrenzung berufen. Andererseits hat es der Gesundheitsausschuß als zu weitgehend erachtet, auf das Erfordernis der wirtschaftlichen Vertretbarkeit völlig zu verzichten. Eine derartige Regelung müßte zahlreiche Betriebe ruinieren und würde nicht nur für deren Eigentümer, sondern auch für tausende Arbeitnehmer verhängnisvolle Folgen haben."

Durch die Formulierung „Anlagen dieser Art" wird also ein objektiver Maßstab eingeführt, so daß nicht mehr auf das wirtschaftliche Vermögen des jeweiligen Betriebsinhabers, d. h. auf einen subjektiven Maßstab, abgestellt wird. Im Gegensatz zur obigen gesetzlichen Begründung wird jedoch nicht auf ein gesundes Durchschnittsunternehmen der jeweiligen Betriebsart abzustellen sein, sondern auf ein nach Art, Größe und Ausstattung vergleichbares Unternehmen, denn soweit nach der gesetzlichen Formulierung auf vergleichbare Betriebe abzustellen ist, muß auch die Größe des jeweils betroffenen Unternehmens Berücksichtigung finden[18]. Im Einzelfall sind daher auch Anforderungen zulässig, die für den betroffenen Betriebsinhaber aus der besonderen Lage des Einzelfalles heraus wirtschaftlich nicht zumutbar sind.

Soweit der gesetzliche Wortlaut von dem Begriff der Anlage ausgeht, bedarf diese Voraussetzung noch der Erläuterung. Es ist davon auszugehen, daß der Begriff der Anlage in der Gewerbeordnung einheitlich gebraucht wird, so daß der Begriff „Anlage" im Sinne des § 25 Abs. 3 GewO mit dem in § 16 GewO gebrauchten im wesentlichen identisch ist.[19] Dies bedeutet nun jedoch nicht, daß lediglich der einzelne Betriebs-

---

[16] Beachte die Technische Anleitung zur Reinhaltung der Luft vom 8. 9. 1964 (GMBl Nr. 26, S. 433) und die Technische Anleitung zum Schutze gegen Lärm vom 16. 7. 1968 (Beil. z. BAnz Nr. 137 v. 26. 7. 1968), die Grundsätze für nachträgliche Anforderungen jeweils in Nr. 2. 23 enthalten. Vgl. auch *Nöthlichs* BB 1968, S. 896 und *Wiethaup*, GewArch 1969, S. 102.

[17] Niederschrift über die 89. Sitzung S. 4854.

[18] *Landmann-Rohmer* § 25 Rdn. 33; *H. Westermann*, Luftreinhaltung, S. 37.

[19] VG Arnsberg v. 11. 11. 1965 DVBl 1966, S. 83; OVG Münster v. 10. 11. 1965 BB 1966, S. 1371; *Hoppe* BB 1966, S. 1372 ff.; *Landmann-Rohmer* § 16 Rdn. 18.

teil zu berücksichtigen ist. Zugehörig zu der Anlage ist weiterhin alles, was den Betriebsteil als solchen funktionsfähig macht, also auch das Zubehör, soweit es integrierender Bestandteil des Betriebsteiles ist. Nicht zurechenbar ist der gesamte Konzern oder das Gesamtunternehmen.[20]

Werden Anforderungen an sogenannte alte Anlagen gestellt, ergeben sich aus Art. 14 GG insoweit Beschränkungen, als die damit verbundene Belastung nicht einer Untersagung des weiteren Betriebes der Anlage gleichkommen darf. Insoweit ist die bereits bestehende Anlage durch Art. 14 GG vor entschädigungslosen, einer Untersagung gleichstehenden Anforderungen geschützt. Weniger einschneidende Anforderungen bleiben dagegen zulässig.[21]

Nicht unter § 25 Abs. 3 fallen — und das sei hier noch einmal wiederholt — zeitliche Beschränkungen des Betriebs der gewerblichen Anlage. Eine derartige Beschränkung ist eine teilweise Untersagung des Betriebs einer gewerblichen Anlage und fällt daher unter § 51 GewO und nicht unter § 25 Abs. 3 GewO.[22]

Im Ergebnis bleibt festzustellen, daß die Vorschrift des § 25 Abs. 3 GewO im Hinblick auf Art. 14 GG bei der Anwendung auf bereits bestehende, alte Anlagen in jedem Falle beschränkt auf das wirtschaftlich Zumutbare auszulegen ist und zwar unter Berücksichtigung der Gegebenheiten des konkreten Einzelfalles. Bei neuen, nach Erlaß der Vorschrift genehmigten Anlagen kann im Einzelfall auch eine wirtschaftlich unzumutbare Anforderung zulässig sein.

Im Rahmen dieser Einschränkungen ist jedoch ein Bestandschutz der unter § 16 GewO fallenden Anlagen grundsätzlich zu bejahen.

II. Die Anlagen des § 24 GewO

a) Die Voraussetzungen des § 24 GewO

In § 24 GewO werden Anlagen genannt, die von einer gewissen Gefährlichkeit für Dritte oder dort Beschäftigte sind. Welche Anlagen unter diese Bestimmung fallen, ist in § 24 Abs. 3 GewO enumerativ festgelegt. Für diese kann die Bundesregierung Vorschriften über technische Anforderungen, insbesondere hinsichtlich der Herstellung, der Errichtung, der Bauart, der Werkstoffe, der Ausrüstung, der Unterhaltung und des Betriebes erlassen. Diese ihr eingeräumte Ermächti-

---

[20] Vgl. dazu RdErl d. nordrh.-westf. Arbeits- u. Soz. Min. v. 18. 3. 1963 MBl Ausg. A Nr. 35/53 v. 2. 4. 1963, S. 376; BB 1963, S. 628.

[21] Vgl. oben 2. Kap., 2. Abschn., C, III.

[22] A. A. OVG Münster Urt. v. 10. 11. 1965 BB 1966, S. 1371; vgl. dazu die Ausführungen oben 2. Kap., 1. Abschn., B, II, b, 2.

gung kann und hat die Bundesregierung auf den zuständigen Bundesarbeitsminister übertragen.

Soweit technische Anforderungen zu stellen sind, können diese in technischen Vorschriften zusammengefaßt werden. Damit ist die Möglichkeit geschaffen, technische Sachverhalte in großem Umfange einer rechtlichen Regelung zu unterwerfen. Der sachliche Geltungsbereich wird allerdings eingegrenzt durch die Bestimmung des Art. 74 Nr. 11, 12 GG. Danach kann der Bund die Gesetzgebung nur insoweit an sich ziehen, als die zu regelnden Sachgebiete im Recht der Wirtschaft begründet sind oder der Arbeitsschutz es erfordert. Daraus erklärt sich die Art der in § 24 Abs. 1 GewO niedergelegten Zweckbestimmung, die sich in erster Linie auf den Arbeitsschutz bezieht. Daneben ist allerdings als notwendige Folge auch an den Schutz Dritter gedacht. Diese gefährlichen und überwachungsbedürftigen Anlagen können ebenfalls wie die unter § 16 GewO fallenden Anlagen einer Erlaubnispflicht unterworfen werden. Dies ist durch die auf Grund des § 24 GewO erlassenen Verordnungen regelmäßig geschehen. Im Gegensatz zu den unter § 16 GewO fallenden Anlagen beschränkt sich die behördliche Kontrolle hier jedoch nicht nur auf die einmalige Prüfung im Rahmen des Erlaubnisverfahrens, sondern es erfolgen in regelmäßigen Zeitabständen Prüfungen durch Sachverständige, die der Betriebs- oder Anlageninhaber zu dulden hat.[23] Dementsprechend sind die Anlagen nicht nur im Rahmen der einmal erteilten Genehmigung zu betreiben, sondern sie müssen im Rahmen der aufgrund des § 24 Abs. 1 Nr. 3 GewO ergangenen einzelnen Betriebsordnungen und den dazu erlassenen technischen Verordnungen betrieben werden. Solche Verordnungen sind bisher zu fast allen in § 24 genannten Anlagen erlassen worden. Die wesentlichen hier in Betracht kommenden Vorschriften sind bereits oben[24] wiedergegeben.

b) Die Betriebsordnungen

1. Bei bestehenden technischen Regeln

Aus dieser in den §§ 2 AufzugsVO, 6 VO über elektrische Anlagen, 6 DampfkVO, 3 SchankanlVO, 2 TVSchanl niedergelegten grundsätzlichen Verpflichtung des Unternehmens, die genannten Anlagen nicht nur im Rahmen der besonderen technischen Bestimmungen zu errichten, sondern auch zu betreiben, ergibt sich die Zulässigkeit der Inanspruchnahme des Betreibers der Anlage, wenn bei den wiederkehrenden Prüfungen festgestellt wird, daß die in den technischen Verordnungen niedergelegten Bestimmungen nicht beachtet sind. Nicht

---

[23] § 24 b GewO.
[24] Siehe 2. Kap., 2. Abschn., A, I.

erforderlich ist daher in diesen Fällen das Vorliegen einer konkreten Gefahr i. S. d. Polizeirechtes. Die Zulässigkeit nachträglicher Anforderungen beschränkt sich nach diesen Vorschriften aber auf das, was die technischen Verordnungen verlangen und wozu der Unternehmer aufgrund dieser Bestimmungen zu leisten verpflichtet ist. Es handelt sich daher insoweit um „unechte" nachträgliche Anforderungen.

Die gleichen Erörterungen treffen auch auf die Fälle zu, in denen die nach Landesrecht zuständige Behörde[25] Ausnahmen zu Gunsten des Betreibers von den in den einzelnen Verordnungen niedergelegten technischen Regeln zugelassen hat, wenn sie über die technischen Bestimmungen hinausgehende Anforderungen bei Erteilung der Erlaubnis gestellt hat[26] oder wenn dem Hersteller einer bestimmten Anlage Abweichungen in der Bauartzulassung gestattet wurden[27].

2. Die allgemein anerkannten Regeln der Technik

Aus den genannten Vorschriften ergibt sich weiterhin, daß die Anlagen nicht nur im Rahmen der technischen Verordnungen zu betreiben sind, sondern darüber hinaus auch die allgemein anerkannten Regeln der Technik beachtet werden müssen. Hieraus kann die Möglichkeit zusätzlicher nachträglicher Anforderungen entstehen, wenn in bezug auf bestimmte Anlagen neue technische Erkenntnisse gewonnen wurden, die noch nicht in den technischen Bestimmungen niedergelegt sind[28]. Aus diesen Bestimmungen ergibt sich naturgemäß eine erheblich größere Belastung der betroffenen Anlageninhaber.

Diese hier vertretene Auffassung wird von Mangels[29] bestritten, der der Meinung ist, daß aufgrund der allgemein anerkannten Regeln der Technik keine behördlichen Eingriffe vorgenommen werden können, da sie keine Rechtsnormqualität hätten, auch wenn sie vom Bundesminister für Wirtschaft genehmigt worden sind. Dem steht jedoch entgegen, daß diese allgemein gehaltenen Vorschriften dann Anwendung finden müssen, wenn in bestimmten Einzelfällen keine oder noch keine bestimmte Regeln in den technischen Verordnungen niedergelegt sind. Hier ist es gerade notwendig, nach allgemein anerkannten Kriterien zu verfahren, wobei allerdings die Beschlüsse des im Einzelfall zuständigen technischen Ausschusses — soweit veröffentlicht — zu beachten sind[30].

---

[25] Regelmäßig die Gewerbeaufsichtsämter; siehe die Bkm. des Bundesministers für Arbeit v. 6. 12. 1967 in Arbeitsschutz 1968, S. 19 ff. und v. 22. 12. 1967 in Arbeitsschutz 1968, S. 34 ff.

[26] § 7 DampfkVO und § 3 TVbF.

[27] § 3 TVSchanl.

[28] Vgl. dazu *Merländer* § 6 VbF Anm. 1.

[29] § 3 Anm. 3.

[30] Siehe BTDrucks 345/65 zu § 2 TVAufz und die Allgem. Verwaltungsvorschriften zur TVbF v. 10. 9. 1964 in Arbeitsschutz 1964, S. 293.

Aus der uneingeschränkten Anwendung dieser Bestimmung würden sich jedoch erhebliche, für den Einzelfall nicht voraussehbare, übermäßig belastende und daher nicht gerechtfertigte Anforderungen ergeben. Eine Beschränkung ist aus diesem Grund erforderlich. Abgesehen davon, daß dem Unternehmer dieser Verpflichtung bei Errichtung der Anlagen — sogenannte alte Erlaubnisse bleiben hier außer Betracht — schon kennt, er daher auch im allgemeinen das Risiko kalkulieren kann,wird in diesen Fällen nicht schon immer dann eine Anordnung getroffen werden können, wenn eine neue Erkenntnis gewonnen wurde. Dem Unternehmer kann nicht zugemutet werden, jede noch nicht erprobte Neuerung nachträglich für seine Anlage zu übernehmen. Eine Neuerung wird regelmäßig erst dann verlangt werden können, wenn diese nach dem allgemeinen Stand der Technik für Anlagen dieser Art, insbesondere beim Bau neuer Anlagen üblich geworden sind[31].

Zum gleichen Ergebnis gelangt man, wenn die Auslegung des in § 330 StGB verwendeten Begriffs „allgemein anerkannte Regeln der Baukunst" in diesem Zusammenhang herangezogen wird[32]. In dem Leipziger Kommentar[33] finden sich hierzu folgende Ausführungen:

„Allgemein anerkannt ist eine Regel, wenn die Fachleute, welche sie anzuwenden haben, von ihrer Richtigkeit überzeugt sind. Es genügt also nicht, daß die Regel im Fachzeitschrifttum vertreten und von Fachleuten gelehrt wird; sie muß auch in der Praxis erprobt und bewährt sein. Unerheblich ist, ob einzelne Personen oder Personengruppen die Regel nicht anerkennen oder überhaupt nicht kennen. Maßgebend ist die Durchschnittsmeinung, die sich in den Kreisen der Praktiker gebildet hat."

Ergänzend hierzu sei eine Formulierung des Reichsgerichts[34] herangezogen:

„Unter den in § 330 StGB genannten allgemein anerkannten Regeln der Baukunst sind aber nicht polizeiliche Normen zu verstehen, sondern Regeln, die in den Kreisen der einschlägigen Fachleute bekannt und als richtig anerkannt sind[35]."

Aufgrund der genannten Vorschriften können daher nur solche Maßnahmen angeordnet werden, die diesen Voraussetzungen entsprechen und bei denen der allgemeine Grundsatz der Verhältnismäßigkeit beachtet ist. Andererseits werden jedoch wirtschaftliche Gesichtspunkte, etwa der der wirtschaftlichen Zumutbarkeit, nicht berücksichtigt.

---

[31] So *H. Westermann*, Luftreinhaltung, S. 35 ff.

[32] Siehe § 29 HBO — hier steht der Begriff „Technik" neben dem Begriff „Baukunst".

[33] *Werner* zu § 330 Anm. V; vgl. auch RG v. 11. 10. 1910 Bd. 44, S. 76 ff. (79).

[34] Urt. v. 11. 5. 1922 Bd. 56, S. 346 (St.).

[35] *Schäfer* S. 52 definiert allgem. Regeln der Technik als die in der Praxis bedeutsamen technischen Verfahrensweisen, die von der Mehrzahl der Techniker für richtig gehalten werden. Siehe auch *Herschel* NJW 1968, S. 617 ff.

c) Bei dem Erlaß der Betriebsordnungen bestehende Anlagen

Bedeutsamere Belastungen für den Betreiber einer unter § 24 GewO fallenden Anlagen können bei Anwendung der genannten Grundsätze entstehen, wenn die Anlage bereits errichtet und in Betrieb genommen war bevor die genannten Betriebsordnungen und technischen Verordnungen erlassen wurden. Dies trifft insbesondere dann zu, wenn nunmehr geltende technische Bestimmungen strengere Maßstäbe anlegen als dies bisher der Fall war. Dieser besonderen Belastung hat der Gesetzgeber insoweit Rechnung getragen, als er in besonderen Übergangsregelungen bestimmt hat, daß etwaige weitergehende Anforderungen, als sie bisher aufgrund der alten Vorschriften gestellt werden konnten, nur dann zulässig sind, wenn die Anlage wesentlich geändert wird, erhebliche Gefahren für Beschäftigte oder Dritte gegeben[36] oder zu befürchten sind[37]. In diesem Rahmen sind nachträgliche Anforderungen ohne Rücksicht auf die besondere wirtschaftliche Leistungsfähigkeit der einzelnen betroffenen Anlage zulässig. Entsprechende Grenzen ergeben sich in diesen Fällen auch nicht aus Art. 14 GG, da die dem Unternehmer erteilte Erlaubnis eine Berücksichtigung der Änderung bestehender technischer Bestimmungen nicht ausschließt.

Die gleiche Problematik ist in den Fällen gegeben, in denen die bestehenden technischen Bestimmungen in Folge neuer Erkenntnisse geändert wurden. Grundsätzlich kann hier eine Verpflichtung des Betreibers einer unter § 24 GewO fallenden Anlage zur Beachtung der neuen technischen Bestimmungen nicht gegeben sein, da gesetzliche Regelungen grundsätzlich nur für die Zukunft Geltung haben und aus diesem Grund bereits bestehende und erlaubte Anlagen davon nicht ohne weiteres betroffen sein können. Hier bedarf es einer besonderen gesetzlichen Anordnung, durch die die Geltung für alle, auch für die bestehenden Anlagen erklärt wird[38]. Darüberhinaus werden Änderungen entsprechend den Übergangsbestimmungen für sogenannte alte Anlagen[39] dann verlangt werden können, wenn die Anlage wesentlich geändert oder erhebliche Gefahren für Beschäftigte oder Dritte gegeben oder zu befürchten sind.

d) Sonstige Fälle

Unabhängig von den bisher behandelten Möglichkeiten nachträglicher Anforderungen und unabhängig von einer Änderung der technischen

---

[36] Vgl. § 21 VbF; § 14 SchanlVO.

[37] Vgl. § 4 TVSchanl; § 32 Abs. 5 DampfkVO; § 21 AufzVO; § 18 ElektrAnlVO; § 10 TVbF.

[38] Vgl. dazu *Müller* StVZO § 21 Rdn. 11; vgl. auch BGH v. 7. 12. 1967 NJW 1968, S. 293 mit Anm. von *Schmidt* S. 791; vgl. § 15 nordrh.-westf. LagerbehälterVO v. 19. 4. 1968 (GBl S. 158).

[39] Vgl. dazu die in Anm. 36 u. 37 genannten Vorschriften.

Bestimmungen kann nach den Vorschriften der §§ 7 DampfkVO und 3 TVbF die nach Landesrecht zuständige Behörde im Einzelfalle zur Abwendung besonderer Gefahren über die bisher behandelten Bestimmungen hinausgehende Anforderungen stellen. Allein nach dem Wortlaut dieser Vorschriften sind auch nachträgliche Anforderungen zulässig, die über das in den technischen Bestimmungen niedergelegte Maß hinausgehen. Wie jedoch bereits gezeigt wurde, sind nachträgliche Anforderungen nur dann zulässig, wenn hierfür eine besondere Rechtsvorschrift gegeben ist. In den bisher behandelten Bestimmungen war entweder durch ausdrückliche Formulierung oder durch Verweisung auf bestehende technische Vorschriften eindeutig erkennbar, daß auch nachträgliche Anforderungen zulässig sein sollen. Dies ist hier nicht der Fall. Wird ferner die Rechtsbeständigkeit einer einmal erteilten Erlaubnis berücksichtigt, so ist eine einschränkende Auslegung zu fordern. Danach können Anforderungen aufgrund der beiden genannten Bestimmungen von der Landesbehörde nur im Rahmen des Erlaubnisverfahrens gestellt werden. Die nachträgliche Anordnung bestimmter weitergehender Maßnahmen ist nach diesen Bestimmungen nicht zulässig[40].

Wir in den bisher genannten Vorschriften die Möglichkeit nachträglicher Anforderungen nicht besonders genannt, wenn sie sich auch aus Sinn und Zweck der Bestimmungen selbst ergab, so ist sie nach anderen Vorschriften der zu § 24 GewO ergangenen Betriebs- und technischen Verordnungen ausdrücklich vorgesehen.

In § 5 der Verordnung über elektrische Anlagen, § 14 DampfkVO und § 6 TVbF ist die Möglichkeit nachträglicher „Auflagen" vorgesehen. Hiervon kann Gebrauch gemacht werden, wenn bei Erteilung der Bauartzulassung[41] eine Zulassungsvoraussetzung fehlte oder eine solche inzwischen weggefallen ist.

Die danach im Einzelfall zulässigen Anforderungen richten sich jedoch nicht an die einzelne schon betriebene Anlage, sondern an den Hersteller, dem die Typengenehmigung erteilt wurde. Die aufgrund einer solchen Zulassung bereits in Betrieb genommenen Anlagen werden von diesen Bestimmungen daher nicht unmittelbar betroffen[42]. Trotzdem bietet die insoweit fehlerhafte Zulassung dem Betreiber der Anlage keinen, der Erteilung einer Genehmigung nach § 18 GewO, entsprechenden Schutz. Der Grund hierfür liegt darin, daß die Anlage nicht nur im Rahmen der Zulassung, sondern auch nach den technischen Regeln der betreffenden Verordnungen und den allgemein anerkannten Regeln der

---

[40] So im Ergebnis auch Merländer zu § TVbF.

[41] Die Erteilung des Rechtes ist keine Normsetzung, sondern Verwaltungsakt — BVerfG v. 15. 3. 1960 Bd. 11, S. 6.

[42] Vgl. dazu die Regelung der StVZO — § 2 d. 6. AusnahmeVO zur StVZO v. 17. 7. 1962 (BGBl I S. 450) — *Müller* § 20 Rdn. 4; weitergehend § 19 1. SSVO.

Technik betrieben werden muß. Auf die Übereinstimmung auch mit diesen Voraussetzungen werden die Anlagen bei den regelmäßig stattfindenden Überwachungen überprüft[43].

Trotz der dem Hersteller erteilten (fehlerhaften) Bauartzulassung sind daher nachträgliche Anforderungen gegenüber der in Betrieb genommenen Anlage aufgrund der Vorschriften zulässig, die diese gegenüber betriebenen Anlagen zulassen.

III. Die Anlagen des § 19a WHG

Nach § 19a WHG bedürfen die Errichtung und die wesentliche Änderung der Anlage oder des Betriebes solcher Rohrleitungsanlagen, die der Beförderung wassergefährdender Stoffe dienen, der Genehmigung[44].

Die zu erteilende Genehmigung bezieht sich auf die Anlage und ist nicht an die Person des Betreibers gebunden. Es handelt sich daher hier um eine Anlagengenehmigung.

Nachträgliche Anforderungen können nach § 19b WHG an die Beschaffenheit oder den Betrieb der nach den Vorschriften der §§ 19a ff. WHG zu beurteilenden Anlagen gestellt werden, wenn zu befürchten ist, daß durch die in diesen Anlagen beförderten wassergefährdenden Stoffe eine Verunreinigung der Gewässer oder eine sonstige nachteilige Veränderung ihrer Eigenschaften auftritt. Ergeben sich aus diesen Voraussetzungen der sehr weit gefaßten Vorschrift keine wesentlichen, im Rahmen dieser Arbeit bedeutsamen Zweifelsfragen, so bedarf es doch näherer Untersuchung, in welchem Umfang zum Zwecke des Gewässerschutzes nachträgliche Anforderungen zulässig sind.

Da die genannte Bestimmung in dieser Hinsicht keine Grenzen aufzeigt, wären Anforderungen in jedem Umfang zulässig, solange sie nur den allgemeinen Grundsätzen wie Verhältnismäßigkeit, Erforderlichkeit usw. entsprechen. Ein Eingriff in den Kern des durch die Genehmigung eingeräumten Rechtes wäre daher denkbar und nach dem Wortlaut der Vorschrift zulässig. Dementsprechend bestimmt § 19c Abs. 3 WHG ausdrücklich, daß die Entschädigungsregel des § 19c Abs. 1 auf die nachträgliche Anordnung bestimmter Maßnahmen keine Anwendung findet.

---

[43] Hierzu ist in den TR f. Dampfkessel in der Bkm. des Bundesarbeitsministers v. 27. 7. 1966 — Arbeitsschutz 1966, S. 193 — folgendes ausgeführt: 2. 2. der Sachverständige hat vorbehaltl. d. Nr. 2. 3. die gesamte Anlage auf ihren ordnungsgemäßen Zustand zu prüfen. 2. 3. Nr. 2. 2. gilt nicht, soweit die zuständige Behörde nach § 14 Abs. 5 VbF auf Teile der Prüfung verzichtet. Nr. 2. 2. gilt ferner nicht für die Prüfung vor der Inbetriebnahme, soweit Anlageteile einer Baumusterprüfung nach § 7 TVbF unterzogen worden sind und hierfür vorgelegt werden: 1. ...

[44] Was unter wassergefährdenden Stoffen zu verstehen ist, bestimmt § 19a Abs. 2 WHG.

Um die bei Anwendung dieser Grundsätze auftretenden Härten zu vermindern, will Engert[45] dem betroffenen Unternehmer dann eine Entschädigung gewähren, wen die den Anforderungen zugrunde liegenden Umstände bei Erteilung der Genehmigung nicht vorhersehbar waren und die Zumutbarkeitsgrenze überschritten wird. Die Entschädigung soll aus Aufopferungs- und Enteigungsgrundsätzen folgen. Der Auffassung Engerts ist jedoch entgegenzuhalten, daß er die Konsequenzen aus seiner Feststellung nicht zieht, nämlich die Verfassungswidrigkeit oder einschränkende verfassungskonforme Auslegung der §§ 19a ff. WHG wegen Verstoßes gegen Art. 14 Abs. 3 GG.

Eine Verminderung der in der unbeschränkten Anwendung der Vorschrift liegenden Härte muß daher auf anderem Wege versucht werden. Nach § 19c Abs. 1 WHG kann eine Genehmigung gegen Entschädigungsleistung beschränkt[46] oder zurückgenommen werden, wenn eine Verunreinigung der Gewässer oder eine sonstige nachteilige Veränderung ihrer Eigenschaften zu besorgen ist. Die Voraussetzungen, unter denen nachträgliche Anforderungen gestellt werden können und unter denen eine Genehmigung beschränkt oder zurückgenommen werden kann, sind, wie sich aus dem Vergleich der beiden Vorschriften ergibt, völlig gleich. Aus dieser Indentität der Voraussetzungen folgt, daß nachträgliche Anforderungen nur insoweit zulässig sind, als sie nicht wegen der mit ihnen verbundenen tatsächlichen oder wirtschaftlichen Belastungen einer Zurücknahme der Genehmigung gleichstehen, die nur gegen Entschädigungsleistung zulässig ist[47].

Würde man zu einem anderen Ergebnis gelangen, so wäre die Bestimmung des § 19c Abs. 1 WHG weitgehend ohne Bedeutung. Der Verwaltungsbehörde wäre die Möglichkeit eingeräumt, die Entschädigungspflicht jederzeit dadurch zu umgehen[48], daß sie Anforderungen ohne Rücksicht auf die damit verbundene Belastung stellt und dann, wenn der Unternehmer die geforderten Maßnahmen in Folge ihrer wirtschaftlichen Belastung nicht ausführt, die Genehmigung nach § 19c Abs. 2 Nr. 2 WHG entschädigungslos zurücknimmt. Dieser naheliegende Weg zur Ausschaltung der Entschädigungspflicht wäre nur in den Fällen nicht gangbar, in denen die erforderlichen Maßnahmen technisch nicht durchführbar sind. Daß aber die Vorschrift des § 19c Abs. 1 WHG nur eine solche beschränkte Geltung haben soll, kann nicht angenommen werden.

---

[45] *Engert* DVBl 1965, S. 14.

[46] Dafür, daß die Beschränkung der nachträglichen Anordnung bestimmter Maßnahmen nicht gleichsteht, siehe 2. Kap., 1. Abschn., B, II, b, 2.

[47] So auch *Sieder-Zeitler* § 19 b Rdn. 79.

[48] Siehe dazu auch *Sieg-Leifermann* § 25 Anm. 12 zu dem ähnlichen Verhältnis des § 25 und § 51 GewO.

Der hier vertretenen Auffassung steht auch nicht die Vorschrift des § 19c Abs. 3 WHG entgegen, da sich diese Bestimmung nur auf nach § 19b zulässige Auflagen beziehen kann. Dies ist jedoch bei solchen Maßnahmen, die die Zumutbarkeitsgrenze überschreiten, nach obigen Ausführungen nicht der Fall.

Für die weitere Frage, wann die Voraussetzung der Zumutbarkeit nicht mehr gegeben ist, wird darauf abzustellen sein, ob die Anlage, für die die Genehmigung nach § 19a WHG erteilt wurde, noch wirtschaftlich sinnvoll betrieben werden kann, wenn die angeordnete Maßnahme ausgeführt wird.

Auf diese Weise wird ein gerechter Ausgleich zwischen den Interessen des Unternehmers und den Interessen der Allgemeinheit geschaffen. Gleichzeitig ist damit auch der an anderer Stelle[49] vom Gesetzgeber gewährleistete Bestandsschutz bestehender gewerblicher Anlagen für diese Fälle sichergestellt.

Soweit es sich um bei Erlaß der Vorschriften der §§ 19a ff. WHG bereits bestehende Anlagen handelt, gelten nach § 19e WHG grundsätzlich die §§ 19b und c WHG und damit die gleichen oben aufgezeigten Grundsätze.

C. Nachträgliche Anforderungen bei sach- oder raumbezogenen Rechten

I. Atomanlagen — § 17 AtomG

Atomanlagen sind wie die in § 24 GewO genannten sogenannte gefährliche und überwachungsbedürftige Anlagen. Ursprünglich waren sie dementsprechend auch in § 24 GewO unter Nr. 10 angeführt. Durch das Atomgesetz vom 23. 12. 1959 wurden sie jedoch aus der Gewerbeordnung herausgenommen und diesem besonderen Gesetz unterstellt, das besser den Besonderheiten dieser neuen und unerprobten Anlagen gerecht werden soll.

a) Die Voraussetzungen nachträglicher Anforderungen

Da bei diesen Anlagen ganz besonders die Möglichkeit besteht, daß Gefahren eintreten, die bei Genehmigungserteilung nicht erkennbar waren, war es erforderlich, die Anordnung besonderer Maßnahmen auch nachträglich noch zuzulassen[1]. Die entsprechende Regelung ist in § 17 AtomG getroffen. Danach können zum Schutz von Leben, Gesundheit vor den Gefahren der Kernenergie und der schädlichen Wirkung

[49] Vgl. § 25 Abs. 3 GewO; § 120 d GewO; § 17 AtomG.
[1] *Mattern-Raisch* § 17 Rdn. 6.

ionisierender Strahlen nachträgliche Anforderungen an diese Anlagen gestellt werden. Weiterhin können nach dem Wortlaut der Vorschrift solche Anforderungen gestellt werden, die zur Abwehr von Gefahren für Sachgüter erforderlich sind und ferner, um zu verhindern, daß durch die Anwendung oder das Freiwerden von Kernenergie die innere oder äußere Sicherheit der Bundesrepublik Deutschland gefährdet wird. Diese Aufzählung der mit den nachträglichen Anforderungen verfolgten Zwecke ist nach dem eindeutigen Wortlaut des § 17 AtomG erschöpfend[2]. Anforderungen können daher nicht auch zu anderen als den in den Bestimmungen der §§ 17, 1 AtomG genannten Zielen und Zwecken gestellt werden[3]. Zulässig sind danach zunächst solche Anforderungen, die dem Schutz des Menschen dienen. Dieses folgt aus der Formulierung

„zum Schutz des Lebens und der Gesundheit“,

wobei zu ergänzen sein wird

„und des Körpers“.

Letztere in § 17 nicht genannte Voraussetzung ergibt sich aus den Vorschriften der §§ 25, 40, wo es heißt:

„wird der Körper oder die Gesundheit eines Menschen verletzt“.

Schutzobjekt ist also in erster Linie der Mensch und zwar der Mensch i. S. d. § 1 BGB, d. h. mit der Vollendung der Geburt[4].

Weiterhin ist Schutzobjekt die innere und äußere Sicherheit der Bundesrepublik Deutschland[5]. Unter der Voraussetzung „innere Sicherheit“ ist die öffentliche Sicherheit und Ordnung innerhalb des Staates zu verstehen. Die äußere Sicherheit umfaßt den Bestand der staatlichen Ordnung, des Staates als Ganzes. Durch die gesetzestreue Erfüllung des Atomgesetzes und auf aufgrund dieses Gesetzes ergangenen Verordnungen soll demnach auch der Staat als solcher in seinem Bestand geschützt werden.

b) Der Umfang nachträglicher Anforderungen

Sind Anforderungen immer zulässig, wenn die in § 17 AtomG angegebenen Ziele und Zwecke erreicht werden sollen, so fragt es sich weiter, in welchem Umfang solche Maßnahmen angeordnet werden können. Vom Wortlaut des § 17 AtomG sind Anforderungen nachträglich in jedem Umfang zugelassen, soweit sie den allgemeinen Voraussetzungen rechtmäßigen Verwaltungshandelns entsprechen. Die wirtschaftliche Vertretbarkeit der nachträglichen Anforderungen ist wegen

---

[2] Vgl. *Fischerhof* § 17 Rdn. 5; *Mattern-Raisch* § 17 Rdn. 6.

[3] *Mattern-Raisch* § 17 Rdn. 6; *Fischerhof* § 17 Rdn. 5.

[4] *Fischerhof* § 1 Rdn. 7; *Mattern-Raisch* § 1 Rdn. 5; der Schutz der Leibesfrucht ist lediglich in § 28 Abs. 2 vorgesehen — vgl. dazu die Begründung zu E §§ 28—30, S. 37 und die Entscheidung des BGH v. 20. 12. 1952 Bd. 8, S. 243.

[5] Diese Begriffe sind als safety und security im internationalen Recht bekannt; vgl. dazu *Fischerhof* § 1 Rdn. 12, *Mattern-Raisch* § 1 Rdn. 14 ff.

der besonderen Gefahren dieser Anlagen kein Erfordernis für die Zulässigkeit. Ein Bestandsschutz der bestehenden Anlagen wäre daher nicht gegeben. Der Gesetzgeber hat jedoch aus der Erwägung heraus, daß nachträgliche Anforderungen es dem Anlageninhaber unter Umständen unmöglich machen, die Anlage auch weiterhin wirtschaftlich sinnvoll zu betreiben, eine besondere Entschädigungsregelung geschaffen. Demgemäß ist in § 18 Abs. 1 und Abs. 3 eine Entschädigung nicht nur im Falle des Widerrufs, sondern auch für die nachträgliche Anordnung besonderer Maßnahmen vorgesehen. In der Begründung zum Atomgesetz heißt es hierzu[6]:

> „Nachträgliche Auflagen können unter Umständen so einschneidend sein, daß es dem Berechtigten aus wirtschaftlichen Gründen unmöglich ist, eine genehmigte Anlage oder Tätigkeit weiterhin zu betreiben bzw. auszuüben. In solchen Fällen kommt die Anordnung einer nachträglichen Auflage einem Widerruf der Genehmigung oder allgemeinen Zulassung gleich."

Aus dieser Begründung ist nun zunächst gefolgert worden, daß eine Entschädigung nur dann verlangt werden kann, wenn im konkreten Fall die Anordnung der betreffenden Maßnahme wegen ihrer wirtschaftlichen Belastung einem Widerruf gleichkommt[7]. Zur Rechtfertigung dieser Ansicht wird außer auf die obige amtliche Begründung auch auf den Wortlaut des § 18 Abs. 3, der eine entssprechende Anwendung des § 18 Abs. 1 vorsieht, und auf die sonst ungeeigneten Entschädigungshöchstgrenzen des § 18 Abs. 1, Satz 4, hingewiesen.

Demgegenüber wird die Auffassung[8] vertreten, daß es für die Entschädigungsfrage nicht darauf ankommt, ob die nachträgliche Anforderung einem Widerruf gleichsteht, da im anderen Fall nicht objektive Gesichtspunkte, sondern die wirtschaftliche Leistungsfähigkeit des Betroffenen für die Frage der Entschädigungspflicht ausschlaggebend sind[9].

Gegen beide Auffassungen und die dazu gegebenen Begründungen bestehen Bedenken. Wenn auch die zu § 18 Abs. 3 AtomG gegebene amtliche Begründung für die erstere Auffassung zu sprechen scheint, so ist von diesen Motiven zur Schaffung der Vorschrift in der Bestimmung selbst nicht zum Ausdruck gekommen, was dann nahegelegen hätte, wenn nur diese Fälle entsprechend geregelt werden sollten. Selbstverständlich ist auch — und das spricht gegen die zweite Auffassung —, daß nicht in jedem Fall der nachträglichen Anordnung bestimmter Maßnahmen nach § 17 Abs. 1, Satz 3 AtomG eine der Belastung entsprechende Ausgleichszahlung zu leisten ist. Diese Ansicht entspricht dem auch in den bisher erörterten Bestimmungen zum Ausdruck gekommenen Grundsatz, daß der Unternehmer zunächst einmal selbst

---

[6] BT Drucks. Nr. 759.
[7] *Borst* DVBl 1960, S. 165; *Mattern-Raisch* § 18 Rdn. 15.
[8] *Fischerhof* § 18 Rdn. 2.
[9] *Fischerhof* § 18 Rdn. 2.

dafür Sorge zu tragen hat, daß die von ihm betriebene Anlage nicht zu einer Gefahr für Dritte oder dort Beschäftigte wird. Es ist vielmehr unter Heranziehung des in § 18 Abs. 1, Satz 4, zum Ausdruck gekommenen Gedankens nur dann eine Entschädigung zu gewähren, wenn bei gerechter Abwägung der Interessen der Allgemeinheit und des Betroffenen sowie der Gründe, die zur Anordnung der bestimmten Maßnahme führten, eine Ausgleichsleistung geboten erscheint. Entsprechend dem § 18 AtomG zugrundeliegenden Enteignungsgedanken[10] muß hierbei darauf abgestellt werden, ob die Anordnung den Unternehmer ungleich schwer trifft und eine entschädigungslos hinzunehmende Belastung dieser Art ihm nicht zugemutet werden kann[11]. Regelmäßig wird dies dann der Fall sein, wenn die Ausführung der verlangten Maßnahme einem Widerruf i. S. d. § 17 Abs. 2 AtomG gleichstehen würde. Für die Anwendbarkeit dieser Grundsätze wird es im übrigen auf den Einzelfall ankommen.

Durch diese Lösung wird auch keineswegs eine Unsicherheit in die Entschädigungsregelung hineingetragen, da diese Grundsätze nach dem Wortlaut des Gesetzes in jedem Fall zu beachten sind.

Der durch diese Entschädigungspflicht gegebene, fast unbeschränkte Bestandsschutz einer einmal errichteten und genehmigten Atomanlage wird jedoch durch gesetzliche Ausnahmen beschränkt.

Eine Entschädigungspflicht entfällt — außer anderen hier nicht interessierenden Gründen —, wenn die Anforderung erforderlich war, um einer

„nachträglich eingetretenen, in der genehmigten Anlage begründeten, erheblichen Gefährdung"

entgegenzutreten. Was unter diesen Voraussetzungen zu verstehen ist, kann aus der Formulierung nicht eindeutig entnommen werden. In der amtlichen Begründung zu § 18 AtomG[12] heißt es hierzu:

„Wie in den Fällen, in denen sich wegen Fehlens ausreichender Erfahrungen und abgeschlossener wissenschaftlicher Erkenntnisse eine Anlage nachträglich als unzulänglich oder unwirtschaftlich erweist, der Unternehmer das Risiko dafür trägt, so muß auch in jenen Fällen, in denen sich aus einer genehmigten Anlage oder Tätigkeit nicht voraussehbare erhebliche Gefährdungen der Beschäftigten, Dritter oder der Allgemeinheit nachträglich ergeben, der Berechtigte das Risiko tragen. Denn es ist in erster Linie seine Aufgabe, eine von ihm geplante technische Anlage so einzu-

---

[10] BT Drucks 1958/59 Nr. 759. Dort heißt es:
„Bei der inneren Verwandtschaft dieser Vorschrift mit der des Art. 14 Abs. 3 des Grundgesetzes über die Enteignung steht wegen der Höhe der Entschädigung im Streitfalle der Rechtsweg vor den ordentlichen Gerichten offen."

[11] Zu der Streitfrage der Abgrenzung von Sozialbindung und Enteignung vgl. *Bender* NJW 1965, S. 1299; *Sellmann* NJW 1965, S. 1689; BGH v. 22. u. 29. 5. 1967 NJW 1967, S. 1749 mit einer Anm. v. *Schneider*.

[12] BT Drucks 1958/59 Nr. 759.

richten oder eine von ihm ausgeführte Tätigkeit so zu betreiben, daß durch sie die Beschäftigten, Dritte oder die öffentliche Sicherheit nicht beeinträchtigt werden."

Nach dieser Formulierung kommt es daher weniger auf die Voraussehbarkeit des Eintritts der Gefahr an[13], als darauf, daß diese ohne Hinzutreten außerhalb der Anlage gelegener Umstände eintritt. Nur für diesen Fall ist keine Entschädigungsleistung vorgesehen[14].

c) die Regelung für bereits bestehende Anlagen

Das gleiche gilt nach § 56 AtomG auch für die bei Inkrafttreten des Gesetzes bereits bestehenden, nach Landesrecht genehmigten Anlagen, da diese den nach § 7 AtomG genehmigten Anlagen gleichgestellt werden. Eine aus Art. 14 GG[15] zu entnehmende Begrenzung des § 17 AtomG hinsichtlich der danach zulässigen nachträglichen Anforderungen, ist wegen der hier ebenfalls anzuwendenden Entschädigungsregelung des § 18 AtomG nicht erforderlich.

II. Nachträgliche Anforderungen an Gaststätten — § 11 GaststG

a) Voraussetzungen der Anforderungen

Nachträgliche Anforderungen zum Schutze der Anwohner, Gäste und Angestellten sieht § 11 GaststG vor[16]. Nach § 11 Abs. 1 können zum Schutz der Gäste, der Angestellten und Arbeiter vor Gefahren für Leben, Gesundheit oder Sittlichkeit dem Inhaber einer Gast- oder Schankwirtschaft von der für die Erlaubniserteilung zuständigen Behörde, auf Antrag der Polizeibehörde, auch nach Erteilung der Erlaubnis Anforderungen gestellt werden[17].

Die Regierungsvorlage begründet die Zulässigkeit nachträglicher Anforderungen damit, daß ein öffentliches Interesse vorhanden ist, auf die Führung der erlaubnispflichtigen Betriebe auch nach Erteilung der Erlaubnis einwirken zu können[18]. Dieses Recht soll der Erlaubnisbehörde vorbehalten sein. Sie kann jedoch, soweit es sich um nachträgliche Anforderungen handelt, die erforderlichen Maßnahmen nur aufgrund eines besonderen Antrags der Polizeibehörde anordnen[19]. Die Vorschrift betrifft Anforderungen, die bezüglich des Gewerbebetriebes selbst ange-

---

[13] So offenbar *Fischerhof* § 18 Rdn. 10.

[14] Siehe auch die entsprechende Regelung des § 154 ABG.

[15] Vgl. oben 2. Kap., 2. Abschn., C, III.

[16] Der Entwurf eines neuen Gaststättengesetzes BRDrucks 567/65 sieht hier keine Änderung vor. Keine Anwendung neben § 11 GaststG findet § 27 GewO, da hier die §§ 1, 2, 11, 12 GaststG Geltung haben — so der RdErl des nordrh.-westf. Arbeits- u. Sozialministers v. 17. 8. 1962.

[17] Für Hessen siehe hierzu die VO zur Durchführung des GaststG v. 30. 6. 1930 (HessRegBl S. 135).

[18] *Michel* S. 166; *Rohmer-Eyermann* § 11 Anm. 2.

[19] *Rohmer-Eyermann* § 11 Anm. 2 und 2 b.

ordnet werden und sich demgemäß nur auf diesen beziehen. Es bleiben daher Anforderungen, die nicht aus gewerbepolizeilichen, sondern aus allgemeinen sicherheitspolizeilichen, bau- oder feuerpolizeilichen Gründen angeordnet werden, von § 11 und den hier vorgesehenen Einschränkungen unberührt[20]. Dagegen wird die Möglichkeit, aus gesundheitspolizeilichen Gründen besondere Anforderungen zu stellen, durch § 11 GaststG beschränkt, da diese in diesem Fall ausdrücklich den gewerbepolizeilichen gleichzustellen sind.

Die nachträglichen Anforderungen müssen sich auf die Wahrung gesundheits- und sittenpolizeilicher Rücksichten beziehen, die zu den allgemeinen Aufgaben der Polizei gehören und hier noch einmal besonders hervorgehoben werden. Anforderungen aus anderen Gründen können nach § 11 GaststG nicht gestellt werden.

Der Kreis der geschützten Personen beschränkt sich nach § 11 Abs. 1a auf die Gäste und die Arbeitnehmer des Betriebes[21].

Der Schutz anderer Rechtsgüter, insbesondere des Vermögens, bildet keine genügende Grundlage für nachträgliche Anforderungen.

Um zum Schutz der genannten Rechtsgüter entsprechende Anforderungen stellen zu können, muß bereits eine konkrete Gefährdung derselben gegeben sein. Eine bloße Befürchtung des Eintritts einer Gefährdung ist nicht ausreichend[22]. Es können daher auch auf diese Vorschriften keine Anordnungen gestützt werden, die die Sicherheit der Gäste oder Angestellten nur erhöhen sollen. Dagegen können aus gesundheitspolizeilichen Gründen Anforderungen bezüglich der Räumlichkeiten gestellt werden, die je nach den Verhältnissen des Einzelfalles über die nach § 2 Abs. 1 Nr. 3 GaststG bereits für die Erteilung der Erlaubnis erforderlichen Voraussetzungen hinausgehen können, z. B. Sicherheit des Zugangs, Beschaffenheit des Fußbodens usw.

Unberührt von der Zulässigkeit, nach § 11 die genannten Anforderungen stellen zu können, bleibt die Möglichkeit, aufgrund der weitergehenden und trotz § 11 grundsätzlich auch weiterhin anwendbaren Vorschrift des § 120 d GewO zum Schutz der Arbeitnehmer, die erforderlichen Maßnahmen anzuordnen[23].

Weitere Anforderungen können nach § 11 Abs. 1b GaststG gestellt werden. Hiernach sollen die Nachbarn[24] gegen die von Gast- oder

[20] *Michel* § 11 Anm. II; HessVGH v. 29. 6. 1960 DVBl 1960, S. 780.

[21] Es kann daher auch die Duldung bestimmter Personen, z. B. Dirnen, in einer Gastwirtschaft verboten werden: so BremVerwG RVerwBl 1934, S. 882.

[22] Vgl. oben die Ausführungen zu § 25 Abs. 3 GewO.

[23] So Michel S. 168; ebenso die Ausführungsbestimmungen d. Wirtschaftsministeriums z. Gaststättengesetz v. 27. 10. 1934 (VerwBl S. 405), wiedergegeben bei *Michel* S. 451.

[24] Zu dem hiernach geschützten Personenkreis gehören nicht nur die Bewohner der unmittelbar angrenzenden Grundstücke, sondern alle Personen, die von den Auswirkungen des Betriebs der Gaststätte betroffen werden (*Michel* S. 171).

Schankwirtschaften ausgehenden erheblichen Nachteilen und Belästigungen geschützt werden. Erst recht sind demnach Anforderungen zulässig, wenn für den geschützten Personenkreis Gefahren im polizeirechtlichen Sinne gegeben sind. Zu diesen Voraussetzungen wird in der Begründung der Regierungsvorlage folgendes ausgeführt[25]:

„Was den unter b) erwähnten Schutz der Bewohner des Grundstücks oder Nachbargrundstücks anbelangt, so soll ermöglicht werden, Vorkehrungen zu treffen, gegen die vielfachen Belästigungen und Nachteile, denen die Bewohner dieser Grundstücke durch Einwirkungen aller Art (wie Küchenlärm, Musik, Gesang u. a., vgl. § 906 BGB) ausgesetzt sind, sofern sie als erheblich anzusehen sind.“

Selbstverständlich ist, daß Anforderungen erst dann nach § 11 Abs. 1b GaststG gestellt werden können, wenn diese zur Abwehr der für den geschützten Personenkreis bestehenden Gefahren, Nachteile oder Belästigungen erforderlich sind[26].

Die nach dieser Bestimmung zulässigen nachträglichen Anforderungen beziehen sich allein auf die nach außen tretenden Wirkungen einer Gast- oder Schankwirtschaft und haben im Gegensatz zu den unter § 11 Abs. 1a angeführten Voraussetzungen den Schutz außerhalb des Betriebes befindlicher Personen zum Gegenstand. Grundsätzliche Voraussetzung für die nachträgliche Anordnung bestimmter Maßnahmen ist entssprechend der hier vergleichsweise heranzuziehenden allgemeinen polizeigesetzlichen Regelung, daß tatsächlich eine Belästigung ein Nachteil oder eine Gefahr für den geschützten Personenkreis gegeben ist. Eine bloße Befürchtung des Eintritts dieser Voraussetzungen ist daher auch in diesem Fall des § 11 GaststG nicht ausreichend[27]. Weiterhin ist erforderlich, daß erhebliche Beeinträchtigungen der Nachbarn gegeben sind. Hierbei ist davon auszugehen, daß sich die Voraussetzungen „erheblich“ sowohl auf Nachteile als auch auf Belästigungen, nicht jedoch auf die Voraussetzung des Vorliegens einer Gefahr bezieht[28], da es sich insoweit nur um eine erweiterte Auslegung der Bestimmung des § 11 GaststG handelt. Kein Erfordernis für die Bejahung dieser Voraussetzungen ist, daß die von dem Betrieb der Gaststätte ausgehenden Beeinträchtigungen den Tatbestand des § 360 Nr. 11 StGB erfüllen[29].

Im einzelnen ist unter der Voraussetzung „Belästigung“ die Einwirkung auf das körperliche Wohlbefinden[30] und unter der Voraussetzung

---

[25] Wiedergegeben bei *Michel* S. 169.
[26] *Rohmer-Eyermann* § 11 Anm. 2 d.
[27] *Michel* S. 170; siehe die Ausführungen zu § 25 Abs. 3 GewO und zu § 11 Abs. 1 a.
[28] *Michel* S. 170.
[29] *Michel* S. 170.
[30] OVG Münster v. 22. 3. 1961 DÖV 1962, S. 147.

„Nachteil" sowohl eine ideelle als auch eine wirtschaftliche Einbuße zu verstehen, z. B. die Wertminderung eines Grundstückes[31].

Zur weiteren Voraussetzung der Erheblichkeit der Nachteile oder Belästigungen heißt es in dem bereits zitierten Urteil des OVG Münster[32]:

„Für die Frage, ob die durch Lärm verursachte Belästigung erheblich ist, sind die besonderen Umstände des Einzelfalls zu berücksichtigen. Es kommt darauf an, ob die Belästigung das Maß überschreitet, dessen Duldung dem Nachbarn üblicherweise in der betreffenden Gegend zugemutet werden kann. Geräusche, die für die Nachbarschaft außerordentlich störend, nervenangreifend oder nervenzerrüttend sind, stellen in der Regel eine erhebliche Belästigung dar. Jedoch ist nicht vom Standpunkt eines besonders empfindlichen Beobachters auszugehen. Geräusche, die die Gesundheit von Personen mit normalem Gesundheitszustand nicht gefährden, sind in der Regel keine erheblichen Belästigungen[33]."

Weiterhin ist erforderlich, daß die Nachteile, Belästigungen oder Gefahren beim Betrieb einer Gast- oder Schankwirtschaft entstehen[34]. Es muß daher ein unmittelbarer Zusammenhang zwischen dem Betrieb der Gaststätte und der eingetretenen Beeinträchtigung der Nachbarn gegeben sein[35].

b) Der Umfang nachträglicher Anforderungen

Ist danach festgestellt, unter welchen Voraussetzungen im Einzelfall nachträgliche Anforderungen zulässig sind, so ergibt sich doch aus der Vorschrift des § 11 GaststG nichts darüber, in welchem Umfang bestimmte Maßnahmen auch nachträglich angeordnet werden können. Nach dem Wortlaut allein sind Anforderungen über die Grenzen des wirtschaftlich Tragbaren hinaus zulässig. Allein entscheidend wäre demnach der Schutz der Interessen der Anwohner, Gäste und Angestell-

---

[31] *Michel* S. 170; vgl. auch die Ausführungen zu § 25 Abs. 3 GewO.

[32] V. 22. 3. 1961 DÖV 1962, S. 147.

[33] Siehe dazu auch Beschluß des BVerwG v. 30. 4. 1965 DVBl 1965, S. 603. Zur Abgrenzung v. Gefahren u. Belästigungen siehe Bez. VerwG Berlin-Zehlendorf v. 12. 5. 1960 DVBl 1950, S. 724.

[34] Siehe Beschl. d. BVerwG v. 30. 4. 1965 DVBl 1965, S. 603, in dem das An- und Abfahren der Gäste als eine durch den Betrieb der Gaststätte entstandene Beeinträchtigung angesehen wird. Vgl. auch OLG Hamburg v. 26. 6. 1964 NJW 1964, S. 1814 und *Fuhr* § 27 Anm. 7.

[35] Auch soweit die genannten Voraussetzungen vorliegen, ist ein Anspruch des Einzelnen auf Anordnung bestimmter Maßnahmen nicht gegeben. Insoweit besteht ein Ermessensspielraum der Verwaltungsbehörde. Nach der Auffassung des BGH v. 23. 2. 1959 NJW 1959, S. 767 u. d. BVerwG v. 30. 4. 1965 DVBl 1965, S. 603 wird durch § 11 gegenüber dem geschützten Personenkreis eine Amtspflicht begründet. Nach dieser Auffassung wird durch die Ausgestaltung der Vorschrift als Kannbestimmung nicht das „ob", sondern das „wie" des Einschreitens berührt. Vgl. dazu auch *Fuhr* § 27 Anm. 7 und *Demme* DVBl 1967, S. 758 — die §§ 11, 14 haben nachbarschützenden Charakter und begründen materiell subj. öffentliche Rechte. Ferner BVerwG v. 13. 1. 1961 Bd. 11, S. 221.

ten. Ein Bestandsschutz des aufgrund einer besonderen Genehmigung betriebenen Gewerbebetriebes wäre somit nicht gegeben.

Um jedoch etwaige sich aus der unbeschränkten Anwendung dieser Vorschrift ergebenden Härten zu vermeiden, sehen verschiedene nach Erlaß des Gaststättengesetzes ergangene Ausführungsverordnungen Grenzen hinsichtlich des Umfanges der zu stellenden Anforderungen vor. So heißt es in den preußischen Ausführungsbestimmungen des Ministers des Inneren zu § 11 GaststG[36]:

„1. Nach erteilter Erlaubnis sind Auflagen gem. § 11 Abs. 1 a nur in dringenden Fällen unter Berücksichtigung der Erhaltung der Wirtschaftlichkeit des konzessionierten Betriebes zu machen. Bei Erteilung einer Erlaubnis dagegen, mag es sich um eine Erlaubnis oder um eine Übertragung einer bestehenden Erlaubnis auf einen anderen Inhaber handeln, ist Wert darauf zulegen, daß die zum Schutz der Gäste, Angestellten und Arbeiter gegen Gefahren für Leben, Gesundheit und Sittlichkeit wünschenswerten Auflagen gemacht werden.

2. Auflagen gem. § 11 Abs. 1 b sind, soweit es sich nicht um die Abwehr von Gesundheitsgefahren handelt, immer in Abwägung der wirtschaftlichen Interessen des Erlaubnisinhabers und der übrigen in § 11 Abs. 1 b genannten Personen zu machen."

Für Bayern bestimmt die Bekanntmachung zum Vollzug des Gaststättengesetzes vom 15. 9. 1931 in § 17[37]:

„In den sonstigen Fällen der Erlaubniserteilung soll bei Anordnung der gebotenen Auflagen auf die Leistungsfähigkeit des Eigentümers des Wirtschaftswesens und des Betriebsinhabers soweit tunlich Rücksicht genommen werden."

Für Württemberg bestimmt die 12. Vollzugsverordnung vom 8. 7. 1930 in § 58[38]:

„Dem Betriebsinhaber können bei der Erlaubniserteilung oder später Auflagen erteilt werden; dabei sind jedoch unbillige Härten zu vermeiden."

Und § 70 zu § 11 Abs. 1 GaststG:

„... von unbilligen Anforderungen ist abzusehen."

Für Baden bestimmt die Vollzugsverordnung vom 15. 9. 1930 in § 19[39]:

„Nach erteilter Erlaubnis sind Auflagen gem. § 11 Abs. 1 GaststG nur in dringenden Fällen unter Berücksichtigung der Erhaltung der Wirtschaftlichkeit des genehmigten Betriebes zu machen."

---

[36] Siehe die Ausführungsbestimmungen des pr. Min. d. Innern zum Gaststättengesetz v. 5. 6. 1930 (MBliV S. 541) idF des RdErl v. 25. 9. 1930 (a.a.O. S. 860, 904), v. 2. 3. 1934 (a.a.O. S. 454) u. v. 27. 7. 1936 (a.a.O. S. 1067); abgedruckt bei *Michel* S. 390 ff. Vgl. auch die hess. VO zur Durchführung des GaststG v. 30. 6. 1930 (Reg. Bl. S. 135); zur Geltung der Pr. DVO zum GaststG in Hessen siehe BAG v. 24. 6. 1968 BB 1968, S. 1081.

[37] Die Bekanntmachung des Staatsministers d. Äußeren z. Vollzug d. Gaststättenges. v. 15. 9. 1931 (GVBl S. 257) idF d. Bekanntmachung v. 2. 9. 1938 (GVBl S. 278); abgedruckt bei *Michel* S. 433.

[38] Die 12. Vollzugsverordnung des Württ. Wirtsch. Min. v. 8. 7. 1930 (Reg. Bl. S. 231) idF v. 23. 5. 1934 (Reg. Bl. S. 183), abgedruckt bei *Rohmer-Eyermann* Anh. 12.

[39] VO über d. Vollzug d. Gaststättengesetzes v. 15. 9. 1930 (GVBl S. 171) idF d. VO v. 27. 4. 1933 (GVBl S. 76) i. d. VO v. 20. 8. 1934 (GVBl Nr. 43).

Aus diesen Bestimmungen ist der allgemeine Rechtsgrundsatz zu entnehmen, daß generell zwischen den Interessen des betroffenen Unternehmers und den Interessen des geschützten Personenkreises abzuwägen ist. Ferner ergibt sich hieraus, daß auch wirtschaftliche Gesichtspunkte bei der nachträglichen Anordnung bestimmter Maßnahmen wenigstens insoweit zu berücksichtigen sind, als die Anforderungen grundsätzlich nicht einer Untersagung des weiteren Betriebs der Gastwirtschaft gleichstehen sollen[40]. Ein Bestandsschutz der Gast- und Schankwirtschaft ist, wenn auch nur in beschränktem Umfang, gewährleistet.

III. Apotheken, Arzneimittelherstellungsbetriebe — § 18 ApothG, § 15 ArzneimG

a) Allgemeines

Apotheken und Arzneimittelherstellungsbetriebe dienen der Versorgung der Bevölkerung mit den erforderlichen, lebenswichtigen Gütern. Sie stellen insoweit eine wichtige Gruppe in den gewerblichen Unternehmen dar, als sie unentbehrliche Diener der Gemeinschaft sind. Dieser bedeutenden Stellung entspricht es, wenn an sie besondere Anforderungen zu stellen sind. Solche sind einmal in dem erforderlichen Erlaubnisverfahren zulässig, um zu gewährleisten, daß diese Betriebe ihre Aufgabe ordnungsgemäß erfüllen. Zum anderen sehen — was hier allein interessiert — die entsprechenden gesetzlichen Bestimmungen vor, daß an diese Betriebe, trotz erteilter Erlaubnis, auch nachträgliche Anforderungen gestellt werden können, wenn zu befürchten ist, daß sie den von ihnen zu erfüllenden Aufgaben nicht gerecht werden.

Hier ist nun zu unterscheiden zwischen der Vorschrift, die ausdrücklich die nachträgliche Anordnung bestimmter Maßnahmen zuläßt[41] und der Bestimmung, die lediglich die Anordnung besonderer Maßnahmen betrifft, wenn der Betrieb nicht im Einklang mit den gesetzlichen Regeln steht[42].

Im letzteren Fall handelt es sich nicht um echte nachträgliche Anforderungen, da hier nicht neue, über die mit der Erlaubnis verbundenen hinausgehenden Anforderungen gestellt werden können, sondern

---

[40] Als Beispiele für nachträgliche Anforderungen an Gaststätten soll auf folgende Entscheidungen hingewiesen werden: Beschl. d. BVerwG v. 30. 4. 1965 DVBl 1965, S. 605 — Beschränkung einer Tanzveranstaltung an Wochenenden auf die Zeit bis 22 Uhr, trotz fühlbarer wirtschaftl. Beeinträchtigung, da die Gastwirtschaft in einem Wohngebiet gelegen ist und die Beschränkung für den Wirt voraussehbar war. Ferner OVG Koblenz v. 3. 11. 1960 Bd. 8, S. 207; OVG Münster v. 22. 3. 1961 GewArch 1961, S. 162 u. v. 29. 9. 1961 VerwRspr Bd. 14, S. 607.

[41] § 15 ArzneimG.

[42] § 18 ApothG.

nur die Anordnung solcher Maßnahmen zulässig ist, zu deren Ausführung der Betriebsinhaber schon aufgrund der ihm erteilten Erlaubnis verpflichtet ist[43].

b) *Anforderungen nach § 18 ApothG*

Nach § 18 ApothG können dementsprechend Anforderungen gestellt werden, um einen ordnungsgemäßen Apothekenbetrieb zu gewährleisten[44]. Diese Voraussetzung ist dann erfüllt, wenn sich der Apothekenbetrieb nicht in Übereinstimmung mit den für ihn geltenden gesetzlichen Vorschriften befindet[45] und wenn es gilt, die Durchführung der den Apothekern durch § 1 Abs. 1 übertragenen öffentlichen Aufgabe der ordnungsgemäßen Arzneimittelversorgung der Bevölkerung sicherzustellen. Ist dies gewährleistet, so dürfen keine weiteren Belastungen auferlegt werden[46]. Hinsichtlich des Umfangs der danach zulässigen Anordnungen ergeben sich Grenzen lediglich aus der gesetzlichen Verpflichtung des Betroffenen und aus den allgemeinen Grenzen rechtmäßigen Verwaltungshandelns. Ein Bestandsschutz des Apothekenbetriebes ist darüber hinaus nicht gegeben.

c) *Anforderungen nach § 15 ArzneimG*

Nachträgliche Anforderungen im eigentlichen Sinne sind dagegen nach dem gesetzlichen Wortlaut nach § 15 ArzneimG zulässig. Zu dieser Bestimmung ist folgende amtliche Begründung[47] gegeben:

> „Die Ergänzung ist notwendig, um den Fortschritten der Technik und veränderten wissenschaftlichen Erkenntnissen auch nach der Erteilung der Erlaubnis Rechnung tragen zu können."

Aus dem Zusammenhang ergibt sich, daß hier nur Anforderungen bezüglich der Betriebsstätte zulässig sein sollen. Es werden daher nur die Räumlichkeiten erfaßt, die mit der Arzneimittelherstellung unmittelbar verbunden sind und nicht etwa die mit den Fabrikationsräumen verbundenen Büroräume usw. Welche Anordnungen im Einzelfall zulässig sind, hängt von den persönlichen, räumlichen und technischen Verhältnissen der Betriebsstätte ab. Die Anordnung der Maßnahmen ist hier nicht davon abhängig, daß ein Verstoß gegen die im

---

[43] Die gleichen Grundsätze gelten auch für die unter das Lebensmittelgesetz fallenden Betriebe; vgl. § 7 LebensmG und die Hygieneverordnungen der Länder — *Zipfel* C 1, § 2 Rdn. 13, ferner das Fleischbeschaugesetz und das Viehseuchengesetz.

[44] Vgl. *Hoffmann* § 18 Abs. 3.

[45] Vgl. dazu die von den einzelnen Ländern erlassenen Apothekenbetriebsordnungen, das ArzneimG und das Opiumgesetz. Die Apothekenbetriebsordnungen der Länder sind wiedergegeben bei *Hoffmann* ApothG § 21 Rdn. 10. Für Hessen siehe GVBl II, Nr. 354—1, 354—9, 354—15.

[46] Hess. VGH v. 22. 6. 1966 OS II 115/65 — etwa die Verbesserung der Arzneimittelversorgung.

[47] BTDrucks 2575, 2596.

Einzelfall geltende Betriebsordnung[48] gegeben ist. Die Vorschrift will vielmehr gerade die Fälle erfassen, in denen die Betriebsordnung zur Erreichung der gesteckten Ziele nicht ausreichend ist oder neue Erkenntnisse verwirklicht werden sollen. Der damit verfolgte Zweck ist, den Schutz des Menschen vor den Folgen unsachgemäßer Herstellung von Arzneimitteln zu gewährleisten. Für den zulässigen Umfang der nachträglich anzuordnenden Maßnahmen ergeben sich damit auch keine Beschränkungen aus den jeweils geltenden Betriebsordnungen. Vom Ausschuß für Gesundheitswesen war besonders die „Auflage" hervorgehoben worden, daß bei beschränkten Raumverhältnissen nur ein Mittel hergestellt werden darf[49].

Insgesamt läßt sich bezüglich des zulässigen Umfangs nachträglicher Anforderungen feststellen, daß entsprechende Maßnahmen in jedem Umfang angeordnet werden können, soweit sie nur den allgemeinen Grundsätzen rechtmäßigeen Verwaltungshandelns entsprechen. Die wirtschaftliche Zumutbarkeit für den einzelnen Arzneimittelhersteller ist in diesem Fall keine Grenze. Ein Bestandsschutz ist daher nicht gegeben. Dies ist jedoch deshalb nicht von entscheidender Bedeutung, weil die aufgrund des § 15 ArzneimG angeordneten Maßnahmen sich regelmäßig auf die Räumlichkeit des Herstellungsbetriebes beziehen, nicht jedoch in das Herstellungsverfahren selbst eingreifen.

d) Anforderungen an bereits bestehende Betriebe

Nach den §§ 53, 56 ArzneimG stehen die nach Landesrecht bei Erlaß des Arzneimittelgesetzes bereits erteilten Erlaubnisse solchen nach § 12 ArzneimG gewährten gleich. Darüber hinaus gilt eine seit zwei Jahren ausgeübte Tätigkeit als erlaubt i. S. d. § 12 ArzneimG. Für jeden dieser Fälle ist § 15 Abs. 2 ArzneimG für entsprechend anwendbar erklärt. Eine entsprechende Anwendbarkeit des § 15 Abs. 1 Satz 2, der nachträgliche Anforderungen zuläßt, ist jedoch nicht angeordnet. Wenn aber der Gesetzgeber schon die Widerrufsmöglichkeit zuläßt, so kann erst recht die Vorschrift für nachträgliche Anforderungen Anwendung finden, zumal auch die bereits erteilte oder fingierte Erlaubnis als eine solche im Sinne des Arzneimittelgesetzes angesehen wird. Die hier-

[48] Solche sind bisher nur auf Landesebene ergangen. Sie sind bei *Etmer-Bolck* § 36 wiedergegeben.

[49] BTDrucks 2575; *Etmer-Bolck* § 15 Anm. 4. Eine derartige Anordnung wäre jedoch keine nachträgliche Auflage i. S. d. Gesetze, sondern eine nach dieser Vorschrift unzulässige Beschränkung der erteilten Erlaubnis. Da die Verwaltungsbehörde aber hinsichtlich des Umfangs zulässiger Maßnahmen nicht beschränkt ist, kann es in diesen Fällen geschehen, daß die Beschränkung für die Betroffenen günstiger ist als die Ausführung umfangreicher, seiner Herstellung entsprechender Anforderungen, etwa baulicher Art. Aus diesem Grund wird man hier eine Beschränkung der Erlaubnis auch nachträglich zuzulassen haben.

nach zulässigen Anforderungen richten sich daher nach den Voraussetzungen des § 15 Abs. 1 ArzneimG, den allgemeinen und den sich aus Art. 14 GG ergebenden Grenzen.

Ebenfalls entsprechende Anwendung auf bereits bestehende Rechte finden die Vorschriften des § 18 ApothG und der Apothekenbetriebsordnungen, da nach § 26 ApothG die bereits vor Erlaß dieses Gesetzes erteilten Erlaubnisse denen nach dem Apothekengesetz gewährten gleichgestellt werden.

IV. Nachträgliche Anforderungen nach dem Wasserhaushaltsgesetz — §§ 5, 10, 18 WHG

Bestimmte Benutzungen der in § 1 WHG genannten Gewässer bedürfen der behördlichen Erlaubnis oder Bewilligung, soweit nicht ausnahmsweise etwas anderes bestimmt ist[50]. Hierbei gewährt die Erlaubnis die widerrufliche Befugnis und die Bewilligung das Recht, ein Gewässer in einer nach Art und Maß bestimmten Weise zu benutzen. Diese Unterscheidung zwischen Recht und Befugnis durchzieht das gesamte Wasserhaushaltsgesetz[51] und ist auch für die hier durchzuführende Untersuchung von wesentlicher Bedeutung[52].

Wegen der gesetzlich eingeräumten Möglichkeit des Widerrufs der Erlaubnis ist der Schutz des Erlaubnisinhabers gegen eine nachträgliche Inanspruchnahme durch zusätzliche Anforderungen, Einschränkung oder völlige Untersagung der weiteren Ausübung der Befugnis denkbar gering. Da auch weder im Wasserhaushaltsgesetz noch in den Landeswassergesetzen eine abschließende Regelung der Widerrufsgründe erfolgt ist, wird eine Beseitigung und damit auch eine weniger belastende besondere Anforderung nach pflichtgemäßem Ermessen der Behörde aus sachlichen Erwägungen heraus immer zulässig sein[53]. Eine bessere Rechtsposition hat der Inhaber einer Bewilligung. Diesem kann wegen des mit der Bewilligung eingeräumten Rechts nur aufgrund gegebener Rechtsvorschriften die Erfülung nachträglicher Anforderungen auferlegt werden[54]. Demgemäß bestimmt auch das Wasserhaushaltsgesetz in mehreren Vorschriften, unter welchen Umständen und in welchem Umfang in dieses Recht eingegriffen werden kann. Zu unterscheiden ist hier zwischen den Vorschriften, die die Möglichkeit nach-

---

[50] Siehe § 7 und § 8 einerseits u. § 2 WHG andererseits.

[51] Vgl. die §§ 13, 15 bis 17, 18, 23 Abs. 1 u. 27 Abs. 2, vgl. auch *Fremdling*, BayVerwBl 1968, S. 45 ff.

[52] Zum Verhältnis des WHG und der §§ 16 ff GewO siehe d. hess. Erl. v. 16. 6. 1961 (StAnz Nr. 26, S. 727) — danach enthält die Genehmigung u. § 18 GewO nicht auch die Erteilung einer wasserrechtlichen Bewilligung.

[53] Siehe *Gieseke-Wiedemann* § 7 Rdn. 8.

[54] Vgl. 2. Kap., 2. Abschn., A.

träglicher Anforderungen zulassen, und solchen Vorschriften, die die Einschränkung der Ausübung des gewährten Rechtes ermöglichen[55].

a) Anforderungen nach § 5 WHG

1. Voraussetzungen nachträglicher Anforderungen

Eine Vorschrift, die die nachträgliche Anordnung besonderer Maßnahmen für zulässig erklärt, findet sich in § 5 WHG. Diese Bestimmung stellt alle erteilten Erlaubnisse und Bewilligungen unter den entsprechenden gesetzlichen Vorbehalt.

Nach § 5 Nr. 1 können nachträgliche Anforderungen an die Beschaffenheit einzubringender oder einzuleitender Stoffe gestellt werden. Diese Bestimmung verfolgt in erster Linie den Zweck, die Fortschritte auf dem Gebiet der Abwassertechnik zur möglichen Reinhaltung der Gewässer nutzbar zu machen[56]. Die Vorschrift würde nun aber entgegen ihrem Wortlaut zu eng ausgelegt, würden Anforderungen nur zur Anwendung neuer technischer Erkenntnisse zulässig sein. Es sind vielmehr auch in den Fällen Anforderungen zulässig, in denen diese schon mit der Erlaubnis- oder Bewilligungserteilung hätten gestellt werden können, von der Behörde aber erst nachträglich als notwendig erachtet wurden[57]. Die Anordnungen nach § 5 Nr. 1 WHG dürfen sich aber in jedem Falle nun mit abwassertechnischen Fragen befassen, wobei die qualitative Beschaffenheit der Abwässer im Vordergrund steht. Entgegen der Auffassung von Sievers[58] fällt die Beschränkung der Abwassermenge nicht unter § 5 WHG, da es sich hier um eine Einschränkung der Ausübung des erteilten Rechtes handelt, die nur nach § 12 WHG vorgenommen werden darf[59].

Weiterhin können nach § 5 Nr. 2 WHG Maßnahmen für die Beobachtung der Wasserbenutzung und ihrer Folgen angeordnet werden. Es muß sich hierbei um Maßnahmen handeln, die der Unternehmer selbst durchzuführen hat. Dies folgt daraus, daß die Anordnung die Eigenschaften einer Auflage im Sinne des § 4 WHG hat, ein dem § 4

---

[55] Bezüglich des im Hinblick auf die Regelungen der VbF und TVbF bedeutsame Verhältnis von Wasserhaushaltsgesetz und den auf Grund des § 24 GewO ergangenen besonderen Verordnungen bestehen keine Bedenken, die hier aufgezählten Bestimmungen nebeneinander anzuwenden, da gleichrangige Gesetze sich regelmäßig nicht verdrängen. So auch *Merländer* Vor zur TVbF (S. 101).

[56] *Witzel* § 5 Anm. 2; *Sieder-Zeitler* § 5 Rdn. 7; *Gieseke-Wiedemann* § 5 Rdn. 4.

[57] *Gieseke-Wiedemann* § 5 Rdn. 4; a. A. *Krüger* Gutachten S. 114. Hier kann allerdings u. U. ein Anspruch aus Art. 34 GG i. V. m. § 839 BGB in Betracht kommen. So auch *Sieder-Zeitler* § 5 Rdn. 7.

[58] Wasserrecht § 5; *Sieder-Zeitler* § 5 Rdn. 7. Allerdings dürften auch Beschränkungen der Abwassermenge dann zulässig sein, wenn dies für den Betroffenen günstiger und er damit einverstanden ist.

[59] *Burghartz* § 5 Anm. 3; vgl. auch oben 2. Kap., 1. Abschn.,B.

Abs. 2 Nr. 3 WHG entsprechender Vorbehalt im Gesetz aber fehlt[60]. Es ist daher nicht möglich, im Rahmen des § 5 WHG dem Unternehmer nachträglich einen Beitrag zu den Kosten für Beobachtungsmaßnahmen aufzuerlegen, die eine Körperschaft des öffentlichen Rechts trifft, soweit nicht ein besonderer behördlicher Vorbehalt besteht[61].

Schließlich können nach § 5 Nr. 3 WHG solche Anforderungen gestellt werden, die für eine mit Rücksicht auf den Wasserhaushalt gebotene sparsame Verwendung des Wassers erforderlich sind. Hiermit ist die Möglichkeit geschaffen, bei einem zeitweilig auftretenden Wassermangel durch eine Drosselung der Wasserentnahme eine sparsame Wasserverwendung herbeizuführen[62]. Verfügt werden kann nach dieser Vorschrift allerdings nur über das Wasser, das sich noch im natürlichen Zusammenhang mit Grund und Boden befindet. Die Maßnahmen können daher nicht die Wassermengen betreffen, die diesen natürlichen Zusammenhang verlassen haben und sich in besonderen Behältern, Leitungen usw. befinden, da sich hierauf das Wasserhaushaltsgesetz nicht mehr erstreckt[63].

Neben den Voraussetzungen des § 5 Nr. 1—3 ergibt sich aus § 6 WHG eine weitere Voraussetzung für die Zulässigkeit nachträglicher Anforderungen. Daraus, daß die Anforderungen den Schutz der Gewässer, des Wasserhaushalts und damit allein den Schutz der Interessen der Allgemeinheit und nicht des einzelnen gewährleisten sollen, ist weiterhin zu fordern, daß die angeordneten Maßnahmen im Interesse des Allgemeinwohls geboten sind[64].

2. Der zulässige Umfang der Anforderungen

Eine Einschränkung der nach § 5 Nr. 2 und 3 WHG zulässigen Maßnahmen ergibt sich aus § 5 Satz 2. Danach müssen die angeordneten Maßnahmen wirtschaftlich gerechtfertigt und mit der Benutzung vereinbar sein, sofern das Wasser aufgrund einer Bewilligung benutzt wird. Wegen der gesetzlich vorgesehenen freien Widerrufsmöglichkeit ist es nicht zulässig, die genannte Einschränkung auch auf Anforderungen an Erlaubnisse auszudehnen. Aus den zu den Voraussetzungen der wirtschaftlichen Rechtfertigung und der Vereinbarung mit der Benutzung in der Literatur gegebenen Definitionen, ergeben sich keine wesentlichen Unterschiede. Hiernach wird gefordert, daß dem wirtschaftlichen Nachteil der Betroffenen ein angemessener Vorteil entgegensteht. Es wird

---

[60] *Burghartz* § 5 Anm. 4.
[61] *Witzel* § 5 Anm. 3.
[62] *Gieseke-Wiedemann* § 5 Rdn. 6.
[63] *Gieseke-Wiedemann* § 5 Rdn. 6; *Sieder-Zeitler* § 5 Rdn. 9. Der anderen Auffassung von *Burghartz* § 5 Anm. 5 ist aus obigem Grunde nicht zuzustimmen.
[64] *Sieder-Zeitler* § 5 Rdn. 5; *Witzel* § 5 Rdn. 3.

also insoweit eine Interessenabwägung gefordert[65]. Weiterhin wird allgemein verlangt, daß die Anordnung die Bewilligung in ihrem Kern unberührt läßt und der Berechtigte von der bewilligten Benutzung noch einen sinnvollen und zweckentsprechenden Gebrauch machen kann[66].

Keine Anwendung findet die genannte Einschränkung auf Anordnungen, die aufgrund des § 5 Nr. 1 WHG ergehen.

So bestimmt es der insoweit eindeutige Wortlaut der Vorschrift. § 5 Satz 1 Nr. 1 WHG kann daher nicht dahingehend eingeschränkt werden, daß durch nachträgliche Anforderungen der Wesensgehalt des bewilligten Rechts nicht angetastet werden darf. Auch sind die etwaigen Bedenken, daß in solchen Fällen eine entschädigungspflichtige Beschränkung oder Zurücknahme gegeben ist, nicht zutreffend, da § 12 WHG ausdrücklich die Fälle des § 5 ausnimmt[67]. In diesem Falle werden daher die Interessen der Allgemeinheit über die Interessen des Unternehmens gestellt.

b) Anforderungen aufgrund des § 10 WHG

Eine weitere Vorschrift, auf deren Grundlage nachträgliche Anforderungen gestellt werden können, ist § 10 WHG.

Hiernach können „Auflagen" in einem späteren Verfahren dann festgesetzt werden, wenn ein Dritter gegen die Erteilung der Bewilligung Einwendungen erhoben hat oder wenn die nachteiligen Wirkungen für den Dritten während des Bewilligungsverfahrens nicht voraussehbar waren und er aus diesem Grunde keine Einwendungen erhoben hat. Die Anforderungen nach diesen Bestimmungen dienen daher im Gegensatz zu den bisher behandelten nicht dem Schutz des Wasserhaushaltes und damit dem Allgemeinwohl, sondern allein den Interessen eines Dritten[68]. Sie begründen eine Ausnahme von dem Grundsatz des § 11 WHG, wonach der Dritte die bewilligte Gewässerbenutzung als solche zu dulden und dagegen nicht einmal Schadenersatzansprüche geltend machen kann, solange die Bewilligung innerhalb ihrer Grenzen ausgeübt wird.

Bezüglich des Umfangs der nach dieser Vorschrift zulässigen Anforderungen wird teilweise die Auffassung vertreten, daß Auflagen nach § 10 Abs. 1 in der Höhe unbeschränkt möglich seien, Auflagen nach § 10 Abs. 2 aber entsprechend § 5 Satz 2 WHG wirtschaftlich gerecht-

---

[65] Vgl. *Sieder-Zeitler* § 5 Rdn. 12; *Gieseke-Wiedemann* § 5 Rdn. 7.

[66] *Sieder-Zeitler* § 5 Rdn. 12; *Gieseke-Wiedemann* § 5 Rdn. 7.

[67] *Gieseke-Wiedemann* § 5 Rdn. 4; a. A. sind *Sauer-Lais-Quirll* § 5 Anm. 1 und *Kolb* § 5, deren Auffassung jedoch wegen des eindeutigen Wortlauts der Bestimmung nicht gefolgt werden kann. Wegen des mit der Bewilligungserteilung verbundenen ges. Vorbehalts ergeben sich auch keine Bedenken aus Art. 14 GG.

[68] *Krüger*, Grundlagen S. 119.

fertigt und mit dem Unternehmen vereinbar sein müßten[69]. Ob die Auslegung des § 10 Abs. 1 richtig und die Heranziehung des § 5 WHG erforderlich ist, erscheint fraglich.

Die Frage, wann und in welchem Umfang nachträglich besondere Maßnahmen zum Schutze des Dritten angeordnet werden können, ist allein nach § 8 Abs. 3 WHG zu beurteilen. Jedenfalls kann der Dritte im nachträglichen Verfahren nicht mehr verlangen, als er im Rahmen des Bewilligungsverfahrens zu beanspruchen hätte[70], und zwar gleichgültig, ob er nach § 10 Abs. 1 Einwendungen erhoben hat oder ob nach § 10 Abs. 2 vorgegangen wird. Nach § 8 WHG kann die Bewilligung aus Gründen des Allgemeinwohls auch dann erteilt werden, wenn Benachteiligungen Dritter nicht durch „Auflagen" abgewendet werden können. Allerdings ist den Dritten in diesem Falle eine Entschädigung zu zahlen. Für die Frage der Unmöglichkeit i. S. d. § 8 Abs. 3 WHG kann es nun aber keinen Unterschied machen, ob die erforderliche „Auflage" technisch oder wirtschaftlich unmöglich ist[71]. Eine „Auflage" nach § 8 Abs. 3 WHG ist daher auch wenn als unmöglich anzusehen, wenn sie in wirtschaftlicher Hinsicht nicht gerechtfertigt ist[72].

Dies ist insbesondere dann der Fall, wenn die Kosten der gegenüber dem Bewilligungsinhaber angeordneten Maßnahmen in keinem angemessenen Verhältnis zu dem den Dritten zu gewährenden Ausgleich stehen.

Wird dies nun auf die Bestimmungen des § 10 Abs. 1 und 2 übernommen, so folgt hieraus, daß auch danach nachträglich Anforderungen bei den dem Allgemeinwohl dienenden Bewilligungen nur bei wirtschaftlicher Zumutbarkeit gerechtfertigt und zulässig sind. Die gleiche Auslegung hat zu gelten, wenn nach § 10 Abs. 2 Anforderungen bezüglich einer Bewilligung gestellt werden, die nicht dem Allgemeinwohl dienen. Dies folgt schon aus der wesentlichen Übereinstimmung des Wortlauts des § 8 Abs. 3 mit dem des § 10 Abs. 2, ohne daß es hier noch der zusätzlichen Heranziehung des § 5 Satz 2 WHG bedarf.

Eine andere Situation ergibt sich bei einer nicht dem Allgemeinwohl dienenden Bewilligung im Falle des § 10 Abs. 1. Auch hier kann zwar die erteilte Bewilligung mangels gesetzlicher Vorschrift nicht nachträglich versagt oder zurückgenommen werden; aufgrund des in § 8 Abs. 3 niedergelegten Verbots der Erteilung der Bewilligung und des entsprechenden Vorbehalts der nachträglichen Entscheidung nach § 10 Abs. 1 sind hier alle Anforderungen zulässig, die erforderlich er-

[69] *Gieseke-Wiedemann* § 10 Rdn. 3 und 6; *Krüger,* Grundlagen S. 119 f.

[70] *Sieder-Zeitler* § 10 Rdn. 16; *Gieseke-Wiedemann* § 10 Rdn. 3 und 6.

[71] Mit der Frage der wirtschaftlichen Unmöglichkeit als Grenze eines polizeilichen Eingriffs hat dies nichts gemeinsam, da es sich hier um Maßnahmen im Rahmen eines Bewilligungsverfahrens handelt.

[72] So *Sieder-Zeitler* § 8 Rdn. 31; *Gieseke-Wiedemann* § 8 Rdn. 12.

scheinen, um die Beeinträchtigung der Rechte des Dritten zu beseitigen. Eine Grenze der wirtschaftlichen Zumutbarkeit ist hier aus diesen Gründen nicht gegeben[73].

c) Anforderungen aufgrund der §§ 12, 18 WHG

Eine nachträgliche Beschränkung oder Rücknahme der erteilten Bewilligung ist in den Fällen des § 12 WHG teilweise gegen, teilweise ohne Entschädigungsleistung zulässig. Weiterhin kann nach § 18 WHG eine Ausübungsregelung hinsichtlich Art, Maß und Zeit von Erlaubnissen, Bewilligungen und alten Rechten erfolgen.

Im Gegensatz zu den bisher behandelten Vorschriften der Gewerbeordnung, des Wasserhaushaltsgesetzes usw. handelt es sich hier nicht um zusätzliche Anforderungen, sondern um Beschränkungen der Bewilligung selbst.

Wenn Gieseke-Wiedemann[74] der Auffassung sind, daß unter Beschränkungen i. S. d. § 12 auch „Auflagen" fallen, so kann dem nicht zugestimmt werden. Durch die Beschränkung der Bewilligung wird ein Teil des damit eingeräumten Rechtes wieder entzogen, bei nachträglichen Anforderungen bleibt das Recht als solches dagegen unberührt, es wird nur etwas Zusätzliches von dem Berechtigten verlangt. Diesem zusätzlichen Verlangen der Verwaltungsbehörde kommt etwas Selbständiges, allein Vollziehbares zu, ohne daß dadurch das erteilte Recht als solches unmittelbar beeinträchtigt wird[75]. Dies ist aber gerade bei der Beschränkung der Bewilligung nicht der Fall. Wie sich schon aus dem Wortlaut selbst ergibt, wird hier das vorher umfassende Recht auf einen begrenzten Tatbestand zurückgeführt. Die Beschränkung ist daher eine teilweise Rücknahme des erteilten Rechtes[76]. Als Beispiele sind hier Beschränkungen der Wasserentnahme oder der Abwassereinleitung zu erwähnen[77]. Dem entspricht es auch, wenn § 18 WHG von einer Beschränkung der Ausübung in den dort vorgesehenen Fällen spricht. Auch hier kann aus obigen Gründen nicht von nachträglichen Anforderungen i. S. d. bisher behandelten Bestimmungen gesprochen werden.

Da diese nachträglichen Beschränkungen teilweise nur gegen Entschädigung zulässig sind, eine Beschränkung aber eben kein vollständiger Widerruf des erteilten Rechtes darstellt, kommt aufgrund dieser Vorschriften ein Entzug der wasserrechtlichen Bewilligung im ganzen

---

[73] Vgl. hierzu *Sieder-Zeitler* § 10 Rdn. 16 und *Gieseke-Wiedemann* § 10 Rdn. 7.

[74] § 12 Anm. 1.

[75] Vgl hierzu die Ausführungen im 2. Kap., 1. Abschn., B.

[76] Siehe *Sievers* § 12 Anm. 1. Vgl. auch § 19 c WHG, der neben Auflagenregelung des § 19 b WHG ausdrücklich von einer Beschränkung spricht.

[77] Vgl. oben die Bemerkungen zu § 5 Satz 1 WHG 3. Kap., 1. Abschn., C, IV, a.

nicht in Betracht. Insoweit ist ein Bestandsschutz des erteilten Rechtes gegeben.

d) Anforderungen nach dem Wasserhaushaltsgesetz bei sogenannten alten Rechten

Unter welchen Voraussetzungen und in welchem Umfange nach dem WHG bezüglich sogenannter alter Rechte nachträglich besondere Maßnahmen angeordnet werden können, ist in § 15 WHG geregelt.

Hier ist in § 15 Abs. 1 abschließend bestimmt, welche erteilten Rechte als solche i. S. d. § 15 angesehen werden können. Bei anderen alten Benutzungen ist unter Umständen lediglich nach § 17 ein Anspruch auf Erteilung einer entsprechenden Bewilligung gegeben.

Nach § 15 Abs. 4 ist gegen Entschädigung die Beschränkung oder Aufhebung des Rechtes zulässig, wenn das Allgemeinwohl dies erfordert. Die Entschädigungsleistung ist nach § 15 Abs. 4 Satz 2 nicht erforderlich, wenn die Beschränkung oder Aufhebung nach bisher geltendem Recht ohne Entschädigungsleistung zulässig war.

Eine Beschränkung dieser alten Rechte ist weiterhin nach § 18 WHG unter den bereits erörterten Voraussetzungen zulässig.

Die hier allein interessierende Möglichkeit nachträglicher Anforderungen ist nach dem Wasserhaushaltsgesetz bezüglich alter Rechte nicht gegeben. Hierzu muß auf die entsprechenden landesrechtlichen Regelungen verwiesen werden[78].

2. Abschnitt: Landesrechtliche Bestimmungen

Nachträgliche Anforderungen sind nicht nur aufgrund der bisher erörterten bundesrechtlichen Regelungen, sondern auch nach landesrechtlichen Vorschriften zulässig. Auch auf landesrechtlicher Ebene hat der Gesetzgeber Möglichkeiten geschaffen, gegen Gefahren, Beeinträchtigungen und Nachteilen, die von Gewerbebetrieben und gewerblichen Anlagen ausgehen, vorzugehen. Hier kommen einmal Bestimmungen in Betracht, die sich an bestimmte einer Genehmigung oder Erlaubnis bedürfende gewerbliche Anlage und Betriebe richten, und solche Vorschriften allgemeiner Art, die sich nicht auf bestimmte Gewerbebetriebe beziehen.

A. Nachträgliche Anforderungen bei erteilten Rechten

Landesrechtiche Bestimmungen, die nachträgliche Anforderungen an solche Gewerbebetriebe zulassen, die für ihren Betrieb selbst oder für eine Tätigkeit im Rahmen dieses Betriebes einer besonderen Genehmi-

---

[78] Siehe hierzu die Ausführungen auf den folgenden Seiten.

gung bedürfen, sind kaum gegeben. Hier sind, wie sich bereits aus den erörterten Bestimmungen ergibt, im wesentlichen bundesrechtliche Regelungen getroffen. Lediglich an Bergwerksbetriebe und nach den Landeswassergesetzen sind nachträgliche Anforderungen bezüglich erteilter Rechte nach Landesrecht zulässig.

I. Bergwerksbetriebe — § 196 ABG

Ebenfalls eine Sonderstellung — neben den Atomanlagen — nehmen die Bergwerksanlagen ein. Zum Betrieb einer derartigen Anlage, die nicht unter die Bestimmungen der Gewerbeordnung fällt[1], bedarf es zweierlei. Einmal die grundsätzliche Berechtigung zur Aufsuchung und Gewinnung von Mineralien in einem bestimmten Felde, der Verleihung des sogenannten Bergwerkseigentums[2]. Dieses Recht bezieht sich jedoch grundsätzlich nicht auf die Art und Weise der Aufsuchung und Gewinnung der verliehenen Mineralien. Hierzu bedarf es zum anderen einer besonderen Zulassung durch die Bergbehörde[3]. Diese besondere Zulassung erlangt der Unternehmer durch die Einreichung eines sogenannten Betriebsplanes bei der Bergbehörde[4]. Aber auch hierdurch erlangt der Bergwerksbesitzer — der nicht mit dem Bergwerkseigentümer identisch zu sein braucht — kein besonderes Recht, die im Betriebsplan genannte Anlage diesem Plan entsprechend unabänderlich zu betreiben. Es wird ihm hier lediglich eine Zulassung, aber keine dem § 16 GewO vergleichbare Genehmigung erteilt. Die Zulassung des Betriebsplanes bedeutet daher kein unwiderrufliches Recht des Bergwerksbesitzers zur Ausführung desselben[5]. Bei nachträglicher Veränderung der Verhältnisse kann die Bergbehörde trotz der Zulassung gegen die beabsichtigten Betriebsmaßnahmen einschreiten. Weder dem Bergwerksbesitzer, der den Betriebsplan eingereicht hat, noch dem Bergwerkseigentümer ist daher ein Recht eingeräumt, das den ungestörten, dem Betriebsplan entsprechenden Betrieb der Anlage gewährleistet oder gewährleisten soll.

Auch nachträgliche Anforderungen sind daher hier grundsätzlich zulässig. Rechtsgrundlage derartiger Anordnungen sind die Bestimmun-

[1] Siehe § 6 GewO.

[2] Das Bergwerkseigentum ist ein Recht besonderer Art. Es ist ein absolutes, aber kein dingliches Recht, da es kein Recht an der Sache gewährt. In vielfacher Beziehung wird es jedoch wie ein dingliches Recht behandelt; so wird es im Grundbuch eingetragen und ist dinglich belastbar und wird wie Grundeigentum übertragen; BVerwG v. 24. 10. 1967 DVBl 1968, S. 35 ff (36).

[3] Vgl. RG v. 12. 3. 1909 Bd. 70, S. 387 ff (389).

[4] Siehe die Bestimmungen der §§ 67, 68 ABG.

[5] OVG Koblenz v. 15. 9. 1955 DVBl 1955, S. 780, *Willecke* S. 60; *Miesbach-Engelhardt* § 198 ABG Rdn. 1: „Das Betriebsplanverfahren ist ein vorbeugendes Mittel zur Gefahrenabwehr."

gen der §§ 196, 198 Allgemeines Preußisches Berggesetz[6], die heute noch in den früher preußischen Ländern Geltung haben[7], und die diesen Vorschriften im wesentlichen entsprechenden Bestimmungen der Berggesetze der übrigen Länder[8]. Danach sind solche Anforderungen zulässig, die für die Sicherheit der Baue, die Sicherheit des Lebens und die Gesundheit der Arbeiter, die Aufrechterhaltung der guten Sitten und des Anstandes durch die Einrichtung des Betriebes[9], den Schutz aller Lagerstätten, soweit es im allgemeinen wirtschaftlichen Interesse liegt, den Schutz der Oberfläche im Interesse der persönlichen Sicherheit und des öffentlichen Verkehrs und den Schutz gegen gemeinschädliche Einwirkungen des Bergbaus erforderlich sind. Hieraus ergibt sich vor allem die Zulässigkeit solcher Anforderungen, die zur Gefahrenabwehr — entsprechend den Polizeigesetzen der Länder — erforderlich sind.

Abweichend von dieser Regelung sieht die Fassung des Gesetzes für Nordrhein-Westfalen[10] vor, daß auch die Durchführung von Maßnahmen zur Sicherheit und Ordnung der Oberflächennutzung und Gestaltung der Landschaft während des Bergwerkbetriebes und nach dem Abbau angeordnet werden kann. Eine dementsprechende Regelung sieht § 2 Abs. 2 der Verordnung über die Aufsuchung und Gewinnung mineralischer Bodenschätze vom 31. 12. 1942 vor[11], die die wichtigsten Grundeigentümermineralien der bergpolizeilichen Aufsicht unterstellt.

Tritt nun in Beziehung der oben bei § 196 ABG bezeichneten Gegenstände eine Gefahr ein, so hat die Bergbehörde im Rahmen der allgemeinen Grundsätze rechtmäßigen Verwaltungshandelns Maßnahmen anzuordnen, die für die Abwehr dieser bestehenden Gefahr notwendig

---

[6] Allgemeines Berggesetz für die Preußischen Staaten v. 24. 6. 1885 (GS S. 705).

[7] So im Saarland, Nordrhein-Westfalen, Hessen, Schleswig-Holstein, Hamburg, Bremen sowie Teilen der Länder Niedersachsen, Rheinland-Pfalz, Baden-Württemberg.

[8] So Art. 253, 257 BayBergG v. 13. 8. 1910; §§ 147 ff BadBergG v. 22. 6. 1890; Art. 178 ff WürttBergG v. 7. 10. 1874; §§ 196 ff Allgem. BergG f. d. Land Hessen idF d. Bekanntmachung v. 1. 4. 1953; §§ 198 ff BergG f. d. Herzogtum Braunschweig v. 15. 4. 1967; §§ 153 ff BergG f. d. Herzogtum Oldenburg und für das Fürstentum Lübeck v. 3. 4. 1908 idF v. 30. 9. 1935 idF v. 20. 6. 1956; Art. 185 ff HessBergG v. 28. 1. 1876 idF v. 30. 9. 1899 u. d. Gesetz v. 28. 3. 1908, v. 26. 8. 1922, v. 26. 3. 1929 u. v. 15. 10. 1952 — gilt für den Reg.-Bez. Rheinhessen d. Landes Rhld.-Pfalz.

[9] Dieser Gesichtspunkt wurde durch Gesetz v. 30. 6. 1900 in Art. 253 BayBergG bzw. durch d. Gesetz v. 24. 6. 1892 in § 196 ABG eingefügt. Dadurch wurden die in den §§ 120 a bis d GewO aufgestellten Grundsätze auch im Bergrecht gesetzlich verankert, nachdem sie schon vorher in der Rechtsprechung gefordert worden waren — so RG v. 30. 9. 1886, Reger Bd. 7, S. 355.

[10] In das ABG eingeführt durch Art. VI des Gesetzes v. 25. 4. 1950 (GS S. 694).

[11] Sog. Silvesterverordnung (RGBl 1943 I S. 17).

und erforderlich sind. Insoweit finden die im allgemeinen Polizeirecht bestehenden Grundsätze Anwendung. Obwohl es sich in diesen Fällen im allgemeinen um Gefahrabwehr handelt[12], muß der Bergwerksbesitzer nicht jeden erforderlichen Eingriff entschädigungslos hinnehmen. Nach allgemeiner Auffassung muß er nur alle jene Anordnungen entschädigungslos hinnehmen, die wegen der natürlichen vorhandenen und gewachsenen Gegebenheiten seines Feldes erforderlich sind[13], also etwa Anforderungen zugunsten bereits bestehender Siedlungen, Verkehrseinrichtungen, Wasserläufe, anderer Bergwerke usw[14]. Im Hinblick auf Art. 14 GG braucht der Unternehmer jedoch solche Anforderungen nicht entschädigungslos hinzunehmen, die zugunsten erst nachträglich, d. h. nach Erwerb der Bergbauberechtigung, durchgeführter Maßnahmen erforderlich werden. So sieht § 154 ABG eine Entschädigungsleistung dann vor, wenn nachträglich öffentliche Straßen, Wege, Eisenbahnen, Kanäle und andere öffentliche Verkehrsmittel geschaffen wurden, deren Einrichtung der Bergwerksbesitzer zu dulden hat[15]. Dementsprechend braucht der Bergwerksbesitzer auch in anderen Fällen Anforderungen zugunsten nachträglich ausgeführter Maßnahmen nicht entschädigungslos hinzunehmen, obwohl dies zur Abwehr der von dem Bergwerk ausgehenden Gefahren erforderlich ist. So war in den Fällen der Anordnung bestimmter Maßnahmen zum Schutze eines nachträglich errichteten Hochwasserbehälters[16] und zum Schutze einer Privatbahn[17] eine Entschädigungsleistung für notwendig erachtet worden.

Obwohl dem Bergwerksbesitzer durch die Zulassung des Betriebsplanes kein besonderes — dem § 16 GewO entsprechendes — Recht erteilt wurde und obwohl das Bergwerkseigentum nicht auch das Recht auf Abbau der verliehenen Mineralien in jeder beliebigen Art und Weise gewährt, wird dem Bergwerksbesitzer doch ein Schutz in der Hinsicht gewährt, daß er keine Anforderungen entschädigungslos hinnehmen muß, die zum Schutze vor Gefahren angeordnet werden, die nicht in dem Bergwerksbetrieb selbst, sondern in der Änderung des Gemeinwesens ihre letzte Ursache haben[18]. Insoweit ist ein gewisser Schutz des dem Berechtigten erteilten Rechtes — Bergwerkseigentum — gegeben.

---

[12] Bei Maßnahmen zur Gestaltung der Oberfläche handelt es sich nicht um Gefahrenabwehr. Gegen die Zulässigkeit solcher Anordnungen bestehen im Hinblick auf Art. 14 GG erhebliche Bedenken.

[13] Sog. Priorität des Bergbaues.

[14] RG v. 20. 10. 1909 ZfB 51, S. 313; RG v. 17. 12. 1898 ZfB 40, S. 225.

[15] § 153 ABG, entspricht Art. 211 BayBergG, BGH v. 17. 5. 1968 NJW 1968, S. 1425.

[16] RG v. 12. 3. 1909 Bd. 70, S. 387 = ZfB 51, S. 155.

[17] RG v. 11. 12. 1911 Gruchot 56, S. 1023.

[18] Vgl. hierzu *Miesbach-Engelhardt* Art. 253 BayBergG Rdn. 12 und Vor Art. 211 BayBergG.

II. Wasserrechtliche Bewilligungen

Grundsätzlich richtet sich die Zulässigkeit nachträglicher Anforderungen an eine einer besonderen wasserrechtlichen Bewilligung bedürfenden Anlage oder Benutzung der Gewässer nach den Wasserhaushaltsgesetz. Hier gelten die oben entwickelten Grundsätze. Für sogenannte alte Rechte wird in landesrechtlichen Bestimmungen die entsprechende Anwendung des § 15 WHG auch für diese Rechte angeordnet[19]. Die Anwendung des § 5 WHG auf alte Rechte wird jedoch durch Art. 14 GG insoweit beschränkt, als danach angeordnete Maßnahmen entgegen der Bestimmung des § 5 Satz 2 WHG auch im Fall des § 5 Nr. 1 einer Entziehung des Rechtes nicht gleichstehen dürfen[20].

B. Die Geltung sonstiger landesrechtlicher Regelungen für genehmigte Anlagen und Betriebe

I. Allgemeine landesrechtliche Bestimmungen

Nach den in den letzten Jahren in einigen Bundesländern[1] erlassenen im wesentlichen gleichlautenden Immissionsschutzgesetzen sind die Eigentümer und Betreiber der dort genannten Anlagen verpflichtet, diese so einzurichten, zu betreiben und zu unterhalten, daß die Nachbarschaft oder die Allgemeinheit vor Gefahren, erheblichen Nachteilen oder Belästigungen durch Immissionen soweit geschützt sind, wie es der jeweilige Stand der Technik gestattet und Eigentümern und Betreibern von Anlagen dieser Art wirtschaftlich zumutbar ist[2].

Diese Bestimmungen, die in etwa der Vorschrift des § 25 Abs. 3 GewO nachgebildet sind, geben also die Möglichkeit, auch schon bei bloßen

---

[19] So § 120 hess. WG v. 6. 7. 1960 (GVBl S. 69); § 129 nordrh.-westf. WG v. 22. 5. 1962 (GVBl S. 235); § 125 bad.-württ. WG v. 25. 2. 1960 (GBl S. 17); § 138 rhld.-pf. WG v. 1. 8. 1960 (GVBl S. 153); § 129 saarl. WG v. 28. 6. 1960 (ABl S. 511); § 111 hambg. WG v. 20. 6. 1960 (GVBl S. 335) idF v. 2. 3. 1962 (GVBl S. 361); § 107 bln. WG v. 23. 2. 1960 (GVBl S. 133); anders die Wassergesetze von Bremen und Niedersachsen, die § 5 nicht anwenden und eine Entziehung des Rechts nur entsprechend der Regelung des § 15 Abs. 4 WHG zulassen (§ 33 brem. WG v. 13. 3. 1962 — GBl S. 59 — und § 32 nds. WG v. 7. 7. 1960 — GVBl S. 105).

Gegen die Gültigkeit dieser landesrechtlichen Bestimmungen hinsichtlich der Gesetzgebungskompetenz bestehen keine Bedenken, da auf dem Gebiet des Wasserhaushaltes gemäß Art. 75 Nr. 4 GG dem Bund lediglich die Zuständigkeit für Rahmenvorschriften eingeräumt ist.

[20] Vgl. oben 2. Kap., 2. Abschn., C. III.

[1] Die Bestimmungen sind oben im 2. Kap., 2. Abschn., A wiedergegeben. Zur Frage des Verhältnisses der in den Immissionsschutzgesetzen enthaltenen Ermächtigungsgrundlagen zum Baulärmgesetz siehe *Bergdolt* BB 1967, S. 1190.

[2] Zur Auslegung des § 2 ImschG v. Nordrh.-Westf. siehe OVG Münster v. 24. 10. 1966 Der Betrieb 1967, S. 421 und *Wiethaup* — Lärmbekämpfung 1967.

Nachteilen und Belästigungen nachträgliche Anforderungen zu stellen. Sie richten sich allein an die in den entsprechenden Bestimmungen aufgezählten Anlagen — also nicht an die unter § 16 und § 24 GewO fallenden — und stellen damit auch gewerberechtliche Regelungen dar.

Weiterhin sind nachträgliche Anforderungen aufgrund der allgemeinen polizeilichen Bestimmungen der Länder zulässig. Als solche sind die Vorschriften anzusehen, die aus allgemeinen polizeilichen Rücksichten im Interesse des Gemeinwohls ergehen, also im Interesse der Sicherheit des Staates, der öffentlichen Ordnung, des öffentlichen Verkehrs, aus gesundheits-, feuer-, bau-, sittenpolizeilichen Rücksichten usw[3]. Insbesondere sei hier auf die in Hessen erlassene Lärmschutzverordnung[4] hingewiesen. Danach müssen Maschinen und Geräte, deren Betriebsgeräusch außerhalb der Betriebsstätte wahrnehmbar ist, so beschaffen und aufgestellt sein, daß die Entstehung vermeidbarer Geräusche verhindert und die Ausbreitung unvermeidbarer Geräusche auf ein Mindestmaß beschränkt wird[5].

Ferner gehören zu den gesetzlichen Vorschriften, die jeder Gewerbetreibende zu beachten hat und auf deren Grundlage daher nachträgliche Anforderungen bei Nichtbeachtung gestellt werden können, außer den bisher genannten förmlichen Gesetzen und Rechtsverordnungen auch die Polizeiverordnungen und Satzungen der Gemeinden[6]. Diese landesrechtlichen Regelungen beziehen sich jedoch weder allein auf gewerbliche Betriebe und Anlagen noch auf solche, zu deren Betrieb die Erteilung einer besonderen Erlaubnis erforderlich ist. Sie haben vielmehr allgemeine und grundsätzliche Geltung. Aus diesem Grund ist die Frage zu prüfen, ob und inwieweit diese Vorschriften durch die für einen Betrieb oder eine Anlage erteilte Genehmigung, Bewilligung oder Erlaubnis in ihrer Anwendbarkeit beschränkt sind.

---

[3] *Landmann-Rohmer* § 1 Rdn. 83 ff. Vgl. § 14 PrPolVerwG und die hierauf beruhenden Bestimmungen der Länder: etwa § 1 HSOG; § 1 Hambg. Gesetz über die Polizeiverwaltung; § 1 Bad.-Württ. PolG; § 2 Bln. PolG; § 1 Brem. PolG. Siehe auch etwa § 69 HBO.

[4] Polizeiverordnung über die Bekämpfung des Lärms v. 23. 4. 1959 (GVBl S. 9 idF v. 15. 3. 1965 (GVBl S. 69). Vgl. auch die Lärmschutzverordnungen der übrigen Länder: Hambg. VO zur Bekämpfung gesundheitsgefährdenden Lärms v. 15. 11. 1955 (GVBl S. 331) idF v. 2. 10. 1956 (GVBl S. 455); Schleswig-Holstein VO zur Bekämpfung des Lärms v. 16. 12. 1966 (GVBl S. 262); Bremen V. Abschn. der Straßenordnung v. 10. 5. 1960 (GBl S. 51).

[5] So auch § 1 der LärmbekämpfungsVO für Nordrh.-Westf. v. 30. 11. 1964.

[6] Als Beispiel sei auf eine gemeindliche Satzung über den Schlachthofbenutzungszwang hingewiesen. Neben diesen Bestimmungen werden heute auch allgemein Vorschriften anerkannt, die ausschließlich die Pflichten von Gewerbetreibenden regeln, also nicht für jedermann Geltung haben — *Fuhr* § 1 Anm. 13 g; *Landmann-Rohmer* § 1 Rdn. 85; OVG Lüneburg v. 10. 10. 1961 GewArch 1962, S. 57; KG v. 19. 1. 1926 GArch 23, S. 504; v. 15. 3. 1909 GArch 8, S. 535; RG v. 18. 5. 1905 GArch 6, S. 73; PrOVG v. 21. 10. 1889 Reger Bd. 10, S. 373; v. 12. 11. 1891 Reger Bd. 12, S. 254; v. 11. 6. 1910 GoldtArch Bd. 59, S. 166, KG v. 23. 1. 1902 Reger Bd. 24, S. 5.

II. Beschränkung der Anwendbarkeit durch erteilte Rechte

a) Beschränkung durch die Erteilung einer Genehmigung oder Erlaubnis nach den §§ 16 ff GewO

Im wesentlichen unbestritten ist heute, daß die unter §§ 16, 24 GewO fallenden Anlagen aufgrund landesrechtlicher Bestimmungen grundsätzlich nicht in Anspruch genommen werden können, solange sie im Rahmen der ihnen erteilten Genehmigung oder Erlaubnis betrieben werden[7]. Besonders betont wird dies in den Immissionsschutzgesetzen, die ausdrücklich auf die Anlage der §§ 16 ff GewO keine Anwendung finden. Diese schon seit der Rechtsprechung des Preußischen OVG[8] und des Reichsgerichts[9] bestehende Ansicht beruht im wesentlichen auf der Formulierung des § 25 Abs. 1 GewO, wonach die Genehmigung einer unter § 16 fallenden Anlage oder die Erlaubnis einer in § 24 bezeichneten Anlage solange in Kraft bleibt, als keine Veränderung in der Lage oder Beschaffenheit der Betriebsstätte vorgenommen wird. Das Preußische OVG hat hierzu ausgeführt[10]:

> „Der Polizeibehörde ist es — abgesehen von der Abstellung vorübergehender Notstände — grundsätzlich versagt, für einen genehmigten, gewerblichen Betrieb die Bedingungen, unter denen er zugelassen worden ist, zu erweitern oder einzuschränken. Sie hat darüber zu wachen, daß der Betrieb den genehmigten Bedingungen gemäß stattfindet und sie kann die Wegschaffung der Anlage oder die Herstellung des den Bedingungen entsprechenden Zustandes derselben anordnen, wenn wesentliche Bedingungen nicht eingehalten werden oder eine wesentliche Änderung der Betriebsstätte ohne Genehmigung vorgenommen wird."

Diese im wesentlichen auf dem Wortlaut des Gesetzes beruhende Ansicht wird untermauert durch die Motive zu § 1 GewO[11] Dort heißt es:

> „Da die letztere Rücksicht in dem vorliegenden Entwurf nicht mehr obwaltet, so hat eine im wesentlichen mit dem bezüglichen Antrage der Kommission des Reichstages übereinstimmende Fassung des § 1 gewählt werden können, welche den Vorzug hat, daß sie die Bestimmungen des Gesetzes nicht wie in § 1 des vorjährigen Entwurfes an den Betrieb des

---

[7] Beachte insbes. § 147 GewO; OVG Lüneburg v. 23. 6. 1967 DÖV 1968, S. 213; BGH v. 25. 11. 1968 NJW 1968, S. 234; *Fuhr* § 18 Anm. 3 und § 1 Anm. 13 f und § 16 Anm. 6 a; *Drews-Wacke* S. 148; *Boldt-Steffens* § 18 Anm. 8; *Sieg-Leifermann* § 18 Anm. 9; *Landmann-Rohmer* § 18 Rdn. 24; *Turegg* S. 34; *Vossen* S. 71 f.

[8] *Entsch.* v. 7. 6. 1879 Bd. 5, S. 286 ff (289); v. 29. 10. 1883 Bd. 10, S. 260 f; v. 12. 11. 1891 Bd. 23, S. 254 ff (257); v. 1. 7. 1895 PrVerwBl 17, S. 147; v. 13. 6. 1907 Bd. 51, S. 310; v. 6. 7. 1908 Bd. 54, S. 376.

[9] Entscheidung v. 24. 9. 1906 Bd. 64, S. 117.

[10] Entscheidung v. 6. 7. 1908 Bd. 54, S. 376 ff.

[11] Abgedruckt bei *Landmann-Rohmer* § 1. Vgl. auch die Begründung zu § 16 GewO, abgedruckt bei *Rohrscheidt* § 16.

Gewerbes, sondern an die Person des Gewerbetreibenden anknüpft und dadurch Mißverständnissen vorbeugt, als seien bei der Ausübung der Gewerbe durch die nach den Bestimmungen dazu verstatteten Personen die allgemeinen feuer-, sicherheits-, sitten-, preß- usw. -polizeilichen Bestimmungen nur insoweit zu beachten, als dieselben im Gesetz ausdrücklich vorbehalten sind."

Gerade aber bei den unter § 16 und 24 GewO fallenden Anlagen bezieht sich die Genehmigung bzw. Erlaubnis nicht auf die Person des Gewerbetreibenden, sondern auf die Anlage selbst.

Bei dem Mangel bestimmter Abgrenzungen der Gewerbeordnung gegenüber anderen Zweigen des Polizeirechts wäre es aber unter Umständen dennoch denkbar, die Grundsätze der Gefahrenabwehr gegenüber § 25 Abs. 1 GewO nicht zurücktreten zu lassen, wenn zwingende innere Gründe dies erforderten. Durch die besonderen Vorschriften der §§ 18 und 24 GewO und den darauf beruhenden gesetzlichen Regelungen ist jedoch gesorgt, daß von vornherein bei der der Genehmigungs- bzw. Erlaubniserteilung vorausgehenden Prüfung und Erörterung aller möglicherweise erheblichen polizeilichen Gesichtspunkte, auch die bau-, feuer- und gesundheitspolizeilichen, nicht jedoch die wasserpolizeilichen zur Geltung kommen. Gerade durch dieses besondere Verfahren soll vornehmlich gesichert werden, daß keine Nachteile für die Anlieger entstehen. Daneben wird auch der Unternehmer — was gerade bei dem regelmäßig hohen Wert der Anlage erforderlich und wünschenswert ist — vor nachträglichen weiteren Anforderungen über ein bestimmtes Maß hinaus geschützt. In dieser Hinsicht enthält aber § 25 Abs. 3 GewO, zumindest für die unter § 16 GewO fallenden Anlagen eine abschließende Regelung. Im übrigen sichern die zu § 24 GewO ergangenen besonderen Betriebsordnungen weitgehend die Abwehr von Gefahren für Anlieger, Arbeitnehmer der betreffenden Anlage. Sie begründen jedoch in der Regel das Recht des Unternehmers, daß er die Anlage unter den besonderen Erlaubnisbedingungen uneingeschränkt betreiben kann[12]. Ausnahmsweise wird ein Einschreiten der Polizeibehörde unter den Voraussetzungen des polizeilichen Notstandsrechtes zulässig sein. Ferner muß eine polizeiliche Eingriffsmöglichkeit zur vorläufigen Sicherung bei unvorhergesehenen, plötzlich eingetretenen Gefahren bejaht werden, da auch der mit der Genehmigungserteilung bezweckte Schutz des Unternehmers einen solchen kurzzeitigen Eingriff nicht ausschließen kann und will. Allerdings darf der Eingriff nicht zu einer dauernden Veränderung des genehmigten Zustandes führen, da

[12] Vgl. z. B. § 14 Abs. 5 DampfkVO; a. A. *Arndt* VerwArch Bd. 10, S. 185, dem jedoch wegen des eindeutigen Wortlaut des § 25 Abs. 1 GewO nicht zu folgen ist; ob *Janssen* § 1 Anm. 4 b auch für diesen Fall eine Sperrwirkung des Bundesrechtes bejaht, ist fraglich.

dies nur unter den Voraussetzungen der §§ 25 Abs. 3, 51 GewO zulässig ist[13].

Selbstverständlich erstreckt sich der Schutz der einmal erteilten Genehmigung oder Erlaubnis nur so weit, als diese Geltung hat. Allgemeine Verpflichtungen, wie etwa die Beachtung besonderer Unfallverhütungsvorschriften oder die Verpflichtung zur Vermeidung überflüssigen Lärms[14], bleiben von der Tatsache der Erteilung eines besonderen Rechts zum Betreiben der Anlage unberührt.

Nur insoweit setzen daher die genannten Bestimmungen den allgemeinen landesrechtlichen Regelungen keine Grenzen.

b) Beschränkung durch sonstige aufgrund der Gewerbeordnung erteilte Rechte

1. Allgemeines

Andere gewerberechtliche Genehmigungen und Erlaubnisse, z. B. die nach §§ 30 ff GewO erteilten, werden dem Gewerbetreibenden als Person erteilt und betreffen daher nicht die gewerbliche Anlage unmittelbar. Schon hieraus folgt, wie in den oben[15] zitierten Motiven näher begründet wird, daß hier die allgemeinen landesrechtlichen Polizeibestimmungen unberührt bleiben und auf ihrer Grundlage — soweit nicht der Grundsatz der Gewerbefreiheit Grenzen setzt — unbeschränkt Anforderungen an den Betrieb als solchen gestellt werden können. Deutlich zum Ausdruck kommt dies in den Fällen der Erteilung einer reinen Personalerlaubnis, da hier nach den gesetzlichen Bestimmungen in der Regel nur auf die Kenntnisse und die Zuverlässigkeit der Person abgestellt wird und nur insoweit der Gewerbetreibende besondere Voraussetzungen erfüllen muß[16].

2. Die Erlaubnisse der §§ 30 ff GewO

Etwas anderes kann auch nicht für die sogenannten raumgebundenen Erlaubnisse nach den Vorschriften der §§ 30, 33 a, 33 e GewO gelten. Die danach erteilte Personalerlaubnis betrifft nur den gewerblichen Betrieb innerhalb der in der Genehmigung oder Erlaubnis bezeichneten Räume. Damit ist aber ein Ausschluß etwaigen Einschreitens aufgrund allgemeiner polizeilicher Bestimmungen nicht gegeben, da diese Erlaub-

---

[13] Siehe *Fuhr* § 18 Anm. 4; PrOVG v. 6. 7. 1908 Bd. 54, S. 376 ff; OVG Münster v. 18. 4. 1961 DVBl 1962, S. 68.

[14] Vgl. BayOLG v. 24. 4. 1963 GewArch 1963, S. 248 ff: auch der Betrieb einer erlaubten Anlage (§ 16 GewO) und die damit verbundenen Geräusche sind strafbar (§ 360 Nr. 11 StGB), wenn diese nicht notwendig oder durch üblicherweise vorgenommene Arbeiten erzeugt werden. Vgl. § 2 Hess. LärmschutzVO.

[15] Siehe vorstehend a).

[16] Vgl. die §§ 31, 34, 34 a, 34 b GewO.

nisse nur in gewerblicher, nicht auch in polizeilicher Hinsicht ein Recht gewähren[17].

Ausgeschlossen muß ein polizeiliches Einschreiten nur insoweit sein, als die Genehmigung oder die Erlaubnis Geltung hat. Die Polizeibehörde darf also nicht besondere gewerbliche Voraussetzungen schaffen oder solche nachträglich anordnen[18]. Durch diese Grenzen ist die Zulässigkeit polizeilichen Einschreitens beschränkt.

3. Die unter die Bestimmungen der §§ 27, 28 GewO fallenden Betriebe

Einer besonderen Erwähnung bedürfen hier noch die unter die Vorschriften der §§ 27, 28 GewO fallenden Anlagen. Für sie wäre nach ihrer Stellung im Gesetz eine besondere Genehmigung, und zwar eine Anlagengenehmigung zu fordern, mit der Folge, daß nachträgliche Anforderungen nur aufgrund besonderer gesetzlicher Bestimmungen zuzulassen wären und insoweit eine Beschränkung für Anforderungen aufgrund allgemeiner polizeilicher Bestimmungen bestünde.

Weder in § 27 noch in § 28 ist jedoch das Erfordernis einer besonderen Genehmigung genannt. § 28 gibt nur eine Rechtfertigung dafür, daß besondere Polizeiverordnungen ergehen können, die dann im Einzelfall anzuwenden sind. § 27 verlangt zunächst nur eine besondere Anzeigepicht und in besonderen Fällen eine Entscheidung der höheren Verwaltungsbehörde. Hieraus folgt, daß Anforderungen aufgrund allgemeiner Bestimmungen zulässig sind. So finden hier die besonderen Verordnungen über die Lärmbekämpfung, die Immissionsschutzgesetze und die Vorschriften über die Gefahrenabwehr Anwendung[19]. Dies gilt auch dann, wenn die höhere Verwaltungsbehörde eine besondere Entscheidung über die Zulässigkeit der Errichtung der Anlage getroffen hat. Hierdurch wird lediglich ausgeschlossen, daß bezüglich der Zulässigkeit der Errichtung nachträglich noch besondere Anforderungen gestellt werden[20]. Die erfolgte Anzeige oder Entscheidung der im Einzelfall zuständigen Verwaltungsbehörde dient daher zwar auch dem Schutz des Unternehmers vor einer nachträglichen Untersagung, sie verhindert jedoch ein Einschreiten zur Abwehr von Gefahren, Nachteilen oder Belästigungen nicht. Insoweit ist ein Bestandsschutz dieser Anlagen nicht gewährleistet.

---

[17] Vgl. *Landmann-Rohmer* Vor § 16 Anm. 7.

[18] RG v. 28. 4. 1936 Bd. 151, S. 170 ff; OVG Lüneburg v. 10. 10. 1961 GewArch 1962, S. 57 — pol. Genehmigung für die Errichtung von Zeltplätzen.

[19] RdErl des nordrh.-westf. Arbeits- und Sozialministers v. 17. 8. 1962 — Arbeitsschutz 1962, S. 258.

[20] *Fuhr* § 27 Anm. 6; *Landmann-Rohmer* § 27 Rdn. 21.

c) *Beschränkungen durch die Erteilung anderer Rechte*

1. Genehmigung nach § 19 a WHG

Nach § 19 a WHG wird eine sogenannte Anlagengenehmigung erteilt. Wie in der Gewerbeordnung wird auch im Wasserhaushaltsgesetz die Möglichkeit nachträglicher Anforderungen, Beschränkungen und einer Beseitigung des erteilten Rechtes vorgesehen. Insoweit besteht ebenfalls eine abschließende gesetzliche Regelung, die die Anwendung allgemeiner landesrechtlicher Polizeibestimmungen begrenzt. In diesem Falle ist jedoch insoweit eine Einschränkung gegeben, als die durch die Erteilung des Rechtes bestehenden Grenzen nur bezüglich wasserrechtlicher und nicht hinsichtlich allgemeiner sicherheitspolizeilicher Belange bestehen. Nur in wasserrechtlicher Hinsicht hat das Wasserhaushaltsgesetz eine abschließende Regelung getroffen. Darüberhinaus ist eine Grenze für Anforderungen aus bau-, feuer- usw. polizeilichen Gründen nicht gegeben. In dieser Hinsicht ist ein Schutz der Anlage durch die Genehmigungserteilung nicht gewährleistet.

2. Sonstige Rechte

Soweit aufgrund anderer bundesrechtlicher Vorschriften für den Betrieb eines bestimmten Gewerbes oder einer bestimmten Anlage eine besondere Zulassung erforderlich ist, gilt nichts anderes als für die aufgrund der Gewerbeordnung erteilten Erlaubnisse und Genehmigungen. Das gleiche trifft grundsätzlich für die raumgebundenen Personalerlaubnisse des Gaststättengesetzes, des Apothekengesetzes, des Arzneimittelgesetzes usw. zu. Zu beachten sind hier allerdings die besonderen Bestimmungen über Rücknahme und Widerruf der Erlaubnisse, ferner die Vorschriften über besondere nachträgliche Anforderungen und weiterhin der mit dem Genehmigungsverfahren bezweckte Interessenschutz. Nur soweit die einzelne in Betracht kommende Bestimmung keinen Schutz gewährt oder das Genehmigungsverfahren keinen Schutz gewähren will, bleiben landesrechtliche Regelungen unberührt[21].

Das gleiche gilt für aufgrund des Wasserhaushaltsgesetzes erteilte Erlaubnisse und Bewilligungen und für aufgrund des Atomgesetzes erteilte Genehmigungen. Soweit hier besondere Bestimmungen über nachträgliche Anforderungen bestehen, betreffen sie nur die vom Schutzzweck des im Einzelfall geltenden Gesetzes erfaßten Rechtsgüter. Hier sei besonders auf den Schutz der Gewässer vor Verunreinigungen und den Schutz des Lebens und der Gesundheit vor den Gefahren der

---

[21] So ist z. B. ein Einschreiten gegen Gaststätten auf Grund landesrechtlicher Bestimmungen wegen der umfassenden Regelung der §§ 2, 11 GaststG unzulässig — so PrOVG v. 2. 8. 1891 Reger Bd. 11, S. 363; a. A. sind *Michel* § 11 Anm. II und Bad.-Württ. VGH v. 14. 1. 1958 ESVGH Bd. 8, S. 82 ff.

Kernenergie hingewiesen. Nur insoweit können allgemeine landesrechtliche Polizeibestimmungen in ihrer Geltung beschränkt sein.

In jedem der hier genannten Fälle bleiben daher die allgemeinen polizeilichen Vorschriften der Länder unberührt. Dies folgt letztlich auch daraus, daß die im Verfahren zur Erteilung des betreffenden Rechtes erfolgten Prüfungen und die zulässigen Nebenbestimmungen nur den durch das Gesetz bezweckten Schutz betreffen[22].

3. Abschnitt: Nachträgliche Anforderungen aufgrund allgemeiner Verwaltungsrechtsgrundsätze

A. Anforderungen bei entsprechendem Vorbehalt

I. Zulässigkeit eines Vorbehalts

Nachträgliche Anforderungen sind weiterhin auch dann zulässig, wenn sie bei der Erteilung der Genehmigung, Bewilligung oder Erlaubnis ausdrücklich vorbehalten wurden[1]. Im Gegensatz zum gesetzlichen Vorbehalt bedarf es hierzu einer besonderen Hinzufügung bei Erteilung des Rechtes.

Der Vorbehalt nachträglicher Anforderungen wird selbstverständlich nicht in jedem Falle zulässig sein. Wird zunächst einmal von dem Verhältnis des Vorbehalts zu den Vorschriften, die nachträgliche Anforderungen ausdrücklich zulassen, und der sich hieraus ergebenden Grenzen abgesehen, so sind nach allgemeinen Verwaltungsrechtsgrundsätzen Nebenbestimmungen, zu denen auch der Vorbehalt zu rechnen ist, nur dann zulässig, wenn der zu erteilende Verwaltungsakt überhaupt Nebenbestimmungen duldet[2].

Ein Vorbehalt ist weiterhin ohne ausdrückliche gesetzliche Grundlage nur dann zulässig, wenn die Erteilung des Rechtes im Ermessen der Verwaltungsbehörde steht; denn, so wird argumentiert, nur wenn die Behörde berechtigt ist, die Erteilung des Rechtes nach freiem, aber pflichtgemäßem Ermessen zu versagen, kann sie dieses auch nach ihrem Ermessen unter Hinzufügung von solchen Nebenbestimmungen gewähren, die für die Beseitigung der der Erteilung entgegenstehenden Gründe erforderlich sind[3]. Hat der Gesetzgeber dagegen abschließend

---

[22] Vgl. § 17 AtomG und den dort genannten Schutzzweck; ferner *Fischerhof* § 19 Rdn. 14.

[1] *Wolff* S. 287; *Fachinger* DV 1949, S. 146; *Krüger* DVBl 1955, S. 455; *Nebinger* S. 207; OVG Hamburg v. 26. 7. 1953 VerwRspr Bd. 6, S. 81.

[2] Nebenbestimmungen sind z. B. nicht zulässig bei der Ernennung von Beamten und der Verleihung der Staatsangehörigkeit; vgl. *Forsthoff* S. 210; *v. Münch* JZ 1964, S. 53 ff.

[3] *Forsthoff* S. 208; *Krüger* DVBl 1955, S. 451; *O. Mayer* S. 248; *Kormann* S. 150; *Nebinger* S. 206; *Fachinger* DV 1949, S. 121; *Eyermann-Fröhler* Anh. § 42 Rdn. 22.

bestimmt, unter welchen Voraussetzungen ein bestimmtes Recht zu erteilen ist, sind Nebenbestimmungen und damit auch ein Vorbehalt grundsätzlich unzulässig[4]. Nur ausnahmsweise kann in diesen Fällen eine Nebenbestimmung dann zulässig sein, wenn sie zur Erfüllung der gesetzlichen Voraussetzungen nötig ist[5]. Besteht jedoch nach der im Einzelfall geltenden gesetzlichen Bestimmung eine Verpflichtung, das Recht dann zu erteilen, wenn die entsprechenden Voraussetzungen vorliegen, so kann lediglich eine bestimmte Auflage oder Bedingung der genannten Ausnahme gerecht werden. Ein unbestimmter Vorbehalt würde sich in diesem Falle mit der ausdrücklichen Bestimmung des Gesetzgebers nicht vertragen. Dies gilt auch dann, wenn die Vorschriften über die Gewährung bestimmter Rechte vorsehen, daß Auflagen und Bedingungen der Erteilung hinzugefügt werden können[6]. Auch in diesem Falle sollen entsprechend der gesetzlichen Bestimmungen nur konkrete Anforderungen zulässig sein. Hiervon muß jedoch wiederum dann eine Ausnahme gemacht werden, wenn die Verwaltungsbehörde bei Erteilung des Rechtes noch nicht absehen kann, ob möglicherweise Gefahren, Nachteile oder Belästigungen durch die Ausübung des erteilten Rechtes eintreten werden. Um in diesem Falle die Erteilung des Rechtes nicht versagen zu müssen, muß es zugunsten des Unternehmers zulässig sein, sich die nachträgliche Anordnung später erforderlich werdender Maßnahmen vorzubehalten[7].

II. Vorbehalt und gesetzliche Vorschriften über nachträgliche Anforderungen

a) Grundsätze

Eine andere Beurteilung kann sich dann ergeben, wenn der Gesetzgeber die Möglichkeit nachträglicher Anforderungen in dem im Einzelfall anzuwendenden Gesetz vorgesehen hat.

Hieraus entstehen bezüglich der Frage eines zusätzlichen Vorbehalts dann keine Probleme, wenn in den entsprechenden Vorschriften die Möglichkeit nachträglicher Anforderungen vorgesehen ist, ohne daß das Vorliegen besonderer Voraussetzungen ausdrücklich verlangt wird[8]. In diesem Falle kann aufgrund eines Vorbehalts nicht mehr verlangt werden, als dies aufgrund der ausdrücklichen gesetzlichen Bestimmung

---

[4] Vgl. § 3 GaststG; § 13 ArzneimG; § 2 ApothG.
[5] *Forsthoff* S. 210; *Eyermann-Fröhler* Anh. § 42 Rdn. 22.
[6] Siehe § 18 GewO.
[7] *Landmann-Rohmer* § 18 Rdn. 23; *Heinrich* GewArch 1968, S. 25 ff.; *Schellong* VerwArch Bd. 18, S. 40 ff (52) — für die Zulässigkeit eines Vorbehalts bei einer nach § 18 GewO zu erteilenden Genehmigung vor Erlaß des § 25 Abs. 3 GewO. Vgl. auch Greif § 16 Rdn. 2; *Fielitz-Meier-Montigel* § 16 Anm. 2.
[8] So z. B. § 15 ArzneimG.

zulässig ist. Andererseits kann der Vorbehalt nicht zu einer Ausweitung der gesetzlich vorgesehenen Eingriffsbefugnis führen, da beide Eingriffsmöglichkeiten vom Gesetzeszweck begrenzt sind. Ein Vorbehalt nachträglicher Anforderungen ist daher in diesen Fällen nur als Hinweis auf die betreffende gesetzliche Bestimmung anzusehen.

In anderen Fällen ist in gesetzlichen Bestimmungen festgelegt, unter welchen Voraussetungen, zu welchen Zwecken und in welchem Umfang nachträgliche Anforderungen gestellt werden können[9]. Die Stellungnahmen in der Literatur zu der sich hieraus ergebenden Frage, ob neben diesen Bestimmungen noch ein zusätzlicher Vorbehalt zulässig ist, sind nicht einheitlich. So ist Fuhr[10] der Ansicht, daß sich nachträgliche Anforderungen an die unter § 16 GewO fallenden Anlagen ausschließlich nach § 25 Abs. 3 GewO bestimmen, ein entsprechender Vorbehalt aus diesem Grunde zulässig ist. Janssen[11] läßt den Vorbehalt ebenfalls grundsätzlich nicht zu, macht jedoch für den Einzelfall gewisse Ausnahmen. Fischerhof[12] hält den Vorbehalt insoweit für unzulässig, als er die Erreichung der in § 1 Nr. 2 und 3 AtomG genannten Ziele und Zwecke dient. Auch Sieg-Leifermann[13] läßt einen zusätzlichen Vorbehalt grundsätzlich zu, weist aber gleichzeitig auf die wegen der Bestimmung des § 25 Abs. 3 GewO bestehenden Zweifel hin. Weiterhin sind Siedler-Zeitler[14] und Landmann-Rohmer[15] der Auffassung, daß ein besonderer Vorbehalt grundsätzlich unzulässig ist. Eine nähere Begründung dieser Auffassungen wird jedoch nur gegeben, soweit Ausnahmen zugelassen werden. Im übrigen wird nur auf das Verhältnis zu den Vorschriften über nachträgliche Anforderungen hingewiesen.

Nach der Auffassung von Burghartz[16] hat der Gesetzgeber mit der Schaffung entsprechender Vorschriften keinesfalls die darüber hinausgehende Möglichkeit einschränken wollen, nach allgemeinen Verwaltungsrechtsgrundsätzen nachträgliche Anforderungen zu stellen. Diese Vorschriften sollen vielmehr erst dann Anwendung finden, wenn nach allgemeinen Grundsätzen ein Eingriff nicht zulässig ist.

Würde dieser Meinung gefolgt, so wäre ein besonderer Vorbehalt nachträglicher Anforderungen regelmäßig zulässig. Eine ausdrückliche gesetzliche Regelung muß jedoch im allgemeinen vorrangig sein. Allgemeine Rechtsgrundsätze können daneben nur Anwendung finden, wenn die grundätzlichen Bestimmungen keine ausreichende, abschlie-

---

[9] Vgl. z. B. § 25 Abs. 3 GewO; § 17 AtomG; § 120 d GewO.
[10] § 18 Rdn. 6
[11] § 18 Anm. III Nr. 2.
[12] § 17 Rdn. 2.
[13] § 18 Rdn. 7; vgl. auch *Kiskalt-Rohlfing-Wolff* § 18 Anm. 2.
[14] § 4 Rdn. 13.
[15] § 18 Rdn. 23 und § 25 Rdn. 30; vgl. auch *Boldt-Steffens* § 18 Anm. 5.
[16] § 5 Anm. 2.

ßende Regelung bieten. Darüber hinaus bleibt für die Anwendung allgemeiner Rechtsgrundsätze kein Raum. In der Mehrzahl aller Fälle hat der Gesetzgeber nun auch nicht nur allgemein die Möglichkeit nachträglicher Anforderungen zugelassen, sondern ihre Anordnung an das Vorliegen bestimmter Voraussetzungen gebunden. Hierin ist aber zum Ausdruck gekommen, daß wegen des damit in den einzelnen Bestimmungen eingeräumten Bestandsschutzes einer einmal genehmigten Anlage oder eines erteilten Rechtes eben nur unter diesen bestimmten Umständen nachträgliche Anforderungen zulässig sein sollen[17]. Wäre darüber hinaus ein Vorbehalt zulässig, so könnte diese Beschränkung der Zulässigkeit nachträglicher Anforderungen jederzeit umgangen werden.

Eine andere Auffassung ließe sich nur dann vertreten, wenn daraus, daß die gesetzliche Regelung im Gegensatz zum Vorbehalt im Einzelfall nur eine etwas pauschalierte Lösung trifft und nicht besonders in der Vergünstigung erwähnt zu werden braucht, ein hier erheblicher Umstand folgen würde. Die ausdrückliche gesetzliche Regelung muß jedoch als ein allgemein gültiger gesetzlicher Vorbehalt angesehen werden, der jeder erteilten Genehmigung, Bewilligung oder Erlaubnis hinzugefügt ist[18].

Bezüglich der Vorschriften, die nachträgliche Anforderungen nur in bestimmtem Umfange zulassen, ergeben sich weitere Bedenken aus der Tatsache, daß in diesen Fällen ein Vorbehalt allein für unbeschränkte Anforderungen Bedeutung hätte. Damit wäre aber eine Aushöhlung des erteilten Rechtes verbunden, was nicht mit dem Sinn und Zweck des Gesetzes im Einklang steht[19]. Bei der Erteilung einer Genehmigung, Bewilligung oder Erlaubnis ist die Hinzufügung eines Vorbehaltes daher grundsätzlich dann unzulässig, wenn der Gesetzgeber Vorschriften geschaffen hat, die die Möglichkeit nachträglicher Anforderungen vorsehen. Hierbei spielt es keine Rolle, ob die Voraussetzungen, unter denen solche Maßnahmen angeordnet werden können, ausdrücklich genannt sind.

b) *Ausnahmen*

Es fragt sich nun jedoch, ob von diesen Grundsätzen nicht im Einzelfall Ausnahmen zuzulassen sind. Zwar hat der Gesetzgeber in den hier

---

[17] Etwas anderes gilt nur, wenn ein Vorbehalt gemacht wurde, bevor die Vorschriften über nachträgliche Anforderungen in Kraft getreten sind. In diesem Falle ist kein umfassender Bestandsschutz gegeben. Für den Fall des § 18 und § 25 Abs. 3 GewO siehe *Heinrich* GewArch 1968, S. 25 ff (32); *Landmann-Rohmer* § 25 Rdn. 36.

[18] Siehe § 5 WHG, wo ausdrücklich die Formulierung „Vorbehalt“ gewählt wurde. Vgl. auch *Janssen* § 18 Anm. IV, 3.

[19] Bad.-Württ. VGH v. 9. 12. 1964 GewArch 1965, S. 200 ff.

behandelten Fällen im allgemeinen genau bestimmt, wie im Genehmigungsverfahren und wie nach Erteilung eines Rechtes verfahren werden soll. Insbesondere hat er geregelt, welche Anforderung an den Begünstigten bei Erteilung des Rechtes gestellt oder nachträglich angeordnet werden kann. Daraus kann aber nicht geschlossen werden, daß eine ausnahmslos abschließende Regelung getroffen sein sollte. Es müssen auch hier allgemeine Grundsätze dann herangezogen werden, wenn die gesetzlichen Bestimmungen keine oder zumindest keine befriedigende Lösung bieten. So wird es aber regelmäßig der Fall sein, wenn die Verwaltungsbehörde einmal nicht in der Lage ist, im Genehmigungs- oder Bewilligungsverfahren zum Schutze möglicherweise gefährdeter Rechtsgüter die erforderlichen Anordnungen zu treffen, zum anderen unter Umständen auch nicht abzusehen ist, welche Anforderungen im Falle einer künftig eintretenden Gefahr notwendig sind und welche Belastung sie für den Betroffenen mit sich bringen werden[20]. In diesen Fällen wäre der gesetzliche Vorbehalt nicht ausreichend, sofern er nachträgliche Anforderungen nur unter bestimmten Voraussetzungen oder nur in bestimmtem Umfang zuläßt; würde hier die Behörde nur im Rahmen der vom Gesetzgeber vorgesehenen Möglichkeiten verfahren, so müßte sie in aller Regel die beantragte Genehmigung, Bewilligung oder Erlaubnis versagen oder mit einer echten Bedingung oder Befristung versehen. Unter diesen Umständen muß es jedoch auch zugunsten des Antragstellers zulässig sein, wenn sich die Behörde die nachträgliche Anordnung entsprechender Maßnahmen vorbehält.

Als Beispiel sei auf die Vorschrift des § 4 WHG hingewiesen, wonach ein über § 5 WHG hinausgehender Vorbehalt dann zulässig sein muß, wenn sich im Zeitpunkt der Bewilligungserteilung noch nicht absehen läßt, ob die Ausübung des Rechtes zu einer Gefährdung des Allgemeinwohls führen wird und die Verwaltungsbehörde daher aufgrund des § 6 WHG die Erteilung der Bewilligung versagen müßte[21].

Entsprechendes muß auch in den Fällen des § 19 a WHG und § 18 GewO gelten, wenn z. B. neuartige Anlagen in Betrieb genommen werden sollen[22]. Allerdings müssen in diesen Fällen an die Unüberschaubarkeit der zukünftigen Entwicklung im Hinblick auf die Regelungen der §§ 19c WHG und 25 Abs. 3 GewO ganz erheblich strenge Anforderungen gestellt werden.

---

[20] Vgl. das bei *Janssen* § 18 Anm. IV gebrachte Beispiel einer Sprengstofffabrik. Siehe auch *Fachinger* DV 1949, S. 146: „Der Vorbehalt ist dann zulässig, wenn keine genügende Sicherheit dafür vorhanden ist, daß die erteilte Auflage zur Erreichung des vorgesehenen Zweckes ausreichend sein wird."

[21] *Sieder-Zeitler* § 4 Rdn. 13.

[22] OVG Münster v. 10. 11. 1965 GewArch 1968, S. 32 ff = BB 1966, S. 1371; *Landmann-Rohmer* § 18 Rdn. 23; *Heinrich* GewArch 1968, S. 25 ff.

Bezüglich der Atomanlagen könnte demgegenüber ein Vorbehalt aus den vorstehend genannten Gründen nur insoweit zulässig sein, als er den in § 1 Nr. 2 und 3 AtomG genannten Zwecken dient, da nur eine Beeinträchtigung dieser Ziele eine Versagung der Genehmigung rechtfertigt. Diese Fälle werden aber von der Bestimmung des § 17 AtomG ausnahmslos erfaßt, so daß hier ein Vorbehalt nicht berechtigt ist[23].

B. Anforderungen aufgrund von Beseitigungsmöglichkeiten erteilter Rechte

I. Ausdrückliche gesetzliche Regelungen

Über die bisher genannten Bestimmungen hinaus, die nachträgliche Anforderungen ausdrücklich zulassen, müssen solche auch dann gerechtfertigt sein, und zwar ohne ausdrücklichen Vorbehalt, soweit vom Gesetzgeber eine Möglichkeit zur Entziehung des erteilten Rechtes vorgesehen ist. Hier wird in zutreffender Weise so argumentiert, daß, wenn schon ein Entzug der gewährten Rechtsposition zulässig ist, erst recht weniger einschneidende Maßnahmen gerechtfertigt sind. Da hier regelmäßig ein Weniger der vollständigen Beseitigung zulässig ist, kann sowohl die Ausführung nachträglicher Anforderungen[1] als auch die Beschränkung der Ausübung eines Rechtes angeordnet werden[2].

Aus den weiteren allgemein anerkannten Grundsätzen der Verhältnismäßigkeit und der Erforderlichkeit folgt, daß, bevor von der Möglichkeit des Widerrufs oder der Rücknahme[3] des erteilten Rechtes Gebrauch gemacht wird, erst versucht werden muß, durch die Anordnung besonderer Maßnahmen Abhilfe von dem bestehenden, die Beseitigung rechtfertigenden Zustand zu schaffen[4]. Dementsprechend bestimmen auch einige Vorschriften, daß die Genehmigung, Erlaubnis oder Be-

---

[23] Wegen der umfassenden Formulierung des § 15 ArzneimG ist hier ein Vorbehalt unzulässig.

[1] *Landmann-Rohmer* § 18 Rdn. 24, *Burghartz* § 5 Anm. 2, *Fachinger* DV 1949, S. 146; *Nebinger* S. 207; *Sieder-Zeitler* § 5 Rdn. 2; *Krüger* DVBl 1955, S. 455; *Hörle* VerwArch Bd. 10, S. 391.

[2] So wäre etwa die teilweise Stillegung einer unter § 16 GewO fallenden Anlage hiernach zulässig. OVG Münster v. 10. 11. 1965 BB 1966, S. 1371 sieht dies allerdings als einen Fall des § 25 Abs. 3 GewO und nicht als einen solchen des § 51 GewO an.

[3] Die gesetzlich vorgesehene Terminologie ist hier nicht einheitlich. Es soll daher die heute allgemein gebräuchliche und im Entwurf des VwVerfG (§§ 37, 38) verwendete Bestimmung der Rücknahme bei rechtswidrigen und des Widerrufs bei rechtsmäßigen Verwaltungsakten gebraucht werden. Vgl. auch *v. Münch* S. 53 und die weitere dort in Anm. 6 angegebene Literatur.

[4] *Janssen* § 51 Anm. III; *Sieg-Leifermann* § 51 Anm. 7; *Rasch* DVBl 1961, S. 813; *Landmann-Rohmer* § 25 Rdn. 31 und § 51 Rdn. 16; *Kolb* § 7 Anm. II; *Drews-Wacke* S. 287 Bad.-Württ. VGH v. 11. 2. 1965 DVBl 1965, S. 776. Vgl. auch die Begründung zu § 15 des Entwurfs eines GaststG BRDrucks 481/64.

willigung nur dann zu entziehen ist, wenn der gegebene Mangel nicht durch Auflagen oder Bedingungen beseitigt werden kann[5].

Diese Grundsätze bedürfen jedoch einiger Einschränkungen. Die Verwaltungsbehörde wird nicht in jedem Falle Anforderungen stellen können, wenn sie berechtigt ist, das erteilte Recht zu entziehen. Grundvoraussetzung ist zunächst, daß die Voraussetzungen des Widerrufs oder der Rücknahme gegeben sind. So ist z. B. im Falle des § 12 Abs. 2 Nr. 1 WHG erforderlich, daß der Unternehmer Kenntnis von der Unrichtigkeit oder Unvollständigkeit der von ihm zur Erlangung des Rechtes gemachten Angaben hat.

Weiterhin werden grundsätzlich keine anderen Anforderungen zulässig sein, als sie auch im Rahmen des Genehmigungs- oder Bewilligungsverfahrens gestellt werden können. Insoweit können keine Unterschiede zu den Vorschriften bestehen, die nachträgliche Anforderungen ausdrücklich zulassen. Es sind daher entsprechend den bisherigen Erörterungen nur solche Anforderungen gerechtfertigt, die erforderlich sind, den mit dem Gesetz und der besonderen Genehmigungspflicht bezweckten Schutz bestimmter Rechtsgüter zu gewährleisten.

Welche Anforderungen im Einzelfall gestellt werden können, richtet sich dementsprechend nach den Vorschriften, die die Beseitigung des erteilten Rechtes durch die Verwaltungsbehörde zulassen. Hier sind solche Vorschriften zu unterscheiden, die die Beseitigung eines rechtswidrig erteilten Rechtes betreffen, weiterhin Bestimmungen, die sich auf ein ordnungsgemäß erteiltes, aber nicht den gesetzlichen Regelungen entsprechend ausgeübtes Recht beziehen und Vorschriften, die eine Beseitigung trotz rechtsmäßiger Erteilung und Ausübung im Interesse der Allgemeinheit zulassen.

a) Rücknahme eines rechtswidrig erteilten Rechtes

Auszugehen ist zunächst von den Vorschriften, die die Rücknahme der Genehmigung, Bewilligung oder Erlaubnis gestatten, weil diese rechtswidrig erteilt wurde. Hierbei hat der Gesetzgeber ausdrücklich die Fälle erfaßt, in denen die Voraussetzungen bei Erteilung des Rechtes deshalb nicht vorlagen, weil der Antragsteller unrichtige oder unvollständige Angaben gemacht hatte[6] oder weil die Verwaltungsbehörde ihrerseits die Voraussetzungen irrtümlicherweise als gegeben erachtete[7]. Hier sind zu unterscheiden die Bestimmungen, in denen der Ge-

---

[5] § 5 VO ü. elektr. Anlagen; § 6 Abs. 5 TVbF; § 14 Abs. 5 DampfkVO; § 17 Abs. 4 AtomG; Art. 16 bay. WG.

[6] Vgl. § 12 Abs. 1 und Abs. 2 Nr. 2 GaststG; § 19 c Abs. 2 Nr. 1 und § 12 Abs. 2 Nr. 1 WHG; vgl. auch § 25 Abs. 2 Nr. 1 PBefG; § 11 Abs. 5 Nr. 1 GWB; § 35 Abs. 2 KWG.

[7] § 17 Abs. 2 Nr. 2 AtomG; § 4 ApothG; § 5 VO ü. elektr. Anlagen; § 6 Abs. 5 TVbF; § 14 Abs. 5 DampfkVO; § 15 Abs. 2 Nr. 1 ArzneimG.

setzgeber die Rücknahme zwingend vorgeschrieben hat[8] und in denen der Behörde insoweit ein Ermessensspielraum eingeräumt ist[9].

Im ersteren Fall werden wegen des zwingenden Charakters der Vorschriften grundsätzlich keine zusätzlichen nachträglichen Anforderungen gestellt werden können. Weder ist in diesen Fällen eine Rechtsposition gegeben, die einen Schutz verdient, noch kann geduldet werden, daß der Unternehmer auf diese Weise letztlich ein Recht erlangt, das ihm bei zutreffenden Angaben nicht erteilt worden wäre.

Ist der Verwaltungsbehörde ein Ermessensspielraum eingeräumt, so ist die Entscheidung schwieriger. Auch soweit die Genehmigung oder Bewilligung erteilt wurde, ohne daß die erforderliche Voraussetzung vorlag, ist eine Rechtsposition entstanden, die zwar aus diesem Grunde wieder beseitigt, in die aber nur aufgrund besonderer gesetzlicher Bestimmungen eingegriffen werden kann. Besondere Anforderungen sind daher auch in diesem Falle nicht völlig frei und unabhängig von der gesetzlichen Grundlage. Dies folgt schon aus dem argumentum a majore ad minus, das zur Begründung der Zulässigkeit besonderer Anforderungen auf der Grundlage der Rücknahmemöglichkeit herangezogen wird. Die gestellten Anforderungen müssen danach ein „Weniger" der Rücknahme sein und sind deshalb nur zulässig, wenn sie geeignet und erforderlich sind, den Rücknahmegrund zu beseitigen. Alle anderen Anforderungen aber, die diesen Voraussetzung nicht entsprechen, bedeuten kein „Weniger" der Rücknahme, sondern etwas anderes, ein aliud. Solche Maßnahmen sind nur aufgrund einer besonderen gesetzlichen Grundlage zulässig, die die nachträgliche Anordnung bestimmter Maßnahmen ausdrücklich vorsieht.

Aufgrund der gesetzlichen Vorschriften, die eine Rücknahme eines rechtswidrig erteilten Rechtes zulassen, sind daher nur solche Anforderungen zulässig, die der Beseitigung des Rücknahmegrundes dienen[10]. Nur die hierzu angeordneten Maßnahmen sind von der gesetzlichen Grundlage gedeckt.

Abgesehen von den auch hier einzuhaltenden allgemeinen Grenzen können wegen der an sich zulässigen Rücknahme des erteilten Rechtes hinsichtlich des Umfangs der anzuordnenden Maßnahme keine Beschränkungen — wie etwa die der wirtschaftlichen Zumutbarkeit — bestehen. Letztlich folgt aus den vorstehenden Erörterungen, daß es sich in diesen Fällen nicht um echte, zusätzliche, sondern um Anforderungen im weiteren Sinne handelt, die dazu dienen, einen dem Gesetz entsprechenden Zustand herzustellen.

---

[8] § 12 GaststG; § 4 ApothG; § 15 ArzneimG; § 17 Abs. 3 AtomG; vgl. auch § 25 Abs. 1 PBefG; § 78 Abs. 1 GüKG; § 11 Abs. 5 GWB.

[9] § 12 Abs. 2 GaststG; § 17 AtomG; § 19 c Abs. 2, § 12 Abs. 2 WHG; § 6 Abs. 5 TVbF; § 14 Abs. 5 DampfkVO; § 5 VO ü. elektr. Anlagen.

[10] *Krüger* DVBl 1955, S. 451 f.

b) Widerruf eines rechtmäßig erteilten, aber nicht ordnungsgemäß ausgeübten Rechtes

Nach einigen gesetzlichen Bestimmungen ist ein Widerruf einer erteilten Genehmigung, Bewilligung oder Erlaubnis dann zulässig, wenn der berechtigte Unternehmer eine mit der Rechtsgewährung verbundene Auflage nicht erfüllt[11], wenn die für die Erteilung erforderlichen Voraussetzungen später weggefallen sind[12], wenn der Zweck der Benutzung oder die Betriebsart geändert wird[13], wenn von der Genehmigung oder Benutzung innerhalb einer bestimmten Frist kein Gebrauch gemacht wird[14] oder wenn sich der Berechtigte sonst nicht im Rahmen der bei Erteilung des Rechtes getroffenen Bestimmungen hält[15].

In all diesen Fällen ist die Genehmigung, Bewilligung oder Erlaubnis zwar rechtsmäßig erteilt, es wird jedoch von ihr kein oder zumindest kein ordnungsgemäßer Gebrauch gemacht. Entsprechend den bisherigen Ausführungen sind nachträgliche Anforderungen von den betreffenden Rechtsvorschriften insoweit gedeckt, als sie dazu dienen und erforderlich sind, den durch die ordnungswidrige Ausübung geschaffenen Beseitigungsgrund auszuräumen. Auch hier dürfen also die Anforderungen nur dazu gemacht werden, einen ordnungsgemäßen, mit den gesetzlichen Vorschriften übereinstimmenden Zustand herzustellen. Die danach angeordneten zulässigen Maßnahmen sind aus diesem Grunde ebenfalls keine echten, zusätzlichen sondern sogenannte unechte nachträgliche Anforderungen. Ein Unterschied zu den in dem vorhergehenden Abschnitt behandelten Bestimmungen besteht daher insoweit nicht.

c) Widerruf eines rechtmäßig erteilten und ordnungsgemäß ausgeübten Rechtes

1. Voraussetzungen der Anforderungen

Nach anderen Vorschriften[16] ist der Widerruf einer Genehmigung, Erlaubnis oder Bewilligung oder die Untersagung[17] des weiteren Betriebes einer gewerblichen Anlage zulässig, obwohl eine Rechtswidrig-

---

[11] § 12 Abs. 2 Nr. 5 GaststG, § 17 Abs. 2 Nr. 3 AtomG, § 19 c Abs. 2 Nr. 2, § 12 Abs. 2 Nr. 4 WHG, § 15 Abs. 2 Nr. 2 ArzneimG; siehe auch § 25 Abs. 2 Nr. 2 PBefG, § 11 Abs. 4 GWB, § 78 Abs. 2 Nr. 1 GüKG.

[12] § 5 VO ü. elektr. Anlagen, § 6 Abs. 5 TVbF, § 14 Abs. 5 DampfkVO, § 17 Abs. 2 Nr. 2 AtomG, § 15 Abs. 2 Nr. 1 ArzneimG; siehe auch § 11 Abs. 4 GWB; § 20 LuftVG.

[13] § 12 Abs. 2 Nr. 3 GaststG, § 12 Abs. 2 Nr. 3 WHG.

[14] § 12 Abs. 2 Nr. 2 WHG, § 17 Abs. 2 Nr. 1 AtomG.

[15] § 12 Abs. 2 Nr. 4 und § 6 GaststG, § 17 Abs. 3 AtomG, § 4 Nr. 2 ApothG; siehe auch § 78 Abs. 2 Nr. 2—4 GüKG.

[16] § 17 Abs. 4 AtomG; § 19 c Abs. 1, § 12 Abs. 1 WHG.

[17] § 51 GewO; § 5 nds. ImschG; § 4 Bad.-württ. ImschG.

keit oder eine nicht ordnungsgemäße Ausübung des erteilten Rechtes nicht gegeben ist. Der Widerruf oder die Untersagung des weiteren Betriebes kann in diesen Fällen nur zum Schutze der Interessen der Allgemeinheit erfolgen. Ausnahmsweise ist nach § 17 Abs. 4 AtomG ein Widerruf zur Abwehr von Gefahren für Beschäftigte der betreffenden Anlage oder für Dritte möglich, ohne daß es hier besonders auf Interessen der Allgemeinheit ankommt. Anforderungen aufgrund dieser Vorschriften dienen allein und unmittelbar dem Schutzzweck des betreffenden Gesetzes. So sind nach § 17 AtomG Anforderungen zulässig, die vor den Auswirkungen des Betriebes einer Atomanlage schützen sollen, nach § 12 und § 19 c WHG solche Anforderungen, die dem Schutz der Gewässer unmittelbar dienen. Nach § 51 GewO sind die Anforderungen zulässig, die vor den Auswirkungen gewerblicher Anlagen schützen[18].

Bei hiernach angeordneten Maßnahmen handelt es sich daher nicht um solche Anforderungen, die einen ordnungsgemäßen Betrieb oder eine rechtmäßige und gesetzmäßige Ausübung des mit der Genehmigung, Bewilligung oder Erlaubnis erteilten Rechtes gewährleisten sollen, sondern um echte, zusätzliche Anforderungen zum Wohle der Allgemeinheit. Es handelt sich daher um echte Eingriffe in bestehende Rechtspositionen, wie sie auch aufgrund der Vorschriften zulässig sind, die nachträgliche Anforderungen ausdrücklich für zulässig erklären, ohne daß hier wegen der gegebenen Widerrufungsmöglichkeit eine Grenze durch die wirtschaftliche Zumutbarkeit gezogen ist.

2. Die Frage der Entschädigung

Nicht unbestritten ist die Frage, ob auch bei solchen nachträglichen Anforderungen oder Beschränkungen, die aufgrund der Widerrufs- oder Untersagungsvorschriften angeordnet werden, eine Entschädigung

[18] Im Gegensatz zu der hier vertretenen allgemeinen Meinung ist *H. Westermann* (S. 37 f.) bezüglich § 51 GewO der Auffassung, daß diese Vorschrift nur eine völlige Untersagung zulasse, nicht jedoch eine beschränkte Eingriffsbefugnis gewähre. Es ist jedoch nicht einzusehen, wieso der Betrieb einer Anlage, soll eine von ihr ausgehende Störung beseitigt werden, völlig untersagt werden soll, wenn zwar wirtschaftlich nicht zumutbare (§ 25 Abs. 3 GewO), aber doch weniger einschneidende Maßnahmen als eine Untersagung des ferneren Betriebs ausreichend sind; so auch *Janssen* GewArch 1968, S. 1 ff. (2). Dem kommt auch im Hinblick auf die Entschädigungsfrage eine nicht unerhebliche Bedeutung zu. Fraglich ist lediglich, welche Behörde zur Anordnung solcher Maßnahmen zuständig ist, da § 51 eine andere Zuständigkeitsregelung hat als § 25 Abs. 3 GewO. Im Hinblick auf die Entschädigungsfrage und darauf, daß nur das Vorliegen von Untersagungsgründen rechtserheblich ist, muß die Verwaltungsbehörde zuständig sein, die für eine völlige Untersagung zuständig wäre. Ein Vorschlag auf Änderung des § 51 GewO stellt nun auch ausdrücklich darauf ab, ob eine Beseitigung der Gefahren, Nachteile oder Belästigungen durch andere behördliche Maßnahmen möglich ist. Eine Entschädigung soll jedoch nur für den Fall der Untersagung geleistet werden (BTDrucks V, 81 5. Wahlperiode).

zu leisten ist, sofern die im Einzelfall heranzuziehende Bestimmung eine solche vorsieht[19]. Insbesondere für § 51 GewO wird in Fortsetzung der Rechtsprechung des Reichsgerichts[20] die Auffassung vertreten, diese Vorschrift gewähre nur bei völliger Untersagung eine Entschädigung[21].

Grundlage der Lösung dieser Frage ist, daß in diesen Fällen zum Wohle der Allgemeinheit dem Unternehmer Belastungen auferlegt werden, obwohl er seine gewerbliche Anlage ordnungsgemäß und in Übereinstimmung mit den für diese geltenden gesetzlichen Vorschriften betreibt. Sind nun aber Maßnahmen aufgrund der Vorschriften über entschädigungslos hinzunehmende nachträgliche Anforderungen zur Beseitigung der gegebenen Störung nicht ausreichend und werden nun auf der Grundlage der Widerrufs- und Untersagungsvorschriften umfangreichere Anordnungen getroffen oder Beschränkungen angeordnet, so wird von dem Unternehmer mehr verlangt als der Gesetzgeber ohne Entschädigungsleistung vorgesehen hat. Hieraus folgt, daß für diese größere Belastung eine Entschädigung zu gewähren ist.

d) Verhältnis von Beseitigungsvorschriften und Vorschriften über nachträgliche Anforderungen

Für die Beantwortung der Frage des Verhältnisses von Vorschriften über die Beseitigung eines erteilten Rechts und solchen Bestimmungen, die nachträgliche Anforderungen ausdrücklich zulassen, ist zu unterscheiden, ob in dem gleichen Gesetz beide Arten von Vorschriften zu finden oder nur Vorschriften über die Beseitigung des erteilten Rechtes gegeben sind. Im letzteren Falle scheidet von vornherein ein Konkurrenzproblem aus. Aber auch aus dem Nebeneinander der Vorschriften kann sich nur dann ein Konkurrenzproblem ergeben, wenn beide Arten den gleichen Sachverhalt regeln. So kann ein Konkurrenzproblem dann nicht entstehen, wenn sich die Vorschriften über nachträgliche Anforderungen auf eine rechtsbeständige Genehmigung, Bewilligung oder Erlaubnis beziehen, die Widerrufsvorschrift dagegen nur dann eingreifen soll, wenn das Recht nicht rechtmäßig erteilt oder nicht ordnungsgemäß ausgeübt wird[22].

In den Fällen, in denen beide Arten von Vorschriften eine bestehende Verpflichtung des Berechtigten betreffen, ist ein Vorgehen aufgrund der Beseitigungsvorschriften erst dann zulässig, wenn die ausdrücklichen Vorschriften über nachträgliche Anforderungen keine Eingriffs-

---

[19] Ablehnend OVG Münster v. 11. 10. 1965 BB 1966, S. 1371; *Landmann-Rohmer* 9. Aufl. § 51 Anm. 3; *Fuhr* § 51 Anm. 2c und 3a. Bejahend *Landmann-Rohmer* 10. Aufl. § 51 Anm. 3.

[20] Entsch. v. 30. 10. 1912 Bd. 80, S. 298 (302).

[21] OVG Münster v. 11. 10. 1965 BB 1966, S. 1371.

[22] Vgl. § 11 und § 12 GaststG.

möglichkeit bieten und keine ausreichende und gleichwertige Abhilfe schaffen[23].

Ein Konkurrenzproblem kann sich jedoch dann ergeben, wenn die Voraussetzungen über nachträgliche Anforderungen und die Voraussetzungen über eine Beseitigung des erteilten Rechtes gleich sind, wenn der gegebene Sachverhalt sowohl die eine als auch die andere Möglichkeit rechtfertigt und die Beseitigung des Rechtes allein gegen Entschädigungsleistung zulässig ist. Ein solcher Fall kann nach § 19 b und § 19c WHG gegeben sein. Danach ist unter den gleichen Voraussetzungen sowohl ein Widerruf als auch die nachträgliche Anordnung bestimmter Maßnahmen zulässig. Ein — für den betroffenen Unternehmer wesentlicher — Unterschied besteht jedoch darin, daß Anforderungen auf der Grundlage der Beseitigungsvorschrift allein gegen Entschädigungsleistung zulässig sind. In diesem Falle könnte sich der betroffene Unternehmer auf den Standpunkt stellen, daß die Verwaltungsbehörde nach dem Grundsatz des geringstmöglichen Eingriffs nur auf der Grundlage der Beseitigungsmöglichkeit Anforderungen gegen Entschädigungsleistungen stellen kann.

Auszugehen ist für die Lösung dieses noch verbleibenden begrenzten Problems — im übrigen kann auf die vorangegangenen Ausführungen verwiesen werden — von § 12 WHG. Hier ist bestimmt, daß ein Widerruf oder eine Beschränkung nur dann zulässig ist, wenn nicht schon aufgrund des § 5 WHG vorgegangen werden kann, wobei zu ergänzen sein wird „und die gegebenen Mißstände nicht abgeschafft werden".

Hier ist noch einmal zu wiederholen, was auch allgemeine Gültigkeit haben muß. Ein Widerruf oder eine Rücknahme kann und darf nur dann erfolgen, wenn nicht aufgrund der im Gesetz vorgesehenen, weniger einschneidenden Maßnahmen Abhilfe geschaffen werden kann. Die Widerrufsvorschriften sind daher gegenüber den Vorschriften, die nachträgliche Anforderungen gestatten grundsätzlich subsidiär[24]. Hieraus folgt für die Frage der nachträglichen Anforderungen, daß solche auf der Grundlage einer Beseitigungsvorschrift nur dann als ein entschädigungspflichtiger Teilwiderruf der erteilten Genehmigung anzusehen sind, wenn sie nicht schon aufgrund ausdrücklicher gesetzlicher Bestimmung angeordnet werden können. Die Beseitigung und die auf dieser Möglichkeit beruhende entschädigungspflichtige Anforderung ist gegenüber der entschädigungslos zulässigen Anforderung ein aliud. Beide Eingriffsmöglichkeiten können daher nicht nebeneinander und wahlweise zulässig sein. Der Grundsatz des geringstmöglichen Eingriffs kommt daher hier nicht zur Anwendung.

---

[23] Siehe oben 3. Kap., 3. Abschn., B.
[24] *Fischerhof* § 17 Rdn. 8.

Etwas anderes kann nur dann gelten, wenn die (entschädigungslos zulässige) nachträgliche Anforderung wegen der mit ihr verbundenen tatsächlichen oder wirtschaftlichen Belastung einer Beseitigung des Rechtes gleichkommt. In diesem Falle ist die nachträgliche Anforderung unzulässig und es darf nur von der entschädigungspflichtigen Beseitigung des Rechtes Gebrauch gemacht werden[25]. Die Möglichkeit, nachträgliche Anforderungen zu stellen, darf nicht zur Umgehung der bei einem Widerruf entstehenden Entschädigungspflicht benutzt werden[26].

Nicht anwendbar sind diese Grundsätze, soweit der Gesetzgeber ausdrücklich etwas anderes bestimmt hat. So wird in § 12 WHG ausdrücklich als Voraussetzung eines entschädigungspflichtigen Widerrufs genannt, daß keine Anforderungen nach § 5 WHG im zulässigen und erforderlichen Umfang gestellt werden können. Das gleiche gilt auch für § 51 GewO, da § 25 Abs. 3 GewO ausdrücklich in bestimmten Fällen nachträgliche Anforderungen auch über das wirtschaftlich zumutbare Maß hinaus zuläßt. Über das Verhältnis dieser beiden zuletzt genannten Vorschriften wird in einem Runderlaß des nordrhein-westfälischen Arbeits- und Sozialministers ausgeführt[27]:

> „Wird festgestellt, daß die für erforderlich gehaltene Maßnahme auch bei vergleichbaren Unternehmen wirtschaftlich nicht vertretbar wäre, so darf sie nicht angeordnet werden. In solchen Fällen ist ein langfristiges Verbesserungsprogramm anzustreben. Falls eine solche langfristige Maßnahme wegen des Umfangs der Gefahren und Belästigungen für die Nachbarschaft nicht vertretbar erscheint, ist zu prüfen, ob nach § 51 GewO vorgegangen werden kann."

II. Nachträgliche Anforderungen aufgrund eines Widerrufsvorbehaltes

Weiterhin müssen nachträgliche Anforderungen dann zulässig sein, wenn die Verwaltungsbehörde der Genehmigung, Bewilligung oder Erlaubnis zulässigerweise einen Widerrufsvorbehalt hinzugefügt hat und sie nunmehr aus diesem Grunde zu einem Widerruf des erteilten Rechtes berechtigt ist[28].

Auch hier ist wieder davon auszugehen, daß die Verwaltungsbehörde, wenn sie zum Widerruf der Genehmigung, Bewilligung oder Erlaubnis berechtigt ist, erst recht weniger einschneidende Anforderungen stellen kann. Diese müssen sich jedoch dann wie bei gesetzlich vorgesehenen Beseitigungsmöglichkeiten im Rahmen dessen halten, was zur Ausräumung des Widerrufsgrundes erforderlich ist[29]. Insoweit besteht kein

[25] Ein solcher Fall ist mit § 19b und § 19c WHG gegeben.
[26] Vgl. *Sieg-Leifermann* § 25 Anm. 12; *Fuhr* § 25 Anm. 7.
[27] Vom 18. 3. 1963 (MBl Nordrh.-Westf. 1963, S. 376) = BB 1963, S. 628.
[28] Zur Terminologie vgl. *v. Münch* S. 53; *Bachof* JZ 1962, S. 748.
[29] Vgl. oben 3. Kap., 3. Abschn., B. I.

Unterschied zu nachträglichen Anforderungen aufgrund einer gesetzlich vorgesehenen Beseitigung eines erteilten Rechtes. Erste Voraussetzung für nachträgliche Anforderungen auf dieser Grundlage ist, daß es sich um einen zulässigen Widerrufsvorbehalt handelt[30]. Hierzu kann im wesentlichen auf die Ausführungen zur Zulässigkeit eines Vorbehaltes besonderer Anforderungen verwiesen werden[31]. Dementsprechend ist ein Widerrufsvorbehalt dann nur zulässig, wenn die Erteilung des beantragten Rechtes im Ermessen der Verwaltungsbehörde steht und der Gesetzgeber keine ausdrücklichen Regelungen getroffen hat[32]. Soweit letztere bestehen ergibt sich die Unzulässigkeit eines Widerrufsvorbehaltes daraus, daß der Gesetzgeber eine Beseitigung des erteilten Rechtes nur unter den dort genannten Voraussetzungen zugelassen hat. Davon ist dann eine Ausnahme zu machen, wenn die Erteilung des Rechtes ansonsten versagt werden müßte[33].

Im Falle des § 16 GewO und des § 11 AtomG wird ein Widerrufsvorbehalt unzulässig sein. Der Wert der zu erstellenden Anlagen kann zwar der Anordnung besonderer Maßnahmen nicht entgegenstehen, eine entschädigungslose Untersagung des weiteren Betriebes der Anlage oder eine Entziehung der erteilten Genehmigung ist jedoch ohne Vorliegen der im Gesetz ausdrücklich vorgesehenen Gründe nicht zulässig[34]. Erstrecht ist ein Widerrufsvorbehalt unzulässig, wenn der Gesetzgeber ausdrücklich die Erteilung eines unwiderruflichen Rechtes vorsieht[35]. Nach dem Wasserhaushaltsgesetz ist eine mit einem Widerrufsvorbehalt versehene Bewilligung unzulässig. Hier hat die Verwaltungsbehörde, will sie eine unwiderrufliche Befugnis zur Gewässerbenutzung nicht gewähren, die Möglichkeit, von der im Gesetz vorgesehenen Erteilung einer nach allgemeinen Verwaltungsrechtsgrundsätzen frei widerruflichen Erlaubnis Gebrauch zu machen.

III. Nachträgliche Anforderungen aufgrund allgemeiner Beseitigungsgründe

Nachträgliche Anforderungen sind schließlich auch dann zulässig, wenn die Verwaltungsbehörde nach allgemeinen, von Lehre und Recht-

---

[30] Auch der Widerrufsvorbehalt ist eine dem begünstigenden Verwaltungsakt beigefügte Nebenbestimmung — *v. Münch* S. 53.

[31] Siehe oben 3. Kap., 3. Abschn., A.

[32] Siehe *Antoniolli* S. 208; *Peters* S. 163; *Janssen* § 18 Anm. III, 2; ferner § 25 ApothG, § 3 GaststG; vgl. auch VGH München v. 22. 3. 1968 DVBl 1968, S. 599 für das Verhältnis einer widerruflichen Erlaubnis und Art. 27 Abs. 4 Satz 3 BayWG.

[33] Vgl. zum ähnlichen Fall einer Befristung BVerwG v. 27. 3. 1958 NJW 1958, S. 1011.

[34] Vgl. *Sieg-Leifermann* § 18 Anm. 7; *Fuhr* § 18 Anm. 5; *Janssen* § 18 Anm. III, 2; *Fischerhof* § 17 Rdn. 2.

[35] Z. B. § 3 GaststG, siehe auch OVG Münster v. 19. 11. 1957 DÖV 1958, S. 236.

sprechung entwickelten Grundsätzen zum Widerruf oder zur Rücknahme[36] eines begünstigenden Verwaltungsaktes berechtigt ist. Unter welchen Voraussetzungen im Einzelfall ein begünstigender Verwaltungsakt widerrufen oder zurückgenommen werden kann, ist umstritten[37].

Nach allgemeiner Meinung ist eine Beseitigung eines Verwaltungsaktes nicht mehr möglich, wenn ein subjektiv öffentliches Recht begründet wurde[38]. Ein solches Recht ist in den hier behandelten Fällen gewerblicher Genehmigungen und Erlaubnisse und wasserrechtlicher Bewilligungen regelmäßig gegeben[39], so daß eine Beseitigung dieser Rechte allein aufgrund einer besonderen Rechtsvorschrift erfolgen kann[40]. Darüberhinaus hat der Gesetzgeber in diesen Fällen regelmäßig nicht nur Vorschriften über die Erteilung derartiger Rechte, sondern auch bezüglich ihrer Entziehung geschaffen[41]. In diesen Bestimmungen ist geregelt, unter welchen Voraussetzungen ein Entzug des Rechtes zulässig ist. Hieraus ist zu entnehmen, daß der Gesetzgeber gerade wegen der mit der Entziehung gegebenen besonderen Belastung des Unternehmers die Voraussetzungen abschließend geregelt hat, so daß für die Anwendung allgemeiner Grundsätze insoweit kein Raum bleibt. Es kommt daher insoweit auch nicht darauf an, ob der begünstigende Verwaltungsakt rechtsmäßig oder rechtswidrig erlassen wurde. Er darf jedoch nicht nichtig sein. Diese Auffassung entspricht auch dem grundsätzlichen Bestandsschutz, den der Gesetzgeber diesen Rechten im Hinblick auf ihre wesentliche wirtschaftliche Bedeutung und den zur Ausübung erforderlichen Kapitalaufwand eingeräumt hat.

Aus dem zuletzt genannten Grunde kann auch nicht ohne weiteres eine erteilte Gewerbeberechtigung entzogen werden, wenn das betreffende Gesetz keine Widerrufsvorschriften enthält. Gerade in diesem Falle kann angenommen werden, daß eine einmal erteilte Genehmigung, solange der Berechtigte sich an die mit der Rechtsgewährung verbundenen Bedingungen und Auflage hält, grundsätzlich nicht entzogen werden kann. So bestimmt § 25 Abs. 1 GewO, daß die erteilte Genehmigung solange in Kraft bleibt, als keine Veränderung an dem genehmigten Zustand eintritt. Tritt eine Veränderung ein, so ist zu prüfen, ob nach § 147 GewO vorgegangen werden kann. Hiermit ist aber grundsätzlich die Anwendung allgemeiner Verwaltungsrechtsgrundsätze ausgeschlossen. Ist die Genehmigung oder Erlaubnis nun

---

[36] Zur Terminologie vgl. oben 3. Kap., 3. Abschn., B, Anm. 3.

[37] Vgl. hierzu *Wolff* S. 313 ff.; *Forsthoff* S. 251; *Eyermann-Fröhler* Anh. 42 Rdn. 33 ff.; *Bachof* JZ 1962, S. 745.

[38] Siehe die bei *Schäfer* S. 52 angegebene Literatur.

[39] Siehe die oben im 2. Kap. in Anm. 9 zitierte Literatur.

[40] *Huber* I S. 730.

[41] Vgl. § 12 GaststG; § 17 AtomG; § 12 WHG; § 19 c WHG; § 4 ApothG; § 15 ArzneimG.

objektiv rechtswidrig erteilt, so entsteht die Frage, ob der Schutz des § 25 Abs. 1 GewO nur für eine ordnungsgemäß erteilte Berechtigung Geltung hat. Der Verneinung dieser Frage steht, sobald die Genehmigung oder Erlaubnis „ins Werk gesetzt" und unanfechtbar geworden ist, der besondere Vertrauensschutz des Unternehmers, der allein wegen des mit der Verwertung der Berechtigung verbundenen hohen Kapitalaufwandes gegeben ist, entgegen[42]. Dementsprechend ist auch allgemein anerkannt, daß in diesen Fällen grundsätzlich eine Beseitigung nicht in Betracht kommt[43]. Nur Umstände von außergewöhnlicher Schwere können eine Durchbrechung dieses Grundsatzes bewirken. So etwa wenn der Unternehmer durch vorsätzliche Täuschung, Drohung oder Bestechung das betreffende Recht erlangt hat[44]. Nur unter diesen Voraussetzungen kann nach allgemeinen Grundsätzen der Entzug einer Genehmigung, Bewilligung oder Erlaubnis zulässig sein. Nur in diesem Falle wären dann auch nachträgliche Anforderungen nach den bisher entwickelten Grundsätzen zulässig.

[42] Daß die Rücknahme eines rechtswidrigen begünstigenden Verwaltungsaktes dann unzulässig ist, wenn der Vertrauensschutz des Betroffenen das Interesse der Allgemeinheit an der Beseitigung überwiegt, ist wohl zu Recht h. M.; vgl. dazu *Wolff* S. 319; *Schäfer* Widerruf S. 56; *Bachof* JZ 1962, S. 749.

[43] *Schäfer,* Widerruf S. 56; *Haueisen* NJW 1955, S. 1457; *Wolff* S. 318; *Huber* I S. 730.

[44] *Huber* I S. 730; siehe auch § 30 Abs. 3 Nr. 2 AWG.

Viertes Kapitel

Nachträgliche Anforderungen an genehmigungsfreie gewerbliche Anlagen

1. Abschnitt: Nachträgliche Anforderungen aufgrund bundesrechtlicher Bestimmungen

A. Allgemeines

Von genehmigungsfreien Anlagen wird gesprochen, wenn der Unternehmer für deren Betrieb nicht der Erteilung einer besonderen Genehmigung oder Erlaubnis bedarf und ihm eine solche bisher auch nicht erteilt worden ist[1]. Nachträgliche Anforderungen können daher lediglich das Recht am ausgeübten Gewerbebetrieb, nicht jedoch eine durch besonderen Akt gewährte Rechtsposition beeinträchtigen.

Gesetzliche Bestimmungen, die nachträgliche Anforderungen an genehmigungsfreie Anlagen zulassen, sind auf Bundesebene bisher kaum ergangen. Im wesentlichen beschränkt sich der Gesetzgeber hier auf die Regelung der genehmigungspflichtigen Anlagen und Betriebe. Ausnahmsweise hat der Bundesgesetzgeber mit dem Gesetz gegen den Baulärm[2] eine Regelung getroffen, die sich auf genehmigungsfreie Anlagen bezieht.

Im übrigen bleibt es bei den Bestimmungen der Gewerbeordnung und hier insbesondere des § 120 d GewO, der — wie bereits erörtert wurde — grundsätzlich für alle gewerblichen Betriebe Geltung hat[3]. Daneben bleibt zu untersuchen, ob die Vorschrift des § 25 Abs. 3 GewO neben den genehmigten auch auf genehmigungsfreie Anlagen Anwendung finden kann[4].

---

[1] Vgl. OVG Lüneburg v. 23. 6. 1967 DÖV 1968, S. 231: Eine Anlage bleibt auch dann eine genehmigte, wenn die Genehmigungspflicht für solche Anlagen inzwischen weggefallen ist.

[2] V. 9. 9. 1965 (BGBl I S. 1214); siehe auch das Gesetz über technische Arbeitsmittel v. 24. 6. 1968 (BGBl I S. 717), das sich an Hersteller und Einführer von Maschinen zum Zwecke der Unfallverhütung wendet. Vgl. dazu *Gleiss/Helm* BB 1968, S. 814.

[3] Vgl. dazu oben 3. Kap., 1. Abschn., A.

[4] Über die Einzelheiten der Vorschrift vgl. 3. Kap., 1. Abschn., B, I.

B. Das Gesetz gegen den Baulärm

Das Gesetz gegen den Baulärm begründet in § 2 die Verpflichtung des Betreibers von Baumaschinen, dafür Sorge zu tragen, daß alle Geräusche der von ihm betriebenen Baumaschinen verhindert werden, soweit dies nach dem Stand der Technik möglich ist. Bieten die Regeln der Technik dazu keine ausreichende Möglichkeit, handelt es sich also um unvermeidbare Geräusche im Sinne des Gesetzes, so müssen Vorkehrungen getroffen werden, die ihre Ausbreitung von der Baustelle auf ein Mindestmaß beschränken. Diese Verpflichtung ist nach den Bestimmungen des Gesetzes nur dann gegebene, wenn die Vorkehrungen erforderlich sind, um die Allgemeinheit vor Gefahren, erheblichen Nachteilen oder erheblichen Belästigungen zu schützen[5]. Entsprechend der Verpflichtung des Betreibers der Baumaschinen kann nach § 5 Abs. 1[6] die nach Landesrecht zuständige Behörde alle zur Erfüllung dieser Verpflichtung notwendigen Maßnahmen anordnen. Darüber hinaus sieht § 5 die Untersagung des Betriebes einer Baumaschine vor, wenn die Anordnungen nach § 3 des Gesetzes nicht befolgt werden oder die danach zulässigen Anordnungen zur Beseitigung von bestehenden Gefahren, erheblichen Nachteilen oder erheblichen Belästigungen nicht ausreichend sind. Eine Untersagung des Betriebes kann auch dann erfolgen, wenn der Unternehmer die ihm auferlegte Verpflichtung erfüllt. Das Baulärmgesetz gibt damit eine umfangreichere Eingriffsmöglichkeit als bei Anwendung allgemeinen Polizeirechts zulässig wäre, da danach ein Einschreiten nur bei Vorliegen einer Gefahr und nicht bei bloßen Nachteilen und Belästigungen zulässig ist. Diese weitgehenden Eingriffsmöglichkeiten haben keinen enteignenden Charakter; auch werden sie den Unternehmer regelmäßig nicht so erheblich treffen, wie den Betreiber der bisher behandelten Anlagen, da der Betrieb einer bestimmten Maschine nicht generell, sondern nur unter Berücksichtigung der Umstände im konkreten Fall an einem bestimmten Ort untersagt oder von der Erfüllung besonderer Anforderungen abhängig gemacht werden kann. Insoweit besteht ein für den Unternehmer erheblicher Unterschied zu den an feste Orte gebundene Anlagen.

C. § 25 Abs. 3 GewO und genehmigungsfreie Anlagen

Eine bundeseinheitliche Regelung zur Abwehr der von genehmigungsfreien Anlagen ausgehenden Beeinträchtigungen, Nachteilen oder Gefahren wäre dann gegeben, wenn die Bestimmung des § 25 Abs. 3 GewO nicht nur für die genehmigungspflichtigen, sondern auch

---

[5] Zu diesen Voraussetzungen vgl. oben die Ausführungen zu § 25 GewO.
[6] Siehe dazu 2. Kap., Anm. 52.

für die genehmigungsfreien Anlagen und Betriebe Anwendung finden würde. Die Frage wird nicht einheitlich beantwortet. Bei Landmann-Rohmer[7] wird hierzu folgendes ausgeführt:

> „Obwohl Abs. 3 sowohl seinem Wortlaut wie auch seiner Stellung im Gesetz nach die Möglichkeit, nachträgliche Auflagen zu erlassen, nur für Anlagen statuiert, die unter § 16 fallen, wird man diese Vorschriften — wenn nicht unmittelbar, so doch analog — schlechthin auf alle gewerblichen Anlagen und Betriebe anzuwenden haben, soweit nicht ausdrückliche Vorschriften Platz greifen. Bis jetzt fehlt nämlich in der GewO — von der die Entschädigungspflicht auslösenden Regelung des § 51 abgesehen — eine solche ausdrückliche allgemeine Ermächtigung zum Eingriff in gewerbliche Betriebe im öffentlichen Interesse."

Für die Anwendbarkeit des § 25 Abs. 3 könnte angeführt werden, daß Anforderungen an genehmigungsfreie Anlagen und Betriebe mindestens im gleichen Umfange möglich sein müssen, als dies bei den nach den Bestimmungen der §§ 16 ff. GewO genehmigten Anlagen zulässig ist.

Bestehen schon gegen die grundsätzliche Zulässigkeit, mittels einer Analogie eine gesetzliche Grundlage für einen belastenden Verwaltungsakt zu schaffen, erhebliche Bedenken, so muß doch der zunächst heranzuziehende Wortlaut der Vorschrift, die Stellung im Gesetz, der Zweck der Bestimmung und letztlich die Frage des Bedürfnisses einer solchen erweiterten Auslegung von entscheidender Bedeutung sein. Die Bestimmung des § 25 Abs. 3 bezieht sich nun nach Wortlaut und Stellung im Gesetz ausdrücklich nur auf die genehmigungspflichtigen Anlagen des § 16 GewO. Für eine Auslegung der Vorschrift ist daher gerade wegen dieser Eindeutigkeit kein Raum gegeben. Ferner wurde die Vorschrift nur geschaffen, um eine Eingriffsmöglichkeit gegenüber den genehmigungspflichtigen Anlagen zu eröffnen. Ein Bedürfnis, das bei den genehmigungsfreien Anlagen nicht besteht. Letztere unterliegen grundsätzlich den allgemeinen polizeilichen Regelungen, auf deren Grundlage gegen sie vorgegangen werden kann. Auch aus diesem Grunde besteht für eine analoge Anwendung des § 25 Abs. 3 GewO auf genehmigungsfreie Anlage kein Anlaß.

Eine bundesrechtliche Regelung der Gefahrenabwehr gegenüber genehmigungsfreien Anlagen ist daher nicht gegeben[8].

2. Abschnitt: Nachträgliche Anforderungen aufgrund landesrechtlicher Bestimmungen

A. Allgemeine gesetzliche Regelungen

Landesrechtliche Vorschriften, die nachträgliche Anforderungen an genehmigungsfreie Anlagen zulassen, sind in den Immissionsschutz-

---

[7] § 25 Rdn. 32.

[8] Die Vorschriften der §§ 120 a ff. GewO dienen lediglich dem Arbeitsschutz, nicht dem Nachbarschutz.

gesetzen einzelner Länder, den Lärmschutzbestimmungen und den allgemeinen Polizeigesetzen gegeben[1].

Bei den Bestimmungen der Immissionsschutzgesetze bestehen hinsichtlich Voraussetzungen und Umfang der danach zulässigen Maßnahmen keine größeren Probleme. Insoweit kann auf die Ausführungen zu der Vorschrift des § 25 Abs. 3 GewO verwiesen werden, der die hier in Betracht kommenden Regelungen der Immissionsschutzgesetze im wesentlichen entsprechen[2].

Schwieriger zu beurteilen ist die Rechtslage bei Anforderungen aufgrund allgemeiner polizeirechtlicher Vorschriften. Sowohl die Voraussetzungen als auch der Umfang der nach diesen Bestimmungen zulässigen Maßnahmen bedürfen näherer Untersuchung.

B. Nachträgliche Anforderungen nach den allgemeinen Polizeigesetzen

I. Die Störungseigenschaft

Soweit im Einzelfall aufgrund der allgemeinen Polizeigesetze oder sonstiger polizeilicher Bestimmungen[3] ein Einschreiten gegen einen Gewerbebetrieb in Betracht kommt, ist grundsätzliche[4] Voraussetzung, daß die Ausführung der angeordneten Maßnahmen dem Störer auferlegt wird. Regelmäßig ist die Störungseigenschaft dann gegeben, wenn der Gewerbetreibende gegen gesetzliche oder polizeiliche Vorschriften (Polizeiverordnungen) verstößt. Ein Einschreiten ist in diesem Fall wegen der damit gegebenen abstrakten Gefahr grundsätzlich zulässig.

Anders und zweifelhaft ist die Lage, wenn ein Gewerbebetrieb alle einschlägigen Vorschriften beachtet, ungeachtet dessen jedoch eine Gefahr für die öffentliche Sicherheit oder Ordnung durch den Betrieb entsteht. Hier kann es unter Umständen fraglich sein, ob gegen den Unternehmer eingeschritten werden kann. Zur Verdeutlichung der Problematik sollen zwei der Rechtsprechung entnommene Fälle dargestellt werden:

1. Der Tankstellenfall[5]

Eine an sich ordnungsgemäß betriebene Tankstelle führte, bedingt durch den gestiegenen Straßenverkehr und die sie frequentierenden Kraftfahr-

---

[1] Über deren Verhältnis zu den Vorschriften über nachträgliche Anforderungen an genehmigte Anlagen und Betriebe siehe 3. Kap., 2. Abschn., B.

[2] Im wesentlichen Unterschied zu § 25 Abs. 3 GewO schaffen diese Vorschriften eine Verpflichtung des Unternehmers zum Betrieb seiner Anlage in einer bestimmten Form.

[3] Vgl. § 59 HessBauO und § 2 PolVO gegen den Lärm für Hessen.

[4] Abgesehen von den Fällen des polizeilichen Notstandes.

[5] OVG Lüneburg v. 27. 11. 1958 DVBl 1959, S. 475 = DÖV 1960, S. 139.

zeuge, zu einer Beeinträchtigung der Sicherheit und Leichtigkeit des Verkehrs. Das OVG Lüneburg hatte in diesem Falle die Auffassung vertreten, daß der Inhaber einer Tankstelle unter solchen Umständen nicht zum Störer im polizeirechtlichen Sinne geworden sei.

2. Der Schweinemästerfall[6]

In dem vom OVG Münster entschiedenen Fall wurde eine Schweinemästerei zunächst in ländlicher Umgebung betrieben. Im Laufe der Zeit führte die wachsende Bebauung der Umgebung dazu, daß die mit dem Betrieb verbundenen Gerüche, Fliegen usw. zu einer gesundheitlichen Gefährdung für die jetzt in der näheren Umgebung wohnenden Anlieger wurden. Die deshalb erfolgte Untersagung des Betriebes wurde vom OVG Münster aus dem Grunde für zulässig erklärt, weil eine zunächst nur latent vorhandene Gefahr durch die Entwicklung des Gemeinwesens akut geworden sei. Da diese Gefahren von dem Betrieb ausgingen, seien nicht die später zugezogenen Anlieger, die sich polizeigemäß verhielten, für die Gefahr verantwortlich, sondern der Gewerbebetrieb[7].

In den hier aufgezeigten Fällen sind die betreffenden Betriebe ordnungsgemäß und in Übereinstimmung mit den einschlägigen Vorschriften betrieben worden. Sie wurden jedoch durch die Änderung ihrer Umgebung zu einer Quelle fortgesetzter Störungen. Nicht einzusehen ist bei der Betrachtung und dem Vergleich der Fälle die unterschiedliche Behandlungsweise durch die Gerichte. Sowohl im Tankstellenfall als auch im Schweinemästerfall gingen von dem Gewerbebetrieb Einwirkungen auf die Umgebung aus. In allen genannten Fällen wurden die mit dem Betrieb verbundenen Nachteile erst durch die Veränderung der Umwelt fühlbar. Im Tankstellenfall rechtfertigt das OVG Münster[8] die Verneinung der Störungseigenschaft folgendermaßen:

„Der Eigentümer eines Baues oder der Inhaber eines Gewerbebetriebes, der sein Eigentum sozial adäquat nutzt, sich also gegenüber seiner Umgebung im Rahmen der mit dem Gemeinwohl zu vereinbarenden Gegebenheiten hält, kann nicht als Störer in Anspruch genommen werden, wenn durch Zusammentreffen mehrerer Umstände aus der an sich rechtmäßigen Lage des Baues oder der an sich zulässigen Ausübung des Gewerbes infolge Veränderung der Umgebung eine polizeiliche Gefahr entsteht. Die polizeiliche Haftung tritt vielmehr in solchen Fällen erst ein, wenn der Zustand einer Sache oder das Verhalten eines Menschen von vornherein im Verhältnis zum Normalmaß eine erhöhte Gefahrentendenz zeigt, die zunächst noch latent ist, sich aber durch das Zusammentreffen mit anderen Umständen zur polizeilichen Gefahr entwickelt."

Bei der Anwendung dieser Grundsätze auf die beiden Ausgangsfälle zeigt sich, daß ein weiteres Problem darin zu sehen ist, was unter dem Begriff der sogenannten „latenten Gefahr" einzuordnen ist. Wird eine

---

[6] OVG Münster v. 16. 10. 1956 DVBl 1957, S. 867; siehe dazu auch *Menger* VerwArch Bd. 50, S. 85 f.

[7] Vgl. hierzu auch *Quaritsch* DVBl 1959, S. 455; *Drews-Wacke* S. 244; BGH v. 20. 1. 1966 NJW 1966, S. 649. Siehe auch den mehrfach entschiedenen Steinbruchfall: Sächs. OVG v. 14. 6. 1927 Jahrb. 31, S. 42; BVerwG v. 25. 5. 1965 DVBl 1965, S. 766.

[8] V. 16. 10. 1956 DVBl 1957, S. 867; vgl. auch *Qaritsch* DVBl 1959, S. 455 Anm. 6; PrOVG v. 23. 5. 1940 Bd. 105, S. 265 ff; *Germershausen-Seydel* I S. 587.

Schweinemästerei in ländlicher Umgebung betrieben, können dagegen wohl kaum Einwendungen erhoben werden. Wenn überhaupt ein solcher Betrieb zulässig ist, dann in diesen Gebieten. Das Eigentum wird hier der Umgebung gemäß benutzt, so daß insoweit die vom OVG Münster geforderte Sozialadäquanz bejaht werden kann. Folgt man jedoch den in den Entscheidungsgründen aufgestellten Grundsätzen zur latenten Gefahr, die dann gegeben sein soll, wenn der Zustand einer Sache oder das Verhalten eines Menschen von vornherein im Verhältnis zum Normalmaß eine erhöhte Gefahrentendenz zeigt, so bedeutet dies für alle Fälle die Bejahung der Störeigenschaft. Von beiden Betrieben gehen Einwirkungen auf die Nachbarschaft aus. Bei der Tankstelle sind es die ein- und ausfahrenden Kraftfahrzeuge, obwohl hier bereits das Vorliegen einer Gefahr bezweifelt werden kann. Bei der Schweinemästerei sind es die Gerüche und Fliegen. Wird nun als Normalmaß ein entsprechender gleichartiger Betrieb betrachtet, so wird sich in keinem Fall eine latente Gefahr bejahen lassen. Das zeigt aber schon, daß der Begriff des Normalmaßes anders gefaßt werden müßte. Eine Definition gibt das Oberverwaltungsgericht nicht. Nimmt man als Normalmaß den Umfang der Einwirkungen, die von anderen Grundstücken oder von anderen Betrieben ausgehen, z. B. eines Grundstückes, auf dem keine derartigen Anlagen betrieben werden, so ergibt sich, daß auch von der Tankstelle über das hier zu Grunde gelegte Maß hinaus Einwirkungen auf den Straßenverkehr ausgehen. Die vom OVG Münster vertretene Definition führt daher in jedem der beiden Ausgangsfälle zur Bejahung der latenten Gefahr und damit zur Störereigenschaft. Insbesondere wird man nicht darüber hinwegkommen, daß letztlich die Betriebe die Quelle der Gefahren sind und nicht die geänderten Umweltverhältnisse. Auch die Sozialadäquanz der Nutzung des Eigentums kann kein anderes Ergebnis rechtfertigen, da diese zwar bisher, nun aber wegen der veränderten Verhältnisse nicht mehr gegeben ist. Demnach wäre in den beiden genannten Fällen die Polizeiwidrigkeit zu bejahen. Würde demgegenüber von einer latenten Gefahr nur gesprochen werden, wenn die typische Eigenart des Betriebes oder der Anlage in der Regel gefährlich ist, diese Gefährlichkeit sich aber wegen gegebener Umweltverhältnisse noch nicht aktualisiert hat, so müßte im Tankstellenfall die Störereigenschaft verneint werden.

II. Zulässiger Umfang polizeilichen Einschreitens

Soweit ein Einschreiten der zuständigen Behörde aufgrund der oben genannten sondergesetzlichen Regelungen[9] in Betracht kommt, sind

[9] Siehe die Immissionsschutzgesetze der Länder.

bezüglich des Umfangs des zulässigen Einschreitens die sich aus dem Wortlaut ergebenden Grenzen zu beachten. Nach dem Vorbild des § 25 Abs. 3 GewO sind nur solche Anordnungen zugelassen, die sich im Rahmen der Zumutbarkeit halten. Keine derartige Beschränkung findet sich in den allgemeinen polizeilichen Bestimmungen. Grenzen ergeben sich jedoch aus den allgemeinen Grundsätzen rechtmäßigen Verwaltungshandelns und hier besonders aus dem im Polizeirecht entwickelten und in den entsprechenden Bestimmungen vorgesehenen Grundsatz der Verhältnismäßigkeit[10]; insbesondere kann der in Anspruch Genommene durch das Anbieten geeigneter Abhilfe die Untersagung des weiteren Betriebes seiner Anlage abwenden[11].

Weiterhin darf die im Einzelfall geforderte Maßnahme nicht unmöglich sein. Fraglich ist, ob hieraus ein Schutz vor völliger Untersagung und vor der Anordnung einer Untersagung gleichstehender Maßnahmen abgeleitet werden kann. Es ist nicht unbestritten, ob neben der rechtlichen und tatsächlichen Unmöglichkeit auch die wirtschaftliche Unmöglichkeit eine Grenze polizeilicher Maßnahmen darstellt. Daß die Frage nicht unberechtigt ist, ergibt sich schon daraus, daß neben der objektiven auch die subjektive Unmöglichkeit zu berücksichtigen ist, wie sich an der Erheblichkeit einer aus rechtlichen Gründen gegebenen Unmöglichkeit zeigt. Die Frage der wirtschaftlichen Unmöglichkeit im Polizeirecht ist nicht auf gewerberechtlichem Gebiet, sondern vornehmlich im Rahmen der Frage der Trümmerbeseitigung erörtert worden. In diesem Zusamenhang haben das OVG Koblenz[12], der Bundesgerichtshof[13] und das Bundesverwaltungsgericht[14] die Auffassung vertreten, daß eine polizeiliche Anordnung, die etwas wirtschaftlich Unmögliches von dem Störer verlange, dem Verlangen etwas tatsächlich Unmöglichem gleichstehe und daher unzulässig sei[15]. Das OVG Koblenz[16] führt dazu

[10] Der teilweise vertretenen Ansicht (*Krauss* S. 17), daß die Verwaltungsbehörde wegen des Grundsatzes der Verhältnismäßigkeit von einem Eingriff immer dann absehen muß, wenn er die Vernichtung oder erhebliche Erschwerung der Existenz des Betroffenen erwarten läßt oder sicher zur Folge hat, kann schon deshalb nicht zugestimmt werden, weil es eben gerade eine Frage der Verhältnismäßigkeit ist, ob der Betroffene den schützenswerten Interessen der Gestörten weichen muß oder nicht. So mit Recht *Scheerbarth* S. 54. Zur Frage der Erforderlichkeit siehe § 5 HSOG und die gleichartigen Bestimmungen der anderen Länder. Entsprechend diesem Grundsatz hat das PrOVG (v. 15. 10. 1925 GArch 23, S. 231) die Untersagung eines Sägewerksbetriebes für unzulässig erklärt, weil nicht der gesamte Betrieb die Quelle der Gesundheitsgefährdung war, sondern die das Geräusch verursachenden Betriebshandlungen.

[11] Vgl. § 8 HSOG und die entsprechenden Bestimmungen der übrigen Länder.

[12] V. 13. 3. 1953 DÖV 1954, S. 216.

[13] Urt. v. 5. 3. 1953 DVBl 1963, S. 367; v. 15. 12. 1954 Bd. 16, S. 13 ff.

[14] Urt. v. 9. 5. 1960 DVBl 1960, S. 637.

[15] Vgl. dazu auch *Drews-Wacke* S. 285.

[16] DÖV 1954, S. 216.

aus:

„Zur Unmöglichkeit gehört auch die wirtschaftliche Unmöglichkeit auf Seiten des Pflichtigen. Da die Verwaltungsbehörde mit ihrer Maßnahme zu einem praktischen Ziel kommen muß, bedeutet das wirtschaftliche Unvermögen des Pflichtigen zur Durchführung der auferlegten Leistung ein in gleicher Weise unüberwindliches Hindernis für die Behörde, wie eine tatsächliche oder rechtliche Unmöglichkeit. Eine wirtschaftliche Unmöglichkeit ist auch dann gegeben, wenn die von der Verwaltungsbehörde geforderte Leistung bei Berücksichtigung der wirtschaftlichen Leistungsfähigkeit des Pflichtigen für diesen unzumutbar ist."

Ob dieser Auffassung grundsätzlich auch für das Polizeirecht zugestimmt werden kann, erscheint zweifelhaft. Für die Lösung der Frage ist es zunächst erforderlich, zwischen der Frage der Polizeipflichtigkeit, was gerade bezüglich der Pflicht zur Trümmerbeseitigung bestritten wird[17], und der Frage des zulässigen Mittels zu trennen[18]. Würde davon ausgegangen werden, daß durch die wirtschaftliche Leistungsfähigkeit des Störers die Polizeipflichtigkeit beeinflußt wird, so entfiele mit der Polizeipflichtigkeit auch die Möglichkeit, durch den Einsatz von Zwangsmitteln eine bestehende Gefahr zu beseitigen. So wäre auch eine Beseitigung der Gefahrensituation durch die Polizeibehörde im Wege der Ersatzvornahme ausgeschlossen. Es könnte in diesem Falle dem Eigentümer nicht einmal aufgegeben werden, die Ausführung der zur Beseitigung des polizeiwidrigen Zustandes erforderlichen Maßnahmen zu dulden[19]. Im übrigen würden, wollte man die wirtschaftliche Unmöglichkeit berücksichtigen, in das auf reine Gefahrenabwehr eingestellte Polizeirecht Zumutbarkeits- und Billigkeitserwägungen hineingetragen werden, die hier nicht hingehören. Allein entscheidend muß die Beseitigung einer bestehenden Gefahr sein. Eine Beeinflussung der Polizeiwidrigkeit durch das wirtschaftliche Leistungsvermögen des Störers wird daher nicht richtig sein.

Was die andere Frage betrifft, ob bei wirtschaftlicher Unmöglichkeit noch ein polizeilich zulässiges Mittel gegeben ist, so wird dem OVG Koblenz[20] insoweit zugestimmt werden müssen, als es die Vollstreckung oder Erzwingung der angeordneten Maßnahmen dann nicht mehr für rechtmäßig hält, wenn es dem Polizeipflichtigen unmöglich ist, die hierfür erforderlichen Mittel aufzubringen und damit endgültig feststeht,

[17] BVerwG v. 9. 5. 1960 DVBl 1960, S. 637; *Ule-Rasch* § 20 Rdn. 14.

[18] Diese Trennung wird insbesondere nicht in der Entscheidung des BVerwG v. 9. 5. 1960 DVBl 1960, S. 637 und von *Scheerbarth* § 4 durchgeführt.

[19] Vgl. dazu *Drews-Wacke* S. 357; *Scheerbarth* § 4; OVG Berlin v. 28. 6. 1957, JR 1957, S. 475: „Die wirtschaftliche Leistungsfähigkeit berührt nicht die Polizeipflichtigkeit."

[20] Entscheidung vom 13. 3. 1953 DÖV 1954, S. 216; PrOVG vom 20. 12. 1934 Bd. 95, S. 121: „Eine polizeiliche Auflage ist rechtlich unzulässig, deren Unausführbarkeit von vornherein feststeht — hier Zwangsgeld zur Durchführung einer unvertretbaren Handlung an einen Mittellosen.

daß die angeordnete Maßnahme von ihm nicht durchgeführt werden kann.

III. Ergebnis

Im Ergebnis bleibt festzustellen, daß nachträgliche Anforderungen aufgrund allgemeiner polizeirechtlicher Grundlagen in jedem Umfange zulässig sind, soweit die allgemeinen Grenzen rechtmäßigen Verwaltungshandelns beachtet werden[21]. Im Einzelfall können sich aufgrund besonderer Bestimmungen Ausnahmen ergeben, die ein Einschreiten der Polizeibehörde nicht oder doch nur unter besonderen Voraussetzungen und nur in bestimmtem Umfange zulassen. Einen Bestandsschutz gewerblicher Anlagen kann aber das allgemeine Polizeirecht nicht gewähren.

3. Abschnitt: Beschränkung von Landesrecht durch bundesgesetzliche Bestimmungen

A. Grundsätzliche Zulässigkeit

Einer näheren Untersuchung bedarf es nunmehr, ob in jedem Fall in zulässiger Weise aufgrund dieser landesrechtlichen Bestimmungen gegen den Betrieb einer gewerblichen Anlage vorgegangen werden kann, wenn im Einzelfall die erforderlichen Voraussetzungen vorliegen. Da es sich hier um landesrechtliche Regelungen handelt, ist von besonderer Bedeutung die Abgrenzung zu bundesrechtlichen Bestimmungen und die sich damit aus Art. 31 GG ergebenden Grenzen.

Die Beschränkung der Anwendbarkeit von Landesrecht durch bundesgesetzliche Vorschriften wird von Janssen[1] für die hier interessierenden Fälle bestritten. Ausgehend von der Zuständigkeitsabgrenzung zur Gesetzgebung von Bund und Ländern führt Janssen aus, daß das Bundesrecht für das Landesrecht nur insoweit Sperren beinhalte, als die Gesetzgebungskompetenz des Gesetzgebers reiche. Für die Frage des Verhältnisses der landesrechtlichen Vorschriften über das Einschreiten gegen Störungen der öffentlichen Sicherheit oder Ordnung zu den bundesrechtlichen Bestimmungen, insbesondere der Gewerbeordnung, bezieht er sich auf eine Entscheidung des Bundesverfassungsgerichts[2]. Dort heißt es an der hier interessierenden Stelle:

---

[21] Vgl. auch BVerwG v. 25. 5. 1965 DVBl 1965, S. 766.
[1] § 1 Anm. 4, b.
[2] Entsch. v. 29. 4. 1958 GewArch 1959, S. 21 = DÖV 1959, S. 66.

„Die Gesamtheit der der Aufrechterhaltung der öffentlichen Sicherheit und Ordnung dienenden Normen bildet keinen selbständigen Sachbereich im Sinne der Verteilung der Gesetzgebungszuständigkeiten. Die Ordnungsgewalt kann als Annex des Sachgebietes erscheinen, auf dem sie tätig wird, die Zuständigkeit zur Gesetzgebung umfaßt dann auch die Regelung der Ordnungsgewalt (Polizeigewalt). Darauf gründet sich die herkömmliche Unterscheidung zwischen Verwaltungspolizei und Sicherheitspolizei. Nur solche Regelungen, bei denen die Aufrechterhaltung der öffentlichen Sicherheit und Ordnung den alleinigen und unmittelbaren Gesetzeszweck bilden, können einem selbständigen Sachbereich zugerechnet werden, der als Polizeirecht im engeren Sinne bezeichnet wird und in die Zuständigkeit der Landesgesetzgebung fällt."

Janssen folgert nunmehr daraus, daß für das Polizeirecht im engeren Sinne die Bestimmungen der Gewerbeordnung — insbesondere die §§ 1, 143 — keine Sperrwirkung haben können.

Würde dieser Auffassung gefolgt werden, so hätte dies zur Folge, daß immer dann, wenn die Polizeibehörde allein aus Gründen der Gefahrenabwehr einschreitet, alle anderen bundesrechtlichen Bestimmungen, wie etwa die §§ 16, 24, 51 GewO ohne Bedeutung wären. Insbesondere wäre auch die Erteilung einer besonderen Genehmigung in diesen Fällen ohne Bedeutung. Ein Ergebnis, das vor allem mit § 25 Abs. 1 GewO unvereinbar ist. Abgesehen von diesen Bedenken erscheint es auch nicht möglich, von der reinen Gesetzgebungszuständigkeit auf das Verhältnis der darauf beruhenden gesetzlichen Vorschriften zu schließen. Selbstverständlich kann nicht durch Bundesrecht geregelt werden, was landesrechtlicher Gesetzgebungskompetenz unterliegt[3]. Daraus ergeben sich jedoch dann keine Folgen, wenn sowohl landesrechtliche als auch bundesrechtliche Vorschriften, die im Rahmen der jeweiligen Gesetzgebungskompetenz erlassen sind, in einem konkreten Fall Anwendung finden können und insoweit ineinander übergreifen. Sobald allgemeine landesrechtliche Bestimmungen zur Gefahrenabwehr bezüglich eines Gewerbebetriebes herangezogen werden, wird nicht mehr ausschließlich eine sicherheitspolizeiliche Regelung getroffen, sondern zumindest auch eine Regelung hinsichtlich der Tätigkeit eines Gewerbebetriebes. In diesem Fall ist aber die in Art. 31 GG getroffene Regelung zu beachten, wonach Bundesrecht vor Landesrecht den Vorrang hat. Damit ist aber eine Einschränkung des Landesrechts für den konkreten Fall gegeben.

Entgegen der Auffassung von Janssen begrenzen daher bundesrechtliche Bestimmungen — soweit sie Anwendung finden — grundsätzlich den Geltungsbereich ihnen entgegenstehender landesrechtlicher Vorschriften.

---

[3] Auf die Abgrenzung zu dieser Frage beschränken sich aber allein die Ausführungen des BVerfG in der zitierten Entscheidung.

B. Polizeiliche Bestimmungen und der Grundsatz der Gewerbefreiheit — §§ 1, 143 GewO

I. Gewerbefreiheit und die Zulässigkeit eines polizeilichen Eingriffs

Für die Abgrenzung bundesrechtlicher und landesrechtlicher, einen Gewerbebetrieb betreffende Vorschriften und die sich daraus ergebenden Grenzen, ist zunächst der sich aus den §§ 1, 143 GewO ergebende Grundsatz der Gewerbefreiheit von Bedeutung. Allgemein anerkannt ist heute, daß durch diesen Grundsatz im allgemeinen nur die Zulassung zu einem Gewerbe — abgesehen von bestimmten bundesrechtlich geregelten Ausnahmen[1] — nicht beschränkt oder beeinträchtigt werden darf[2]. So hat auch § 143 GewO nur die Fortführung des einmal begonnenen Gewerbes zum Gegenstand. Der Grundsatz der Gewerbefreiheit bedeutet also nur, die Freiheit ein Gewerbe zu beginnen und als solches fortzuführen. Nicht hierunter fällt, das Gewerbe in jeder beliebigen Art und Weise zu betreiben. Ebenfalls allgemein anerkannt ist daher, daß der Gewerbetreibende hinsichtlich der Art und Weise der Ausübung seines Gewerbes alle im Interesse der Allgemeinheit erlassenen Vorschriften zu beachten hat, ohne daß es sich hierbei um bundesrechtliche oder gewerbrechtliche Vorschriften handeln muß[3]. Soweit die zuständige Behörde eine Erlaubnis oder Genehmigung für das betreffende Gewerbe erteilt hat, ist dem Berechtigten in dieser Hinsicht keine besondere Befugnis verliehen. Die Erteilung des Rechtes besagt nur, daß von gewerberechtlicher Seite keine Bedenken bestehen, dem Antrag zu entsprechen. Damit ist aber keine Garantie gegeben, daß die Tätigkeit auch in jeder anderen Richtung unbeschränkt ausgeübt werden darf[4], wobei hier einmal von den Besonderheiten der nach den §§ 16 ff. GewO genehmigten Anlagen abgesehen wird. Von Vorschriften, die in den Grundsatz der Gewerbefreiheit eingreifen, kann daher erst dann gesprochen werden, wenn damit das Recht zur Eröffnung und Unterhaltung des Betriebes vereitelt wird[5].

Eine gewisse Erweiterung und Untermauerung dieser Grundsätze zur Zulassungsfreiheit bringt das Reichsgericht in seiner Entscheidung vom 28. 4. 1936[6]. Dort heißt es:

---

[1] Vgl. die besonderen Zulassungsvoraussetzungen des Apothekengesetzes und die im Einzelfall noch zulässigen Bedürfnisprüfungen.

[2] BVerfG v. 17. 3. 1959 Bd. 9, S. 213 ff; *Janssen* § 1 Anm. 4 a; *Sieg-Leifermann* § 1 Anm. 3; *Boldt-Steffens* § 1 Anm. 3; *Fuhr* § 1 Anm. 13 a; *Landmann-Rohmer* § 1 Rdn. 83 ff; *Drews-Wacke* S. 148; RG v. 28. 4. 1936 Bd. 151, S. 170 ff.

[3] Siehe die in vorstehender Anm. 2 zitierte Literatur.

[4] OVG Lüneburg v. 13. 2. 1958 GewArch 1958, S. 202; *Redmann* GewArch 1959, S. 103.

[5] VGH Bremen v. 27. 4. 1954 GewArch 1955, S. 38.

[6] RGZ Bd. 151, 170 ff.

„Die Anwendung des Grundsatzes, daß die Art und Weise der Ausübung des Gewerbes den allgemeinen polizeilichen Vorschriften unterliegt, kann nun dahin führen, daß durch die auf diese Vorschriften gestützte Untersagung der Ausübung des Gewerbes dessen Betrieb von vornherein tatsächlich unmöglich gemacht wird. Regelmäßig trifft das in den Fällen zu, in denen die beabsichtigte Art und Weise der Ausübung des Gewerbebetriebes von Anfang an den erwähnten Vorschriften zuwider laufen müßte, dem Gewerbetreibenden aber nach den obwaltenden Verhältnissen eine wirksame Abhilfe auf Zeit oder Dauer nicht möglich ist. Ein Beispiel bildet der Fall, daß die Räume, in denen das Gewerbe betrieben werden soll, den bestehenden sicherheits- und gesundheitspolizeilichen Anforderungen nicht genügen und geeignete, den Vorschriften entsprechende andere Räume an dem betreffenden Ort nicht zur Verfügung stehen. In solchen Fällen braucht die Polizei mit ihrem Einschreiten nicht erst die Eröffnung des geplanten Gewerbebetriebes abzuwarten, sondern sie kann durch das Verbot der Eröffnung im Hinblick auf die beabsichtigte Art und Weise die Ausübung von Anfang an untersagen."

Diese Einschränkung kann jedoch, wie das Reichsgericht weiter ausführt, nicht dazu führen, daß eine besondere polizeiliche Genehmigung für diese Gewerbe erforderlich wird, sondern es kann nur dann Geltung haben, wenn das Gewerbe an diesem Ort oder in dieser konkreten Ausgestaltung bereits bestehenden allgemeinen polizeilichen Vorschriften entgegensteht. So wäre z. B. in dem vom OVG Lüneburg entschiedenen Fall[7] über die durch Polizeiverordnung angeordnete ordnungsbehördliche Genehmigungspflicht zur Errichtung und zum Betrieb von Zeltplätzen diese Verpflichtung dann mit dem Grundsatz der Gewerbefreiheit vereinbar, wenn die Prüfung sachbezogen auf den konkreten Zeltplatz erfolgen soll, nicht jedoch wenn sich die Prüfung auf die persönlichen Verhältnisse und persönlichen Erfordernisse des Inhabers des Zeltplatzes bezieht.

Bei der Ausübung ihres Gewerbes haben die Gewerbetreibenden alle auf sie anwendbaren Vorschriften zu beachten, einschließlich der besonderen Polizeiverordnungen und den im Interesse der Allgemeinheit erlassenen allgemeinen Vorschriften[8]. So führt auch der Hessische VGH in seiner Entscheidung vom 29. 6. 1960 aus[9]:

„Die Polizei- und Ordnungsbehörden sind daher befugt, die Art und Weise der Ausübung des Gewerbebetriebes so zu regeln, daß Gefahren aus dem Gewerbebetrieb in sicherheits-, gesundheits-, sitten- und feuerpolizeilicher Beziehung vermieden werden ... Aber niemand ist berechtigt, sein

---

[7] V. 10. 10. 1961 GewArch 1962, S. 57; vgl. auch *Fuhr* § 1 Anm. 13 g; *Janssen* § 1 Anm. 4 b.

[8] *Fuhr* § 1 Anm. 12; *Rohlfing-Kiskalt-Wolff* § 1 Anm. 2 a; *Janssen* § 1 Anm. 4 a; *Turegg* S. 14; Bad.-Württ. VGH v. 14. 1. 1958 ESVGH Bd. 8, S. 82; VGH Bremen v. 27. 4. 1954 GewArch 1955, S. 38.

[9] ESVGH Bd. 10, S. 153.

Gewerbe so zu betreiben, daß daraus Gefahren für die Allgemeinheit entstehen[10]."

Der Grundsatz der Gewerbefreiheit steht daher einem nach allgemeinen landesrechtlichen, insbesondere polizeilichen Bestimmungen zulässigen Einschreiten gegen einen Gewerbebetrieb wegen der von ihm an seinem Standort für die Nachbarschaft oder Allgemeinheit ausgehenden konkreten Gefahren nicht entgegen.

II. Gewerbefreiheit und zulässiger Umfang eines polizeilichen Eingriffs

Eine weitere Frage ist, ob die Polizei- oder Verwaltungsbehörde aufgrund landesrechtlicher, insbesondere allgemeiner polizeilicher Regelungen einen Gewerbebetrieb untersagen kann oder ob dies wegen Verstoßes gegen den Grundsatz der Gewerbefreiheit unzulässig ist.

Allgemein anerkannt ist heute, daß die Polizeibehörde einem Gewerbetreibenden nicht den Betrieb seines Gewerbes generell untersagen darf[11]. Dieses landesrechtliche Bestimmungen begrenzende Verbot korrespondiert dem Verbot der Zulassungsbeschränkung und folgt wie diese auch aus dem Grundsatz der Gewerbefreiheit. Insbesondere ergibt es sich aus der Formulierung des § 143 GewO, wonach die Berechtigung zum Gewerbebetrieb nicht durch richterliche oder administrative Entscheidung entzogen werden kann[12]. Die Entziehung der Gewerbebefugnis kann allein aufgrund besonderer gesetzlicher Bestimmungen erfolgen[13]. Auch dieser Grundsatz beruht auf der ständigen Rechtsprechung des Preußischen OVG[14].

Weiterhin ist in diesem Zusammenhang zu erörtern, ob im Hinblick auf den Grundsatz der Gewerbefreiheit solche nach allgemeinen polizeilichen Grundsätzen zulässigen Maßnahmen angeordnet werden können, die wegen der mit ihrer Ausführung verbundenen tatsächlichen oder wirtschaftlichen Belastung einer Untersagung des weiteren Betriebes des Gewerbes gleichstehen. Für den Gewerbetreibenden besteht ein wesentlicher Unterschied, ob er lediglich bestimmte Anforderungen zu erfüllen hat oder ob der Betrieb seines Gewerbes generell untersagt

---

[10] Diese Grundsätze entsprechen der ständigen Rechtsprechung des PrOVG und des RG: PrOVG v. 4. 11. 1926 GewArch 24, S. 321; RG v. 18. 3. 1901 Bd. 48, S. 71; v. 18. 5. 1905 Bd. 61, S. 9 ff.; v. 24. 9. 1906 Bd. 64, S. 117 ff.; auch OLG Dresden v. 28. 4. 1904 FiZ Bd. 28, S. 188 folgte diesen Grundsätzen.

[11] *Landmann-Rohmer* § 1 Rdn. 85; *G. Meyer* I S. 393.

[12] Vgl. dazu PrOVG v. 22. 4. 1935 Bd. 92, S. 99 ff; BayVGH v. 29. 5. 1958 GewArch 1957/58, S. 285 f; *Fuhr* § 1 Anm. 13.

[13] *Huber* I S. 696.

[14] Entsch. v. 1. 10. 1936 Bd. 99, S. 177; v. 22. 2. 1934 Bd. 92, S. 99; v. 8. 12. 1936 Bd. 100, S. 217; v. 16. 12. 1937 Bd. 101, S. 203; In der Zeit nach 1933 anders: ThürOVG v. 4. 3. 1936 RVerwBl 57, S. 316; SächsOVG v. 1. 9. 1938 Jahrb 41, S. 235; HambgOVG v. 20. 12. 1938 RVerwBl 1939, S. 421; RVerwG v. 1. 10. 1942 RVerwBl 64, S. 13.

wird, was den Entzug einer etwa erteilten Erlaubnis bedeutet. Im letzteren Falle darf er ohne erneute Erteilung einer Erlaubnis oder zumindest ohne ausdrückliche Aufhebung des Verbotes sein Gewerbe nicht fortführen, auch wenn er an ihn gestellte Anforderungen erfüllt, die zur Untersagung führten[15].

Was nun den Umfang der im Hinblick auf die §§ 1, 143 GewO zulässigen polizeilichen Anforderungen betrifft, so muß auch bezüglich der Gewerbefreiheit der allgemeine Satz Geltung haben, daß die Ausübung eines jeden Rechtes nur soweit gehen darf, als dadurch nicht Rechte Dritter beeinträchtigt werden oder Gefahren für die öffentliche Sicherheit oder Ordnung entstehen[16]. Auch bezüglich der Gewerbefreiheit muß gelten, was das Bundesverwaltungsgericht zur Frage der Ausübung des Eigentumsrechtes ausgeführt hat[17]:

> „Dies läuft darauf hinaus, daß der Eigentümer durch sein Verhalten und den Zustand seiner Sache für die öffentliche Sicherheit oder Ordnung nicht gefährden oder stören darf, weil er sonst damit rechnen muß, daß die Polizei gegen ihn die gesetzlich zulässigen Maßnahmen zur Wahrung der öffentlichen Sicherheit und Ordnung ergreift. Der Eigentümer darf sein Eigentum nur innerhalb dieser gesetzlichen Schranken nutzen."

Ist aus diesem Grunde das Recht der Gewerbefreiheit insoweit begrenzt, so folgt daraus, daß auch alle jene Anforderungen nicht gegen diesen Grundsatz verstoßen, die erforderlich sind, die Ausübung des Rechtes in den ihm gesteckten Grenzen zu halten[18]. Es sind daher alle Maßnahmen zulässig, die zur Beseitigung einer vom Gewerbebetrieb ausgehenden Gefahr erforderlich sind. Aus diesem Grunde steht der Grundsatz der Gewerbefreiheit solchen Anforderungen der Verwaltungs- oder Polizeibehörde nicht entgegen, die wegen der mit ihrer Ausführung verbundenene Belastung einer Untersagung des Gewerbebetriebes oder des weiteren Betriebs der gewerblichen Anlage gleichstehen, soweit sich nicht aus den einzelnen Vorschriften selbst Beschränkungen ergeben, wie dies zum Beispiel bei den genannten Immissionsschutzgesetzen[19] der Fall ist.

C. Beschränkung landesrechtlicher Bestimmungen durch § 51 GewO

I. Die grundsätzliche Sperrwirkung

Nach § 51 GewO kann die fernere Benutzung einer gewerblichen Anlage gegen Entschädigung dann untersagt werden, wenn der weitere Betrieb mit überwiegenden Nachteilen oder Gefahren für das Allge-

---

[15] *Landmann-Rohmer* § 1 Rdn. 40.
[16] PrOVG v. 22. 2. 1934 Bd. 92, S. 100 ff (107); v. 1. 10. 1936 Bd. 99, S. 177 f.
[17] Entsch. v. 25. 5. 1965 DVBl 1965, S. 766; vgl. auch HessVGH v. 29. 6. 1960 ESVGH Bd. 10, S. 152.
[18] Vgl. *Huber* I S. 696.
[19] Siehe oben 3. Kap., 2. Abschn., B.

meinwohl verbunden ist. Nach der wohl herrschenden Meinung[1] wird durch diese Vorschrift, soweit sie im Einzelfall Geltung hat, die Möglichkeit ausgeschlossen, aufgrund landesrechtlicher Bestimmungen den weiteren Betrieb einer gewerblichen Anlage zu untersagen.

Diese auf Art. 31 GG beruhende Sperrwirkung wird von Janssen[2] bestritten. Er verneint eine Sperrwirkung grundsätzlich. Seine Auffassung begründet er damit, daß die Bestimmung des § 51 GewO keinen Schutzcharakter habe, sie stelle vielmehr nur einen Auffangtatbestand für die Fälle dar, in denen aufgrund anderer Vorschriften ein Einschreiten gegen eine gewerbliche Anlage nicht möglich ist. Dies ergebe sich auch daraus, daß die Vorschrift nach ihrem Wortlaut nicht die ausschließliche Möglichkeit darstelle, gegen eine gewerbliche Anlage einzuschreiten. Ferner sei die Bestimmung nicht zwingend, sondern nur eine Kannvorschrift. Weiterhin begründet er seine Meinung mit der unterschiedlichen Gesetzgebungszuständigkeit, wie sie bereits oben zur Frage der Beschränkung landesrechtlicher Regelungen durch den Grundsatz der Gewerbefreiheit allgemein dargestellt wurde und damit, daß es sich regelmäßig um zwei verschiedenartige Eingriffsgrundlagen handele, und zwar um einen enteignenden Eingriff einerseits und einen polizeilichen Eingriff andererseits.

Ob dieser Auffassung von Janssen zugestimmt werden kann, erscheint zweifelhaft. Soweit er auf die unterschiedliche Gesetzgebungskompetenz abstellt, kann auf die Ausführungen zum Grundsatz der Gewerbefreiheit verwiesen werden, wo diese Begründung abgelehnt wurde[3]. Für die Frage der grundsätzlichen Sperrwirkung des § 51 kann es nun zunächst einmal nicht auf die Vorschrift als solche, sondern nur darauf ankommen, ob aus dieser Bestimmung folgt, daß der Betrieb einer gewerblichen Anlage in bestimmten Fällen allein unter den dort genannten Voraussetzungen untersagt werden darf. Wann dies der Fall ist, betrifft die Frage des Geltungsbereichs der Vorschrift und nicht die Frage der grundsätzlichen Sperrwirkung. Entgegen der Auffassung von Janssen konnte die Vorschrift auch nicht als generell ausschließliche Eingriffsnorm geschaffen werden, da sonst auch rechtswidrig errichtete und betriebene Anlagen unter deren Schutz gefallen wären. Die Frage kann hier nur sein, in welchen Fällen ausschließlich nach § 51 vorgegangen werden kann und muß. Dies ist dann aber wieder eine Frage des Geltungsbereiches und nicht der grundsätzlichen Sperrwirkung. Das gleiche gilt für die Begründung, die Vorschrift sei

[1] *Landmann-Rohmer* § 51 Rdn. 3; *Fuhr* § 51 Anm. 10; *Sieg-Leifermann* § 51 Anm. 4; *Drews-Wacke* S. 148; BVerwG v. 25. 5. 1965 DVBl 1965, S. 766; v. 4. 9. 1967 DÖV 1967, S. 861; RG v. 12. 11. 1887 Bd. 19, S. 353 ff; PrOVG v. 12. 11. 1891 Bd. 23, S. 254.

[2] § 51 Anm. I, a; GewArch 1968, S. 1 ff.

[3] Siehe oben 4. Kap., 3. Abschn., B.

nicht als zwingende ausgestaltet. Ob die Vorschrift zwingend zu beachten ist, berührt wieder die Frage des Geltungsbereiches. Als generell zwingend konnte die Vorschrift aber — ebensowenig wie eine Enteignung in aller Regel zwingend vorgeschrieben werden kann — nicht ausgestaltet werden. Die Entscheidung darüber, ob auf diesem Wege vorgegangen werden soll, muß der zuständigen Verwaltungsbehörde überlassen bleiben. Die von Janssen gegebenen Begründungen vermögen aus diesen Gründen nicht zu überzeugen. Es ist daher der herrschenden Meinung zu folgen, wonach die Vorschrift des § 51 GewO die Untersagung der weiteren Benutzung einer gewerblichen Anlage nach allgemeinen polizeilichen Bestimmungen insoweit ausschließt, als diese Vorschrift im Einzelfall Geltung hat.

II. Die ausdrücklich genannten Voraussetzungen der Vorschrift

a) Der Begriff der Anlage

Die Vorschrift des § 51 GewO betrifft die Untersagung des ferneren Betriebs einer gewerblichen Anlage. Erste Voraussetzung ist daher, daß eine Anlage gegeben ist. Was hierunter zu verstehen ist, wird in Literatur und Rechtsprechung unterschiedlich beurteilt.

Soweit in der Rechtsprechung auf diese Frage eingegangen wurde, ist teilweise zwischen einem bloßen Lager und einer Anlage unterschieden worden[4]. Diese Unterscheidung findet sich auch bei Landmann-Rohmer[5], wonach § 51 nicht auf Niederlagen (Lager) gesundheits- und feuergefährlicher, übelriechender oder ähnlicher Stoffe anzuwenden ist. Andererseits wird in der Entscheidung des Preußischen OVG vom 29. 6. 1908[6] im Zusammenhang mit der Lagerung von Tierabfällen von einer konzessionspflichtigen Anlage gesprochen.

Mit Einschränkung sollte dieser Unterscheidung zwischen Anlage und bloßem Lager nicht gefolgt werden.

Einmal kann der Begriff der Anlage nicht eng gefaßt werden. Zum anderen gehört im Einzelfall nicht viel, um von einer Anlage im Wortsinn sprechen zu können. Vergleichsweise sei hier auf das bei Fuhr[7] gebrachte Beispiel der Schlächterei hingewiesen. So wird auch schwer zwischen einem bloßen Lager und einer Anlage zu trennen sein, wenn zur Lagerung bestimmter Stoffe besondere, wenn auch technisch ein-

---

[4] BadVGH v. 10. 5. 1906 GArch 6, S. 376; PrOVG v. 16. 4. 1891 Reger Bd. 11, S. 361; BVerwG v. 4. 9. 1967 DÖV 1967, S. 861: Bodenvorkommen als Steinbruchsanlage.

[5] § 51 Rdn. 7.

[6] GArch 8, S. 163; Vgl. auch SächsOVG v. 16. 4. 1915 Jahrb 23, S. 3; v. 26. 10. 1926 GArch 25, S. 235.

[7] § 16 Anm. 1 a und § 51 Anm. 1 a.

fache Vorrichtungen geschaffen wurden. Es erscheint daher nicht möglich, eindeutig zu bestimmen, welche Voraussetzungen an die technische Einrichtung einer Anlage im Sinne des § 51 GewO gestellt werden müssen, sofern diese Abgrenzung gewählt wird.

Richtiger ist es, das Vorliegen der Voraussetzung einer Anlage nicht von der technischen Einrichtung abhängig zu machen, sondern diese Voraussetzung im Vergleich zu der Bestimmung des § 53 GewO zu sehen und damit eine bestimmte Zielrichtung der Untersagungsverfügung zu verlangen. Regelt nämlich § 53 die Zurücknahme persönlicher, gewerblicher Erlaubnisse und Genehmigungen und richtet sich eine entsprechende Verfügung daher unmittelbar an die Person des Gewerbetreibenden, so wird durch die Voraussetzung „Anlage" in § 51 verlangt, daß sich die Verfügung auf den Betrieb als solchen bezieht und die Untersagung daher unabhängig von der Person des Betreibers erfolgt[8]. Darüber hinaus besondere Anforderungen an die technische Einrichtung zu stellen, erscheint nicht zutreffend.

b) Der Begriff der Untersagung

Die Untersagungsverfügung erfaßt, entsprechend den Ausführungen zu der Voraussetzung der Anlage, nur das sachliche, nicht das persönliche, an einen bestimmten Unternehmer als solchen gerichtete Verbot des weiteren Betriebs einer bestimmten bestehenden[9] Anlage. Wird daher nicht der Betrieb der Anlage unabhängig von der Person des Unternehmers untersagt, so greift der Schutz des § 51 GewO nicht ein. Untersagung im Sinne des § 51 GewO bedeutet also das direkte und unmittelbare Verbot des weiteren Betriebs einer bestimmten bestehenden Anlage, unabhängig von der Person des Betreibers.

Aus den bisherigen Ausführungen ergibt sich weiterhin, daß, soweit die Vorschrift Geltung hat, der Schutz des § 51 auch nicht dadurch umgangen werden kann, daß statt der entschädigungspflichtigen Untersagung solche Anforderungen gestellt werden, die zwar nach Polizeirecht zulässig sind, die aber wegen ihrer tatsächlichen oder wirtschaftlichen Belastung die Weiterführung des Betriebes der gewerblichen Anlage unmöglich machen[10].

Von der wirtschaftlichen Belastung, die einen weiteren Betrieb unmöglich macht, ist zu unterscheiden, die durch polizeiliches Einschreiten eintretende Beeinträchtigung der Rentabilität. Hier ist jedenfalls dann noch kein, ein der Untersagung gleichstehender Eingriff gegeben,

---

[8] So auch *Fuhr* § 51 Anm. 1 a; vgl. auch SächsOVG v. 14. 6. 1927 Jahrb 31, S. 42 ff.

[9] § 51 GewO gilt nicht für das Verbot der Errichtung einer gewerblichen Anlage, sondern nur für den Fall, daß eine vorhandene Anlage nicht mehr benutzt werden darf — BVerwG v. 4. 9. 1967 DÖV 1967, S. 861.

[10] *Rohrscheidt* § 51 Anm. 1; BVerwG v. 25. 5. 1965 DVBl 1965, S. 766.

wenn der Unternehmer die Anlage auch weiterhin wirtschaftlich sinnvoll, wenn auch mit geringerem Gewinn betreiben kann. Dies gilt auch dann, wenn der Unternehmer aus diesem Grunde den weiteren Betrieb der Anlage von sich aus einstellt. Demgegenüber erscheint die auf die Entscheidung des Preußischen OVG vom 25. 10. 1886[11] zurückzuführende Meinung[12] zu eng, wonach die Infragestellung der Rentabilität der Untersagung der ferneren Benutzung einer unter § 51 fallenden Anlage nicht gleichsteht, auch wenn der Unternehmer durch den Mangel an Rentabilität zur Einstellung des Betriebes veranlaßt wird. Diese Meinung berücksichtigt nicht, daß sich aus den tatsächlichen Anordnungen, die einen weiteren Betrieb der Anlage an sich gestatten würden, eine wirtschaftliche Belastung solchen Umfangs ergeben kann, die die künftige Nutzung der Anlage allein aus diesem Grunde nicht gestattet. Allein entscheidend kann letztlich nur der Zwang sein, der im Ergebnis zur Betriebseinstellung führt.

Eine Untersagung der ferneren Benutzung einer gewerblichen Anlage oder dem gleichstehende Maßnahmen sind nicht gegeben, wenn die Polizeibehörde die Fortsetzung des Betriebs vorübergehend einstellt, bis der Unternehmer zulässige Anforderungen an den Betrieb der Anlage erfüllt hat. Eine Ausnahme hiervon ist nur dann zu machen, wenn die Durchführung der angeordneten Maßnahmen aus wirtschaftlichen oder tatsächlichen Gründen unmöglich ist. In diesem Fall ist nicht nur eine vorübergehende Einstellung des Betriebs der Anlage gegeben[13]. Ebenfalls nicht um eine Untersagung im Sinne des § 51 handelt es sich bei einer Untersagung nur eines Teiles einer Anlage. Auch hier ist wieder eine Ausnahme zu machen, wenn der weitere Betrieb der Anlage ohne diesen Teil tatsächlich oder wirtschaftlich nicht möglich ist. In diesem Fall steht die Teiluntersagung der Untersagung des Betriebes der gesamten Anlage gleich[14].

III. Der Anwendungsbereich der Vorschrift

Der Anwendungsbereich der Bestimmung des § 51 GewO beschränkt sich zunächst nach dem insoweit eindeutigen Wortlaut auf rein gewerbliche Anlagen[15]. Bestätigt wird diese unbestrittene Auffassung durch

[11] Bd. 14, S. 323 = Reger Bd. 7, S. 353.

[12] *Rohrscheidt* § 51 Anm. 1; RG v. 20. 5. 1896 PrVerwBl 18, S. 25; BVerwG v. 25. 5. 1965 DVBl 1965, S. 766; VG Darmstadt v. 1. 11. 1965 III 202/64; *Landmann-Rohmer* § 51 Rdn. 17.

[13] Vgl. die Ausführungen von *Hoppe* zu § 25 Abs. 3 GewO BB 1966, S. 1372 ff; *Landmann-Rohmer* § 51 Rdn. 17; *Fuhr* § 51 Anm. 2 c.

[14] RG v. 30. 10. 1912 Reger Bd. 33, S. 233; SächsOVG v. 11. 12. 1901 Reger Bd. 22, S. 297; RG v. 12. 11. 1887 Bd. 19, S. 353 ff; OVG Münster v. 10. 11. 1965 GewArch 1968, S. 32 ff.

[15] D. h. auf solche Anlagen, die einer fortgesetzten auf Gewinnerzielung gerichteten Tätigkeit dienen; *Landmann-Rohmer* Einl Rdn. 112.

die Verordnung zur Abänderung der §§ 24, 25, 147 GewO vom 30. 8. 1937[16], wodurch die Voraussetzung „gewerblich" in § 51 nicht gestrichen wurde. Dies hätte dann nahegelegen, wenn der Gesetzgeber der Auffassung gewesen wäre, die Vorschrift solle nicht allein auf gewerbliche Anlagen Anwendung finden, wie dies nach der genannten Änderung in den oben bezeichneten Vorschriften der Fall ist[17].

Die Anwendung der Vorschrift ist daher für solche Anlagen ausgeschlossen, die nicht unter die Bestimmungen der Gewerbeordnung fallen[18]. Sie findet ferner keine Anwendung, soweit Spezialbestimmungen bestehen[19]. So gehören zu den Anlagen auf die § 51 keine Anwendung findet, die Atomanlagen des § 7 AtomG[20]. Wie sich aus § 8 Abs. 1 AtomG und der dazu gegebenen Begründung[21] ergibt, wurde für diese Anlagen wegen ihrer besonderen Eigenart die Sonderregelung des § 18 AtomG für erforderlich gehalten. Weiterhin findet § 51 keine Anwendung auf die Anlage, die unter die Sonderregelung des Wasserhaushaltsgesetzes[22] fallen. Ferner findet § 51 keine Anwendung auf Anlagen der öffentlichen Hand, soweit diese unmittelbar öffentlichen Zwecken dienen[23] und auf die zu landwirtschaftlichen Betrieben gehörenden Nebenanlagen. Im Hinblick auf die Regelung des § 41 BBahnG[24] kommt sie auch nicht zur Anwendung bei Anlagen der Bundesbahn. Letztlich findet die Bestimmung keine Anwendung auf die unter § 23 GewO fallenden Anlagen. Dies gilt nach § 23 Abs. 2 GewO auch, soweit diese unter § 16 GewO fallen[25].

Der Anwendungsbereich des § 51 GewO ist daher insoweit für alle gewerbliche Anlagen gegeben, als sie den Bestimmungen der Gewerbeordnung unterliegen und keine spezielleren Vorschriften gegeben sind.

IV. Der Geltungsbereich der Vorschrift

a) *Grundsätzliches*

Nach allgemeiner Meinung erstreckt sich der Geltungsbereich des § 51 GewO auf alle genehmigungspflichtigen gewerbliche Anlagen, zu deren

[16] RGBl I 1937, S. 918.
[17] *Fuhr* § 51 Anm. 1 a; *Janssen* § 51 Anm. I.
[18] Z. B. die in § 6 GewO genannten Betriebe und Anlagen.
[19] Vgl. § 12 GaststG.
[20] Gesetz v. 13. 12. 1959 BGBl I S. 814.
[21] BTDrucks 759 S. 24 von 1958/59.
[22] Gesetz v. 27. 7. 1957 (BGBl I S. 1110) idF v. 19. 2. 1959 (BGBl I S. 37) idF v. 6. 8. 1964 (BGBl I S. 611).
[23] Siehe PrOVG v. 28. 11. 1916 Bd. 72, S. 284 und die in vorstehender Anm. 17 zitierte Literatur; ferner *Landmann-Rohmer* § 51 Rdn. 10; *Sieg-Leifermann* § 51 Anm. 4.
[24] Gesetz v. 13. 12. 1951 BGBl I S. 955.
[25] *Landmann-Rohmer* § 51 Rdn. 6 und die dort zitierte Literatur; SächsOVG 30. 8. 1912 Reger Bd. 33, S. 398.

Betrieb der Unternehmer durch die Erteilung der erforderlichen sachlichen Genehmigung ein Recht erlangt hat[26]. Vor Einfügung des § 25 Abs. 3 GewO[27] hatte die Vorschrift für diese Anlagen insoweit eine wesentliche Bedeutung als nur auf ihrer Grundlage ein Einschreiten möglich war, solange die Anlage entsprechend den Genehmigungsbedingungen betrieben wurde, auch wenn damit Nachteile, Belästigungen oder Gefahren für die Allgemeinheit verbunden waren[28]. Heute ist der Schutz der genehmigten Anlagen durch die Einfügung des § 25 Abs. 3 GewO erheblich beschränkt. Entsprechend ist auch die Bedeutung des § 51 Gew gesunken. Bedeutung hat die Vorschrift für die nach den §§ 16 ff GewO genehmigten Anlagen nur noch, wenn wegen der Beschränkung der Auflagenmöglichkeit in § 25 Abs. 3 GewO auf wirtschaftlich zumutbare Maßnahmen eine Beseitigung bestehender Gefahren, Nachteile oder Belästigungen nicht möglich ist[29].

Voraussetzung für die Geltung des § 51 GewO und des damit gegebenen Schutzes des Unternehmers vor nachträglicher Untersagung seines Betriebes ist, daß die genehmigungspflichtige Anlage genehmigt und ordnungsgemäß im Rahmen der Genehmigungsbedingungen betrieben wird. Ist dies nicht der Fall, so findet ausschließlich § 147 GewO Anwendung.

Im Gegensatz zu den genehmigungspflichtigen Anlagen ist der Geltungsbereich der Vorschrift für genehmigungsfreie Anlagen und Betriebe seit jeher erheblich umstritten[30]. Zur Lösung dieser Streitfrage soll zunächst auf die in Rechtsprechung und Literatur vertretenen Meinungen eingegangen werden.

b) Die verschiedenen Meinungen

Zur Frage des Geltungsbereiches der Vorschrift des § 51 GewO werden im wesentlichen drei Auffassungen vertreten:

1. Die herrschende Meinung

Nach der als herrschend zu bezeichnenden Auffassung erstreckt sich der Geltungsbereich des § 51 auf die gewerblichen Anlagen, zu deren Betrieb der Unternehmer durch die erteilte Genehmigung ein Recht erlangt hat und auf solche genehmigungsfreien Anlagen, deren Betrieb,

---

[26] *Fuhr* § 51 Anm. 1; *Janssen* § 51 Anm. I, 3 b; *Sieg-Leifermann* § 51 Anm. 4; *Landmann-Rohmer* § 51 Rdn. 3.

[27] ÄndG Nr. 2 v. 22. 12. 1959 (BGBl I S. 782).

[28] Siehe oben 3. Kap., 2. Abschn., B, II.

[29] Siehe oben 3. Kap., 3. Abschn., B, I, c.

[30] Als genehmigungsfrei sind alle Anlagen und Betriebe anzusehen, für die keine besondere sachliche Genehmigung erforderlich ist. Also auch Anlagen und Betriebe, die auf Grund einer Personalerlaubnis betrieben werden, soweit hier nicht besondere Gesetze wie z. B. das Atomgesetz Geltung haben.

wenn er auch mit Nachteilen für das Allgemeinwohl verbunden ist, sich doch im Rahmen der dafür geltenden gesetzlichen Bestimmungen bewegt[31]. Nach dieser Auffassung bleibt die sich aus den Polizeigesetzen[32] ergebende Befugnis, gegen eine nicht genehmigungspflichtige Anlage selbst bis zur völligen Untersagung der ferneren Benutzung einzuschreiten, durch die Vorschrift unberührt.

Diese Ansicht geht in den entscheidenden Grundsätzen auf das Urteil des Preußischen OVG vom 12. 11. 1891[33] zurück. Die dort gegebenen Begründungen werden von den Vertretern dieser Meinung im wesentlichen auch heute lediglich wiederholt, ohne daß neue Argumente gebracht werden. In dieser grundlegenden Entscheidung des Preußischen OVG wird im einzelnen folgendes ausgeführt:

„Dies folgt ... schon allein aus der rechtlichen Natur der Enteignung als einer aus Gründen des Gemeinwohls gegen Entschädigung stattfindenden Entziehung bestehender Rechte. Danach beschränkt sich die Anwendbarkeit des § 51 auf gewerbliche Anlagen, zu deren Betrieb der Unternehmer durch die erteilte Genehmigung ein Recht erlangt hat und auf solche nicht genehmigungspflichtige gewerbliche Anlagen, deren Betrieb, wenn er auch mit Nachteilen für das Gemeinwohl verbunden ist, sich doch innerhalb der durch die Gesetze und polizeilichen Vorschriften gezogenen Grenzen bewegt. Nicht genehmigungspflichtige Anlagen aber, welche den Gesetzen oder polizeilichen Vorschriften zuwiderlaufen, bilden keinen Gegenstand der Enteignung und die Befugnis der Polizeibehörde gegen solche Betriebe bis zu ihrer völligen Untersagung einzuschreiten, um dem Gesetz Geltung zu verschaffen, wird durch § 51 nicht berührt."

Diese Begründung untermauert das Oberverwaltungsgericht durch die Heranziehung und Auslegung der Motive und Vorgeschichte der Gewerbeordnung. Hier[34] findet sich zu § 51 folgende auch in der Entscheidung wiedergegebene Begründung:

„Die Bestimmungen dieser Paragraphen sind schon oben bei der Erläuterung der Bestimmung über die Genehmigung bestehender Anlagen näher motiviert worden. Es kann die Erfahrung angeführt werden, daß bisher von dem hier vorbehaltenen Recht nur in äußerst seltenen Fällen Gebrauch gemacht worden ist. Immerhin ist es notwendig, dasselbe vorzubehalten, weil sich bei dem Betrieb jeder Anlage so wesentliche Nachteile und Gefahren für das Gemeinwohl ergeben können, daß ihnen gegenüber das Interesse des Einzelnen unter Vorbehalt der Entschädigung zurückstehen muß."

Ferner findet sich eine Begründung des § 51 bei der Begründung der Vorschrift über genehmigungspflichtige Anlagen. Dort heißt es[35]:

„Der Entwurf beabsichtigt die Erledigung aller Einwendungen nicht privatrechtlicher Natur, welche sich aus der besonderen Bestimmung der

---

[31] Vgl. statt aller *Fuhr* § 51 Anm. 1.
[32] Etwa den polizeilichen Generalklauseln, z. B. §§ 1, 6 HSOG in Hessen.
[33] Bd. 23, S. 254 ff = Reger Bd. 12, S. 254.
[34] Wiedergegeben bei *Rohrscheidt* § 51.
[35] Wiedergegeben bei *Rohrscheidt* § 16.

Anlage ergeben, mögen dieselben vom Nachbarn oder von der Behörde ausgehen, vor Errichtung der Anlage herbeizuführen und im kontradiktorischen Verfahren unter Herstellung eines geordneten Instanzenzuges mit präklusiven Fristen mit der Maßgabe unverändert bleibt, auch die polizeiliche Genehmigung unverändert aufrechterhalten wird. Für den Fall, daß durch die fernere Benutzung einer gewerblichen Anlage überwiegende Nachteile und Gefahren für das Gemeinwohl entstehen — ein Fall, der namentlich infolge des Wachstums der Städte in die Umgebung von Anlagen, welche ursprünglich nach außerhalb der Stadt verwiesen waren (Abdeckereien) eintreten kann — ist durch § 50 (jetzt § 51) die Untersagung der Benutzung der Anlage unter Schadenersatzleistung vorbehalten."

Aus dieser Begründung folgert das Oberverwaltungsgericht, daß die praktische Bedeutung des § 51 in der Untersagungsmöglichkeit des ferneren Betriebs der genehmigten Anlagen zu sehen ist. Im weiteren bezieht es sich in seiner Begründung auf § 69 PrGewO vom 17. 1. 1845 und die dazu gegebene Begründung. § 69 PrGewO lautet[36]:

Wegen überwiegender Nachteile und Gefahren für das Gemeinwohl kann die fernere Benutzung einer jeden gewerblichen Anlage zu jeder Zeit untersagt werden. Doch muß dem Besitzer alsdann für den erweislichen Schaden Ersatz geleistet werden.

Zur Begründung dieser Vorschrift wird eine Stelle in der Akte des Preußischen Staatsrates zitiert. Dort heißt es[37]:

„Obgleich nicht zu verkennen ist, daß die Bestimmung schon aus allgemeinen Rechtgrundsätzen abgeleitet werden kann, so ist dieselbe für die Vollständigkeit und leichtere Übersicht der gewerbepolizeilichen Vorschriften im vorliegenden Gesetz nicht wohl zu entbehren."

Hieraus zieht das Preußische OVG folgenden Schluß:

„Da es mit allgemeinen Rechtgrundsätzen in Widerspruch steht, wenn die Befugnis der Polizeibehörde gegen polizeiwidrige Anlagen mit Betriebsverboten einzuschreiten, einer gewerbsmäßig betriebenen Anlage gegenüber in Wegfall kommen soll und dem Unternehmer einer solchen Anlage für die Einstellung des Betriebes eine Entschädigung gezahlt werden muß, so kann der Erlaß einer dahingehenden Vorschrift mit der Aufnahme des vom Staatsrat ausdrücklich als Ausfluß allgemeiner Rechtgrundsätze bezeichneten § 69 in die Gewerbeordnung nicht beabsichtigt worden sein, vielmehr läßt die mitgeteilte Bemerkung des Staatsrates keinen Zweifel darüber, daß die Aufnahme des § 69 nur erfolgte, um in dem neuen, das gesamte Gewerbepolizeirecht umfassenden Gesetze, den schon aus der bisherigen Gesetzgebung abzuleitenden Rechtssatzes, daß auch der Betrieb gewerblicher Anlagen Gegenstand einer Expropriation bilden kann, Ausdruck zu geben."

Mit diesen Ausführungen hält das Preußische OVG auch etwaige Billigkeitsrücksichten für widerlegt, die eine andere Auslegung der Vorschrift des § 51 GewO und des § 69 PrGewO hätten rechtfertigen können. Insbesondere sei es nicht einzusehen, welche Billigkeitsrück-

[36] Wiedergegeben in der Entscheidung des PrOVG v. 12. 11. 1891 Bd. 23, S. 254 ff (261).
[37] Wiedergegeben in der vorstehend zitierten Entscheidung S. 264.

sichten dazu führen könnten, gewerbliche Anlagen, die ohne Mitwirkung der Behörden entstanden sind, wenn auch nur hinsichtlich der völligen Einstellung des Betriebes, vor anderen Anlagen zu privilegieren. Wie auch die zahlreichen Ergänzungen zeigten, die das Verzeichnis der genehmigungspflichtigen Anlagen im Laufe der Zeit erfahren hätte, würden fortwährend neue Betriebe entstehen, die durch die Lage oder Beschaffenheit der Betriebsstätte Nachteile und Gefahren für die Nachbarschaft herbeiführen könnten. Es liege in der Natur der Dinge, so fährt das Gericht fort, daß die Aufnahme solcher Betriebe in das Verzeichnis der genehmigungspflichtigen Anlagen erst erfolge, nachdem die Erfahrung die Notwendigkeit dieser Maßregel ergeben hätte. In all diesen Fällen müßte nun ein Unternehmer, der ohne Rücksicht auf Leben und Gesundheit seiner Mitbürger dergleichen Anlagen inmitten einer volksreichen Stadt oder an einer sonstigen so ungeeigneten Stelle errichtet hat, daß dem Betrieb auch nicht durch polizeiliche Auflagen seine Gemeinschädlichkeit genommen werden kann, für die gänzliche Einstellung ihrer gemeinschädlichen Tätigkeit eine Entschädigung aus öffentlichen Mitteln gezahlt werden, was sicherlich nicht als eine Anforderung der Billigkeit angesehen werden könne. Diese Auffassung hat das Preußische OVG in zahlreichen späteren Entscheidungen aufrechterhalten[38]. Ihr hat sich das Sächsische OVG mit Urteil vom 16. 4. 1915[39] ausdrücklich angeschlossen und dies in weiteren späteren Entscheidungen bestätigt[40]. Neben den vom Preußischen OVG gebrachten Argumenten verweist es darauf, daß es sich bei § 51 GewO um eine von allgemeinen Rechtsgrundsätzen abweichende Ausnahmevorschrift handele, die aus diesem Grunde eng auszulegen sei.

In der neueren Rechtsprechung ist das Problem des § 51 GewO bisher wenig behandelt worden. Soweit der Bundesgerichtshof[41] dazu Stellung genommen hat, folgt er der Auffassung des Preußischen OVG, ohne sich näher mit der Problematik zu befassen. Auch das Bundesverwaltungsgericht[42] beschäftigt sich mit der Frage des Geltungsbereiches des § 51 GewO im Hinblick auf das Sprengverbot in einem Steinbruch. Zur Problematik nimmt das Gericht jedoch keine Stellung. Aus den Gründen ergibt sich lediglich, daß § 51 GewO auf die unter die Bestimmungen der §§ 16, 24 GewO fallenden Anlagen Anwendung finden soll.

---

[38] Entsch. v. 21. 6. 1906 Bd. 49, S. 295; v. 17. 11. 1892 Reger Bd. 13, S. 119; v. 21. 12. 1903 Reger Bd. 25, S. 27; v. 15. 2. 1904 Reger Bd. 25, S. 211; v. 3. 6. 1912 Reger Bd. 33, S. 207; v. 18. 6. 1908 Reger Bd. 27, S. 327.

[39] Jahrb 23, S. 3 = Reger Bd. 36, S. 324.

[40] Siehe Jahrb 30, S. 122; eine andere Auffassung vertritt es dann im Urt. v. 14. 6. 1927 Jahrb 31, S. 42.

[41] V. 20. 1. 1966 JZ 1968, S. 426 mit Anm. v. *Quaritsch;* siehe auch *Flatten* SKV 1967, S. 5 ff.

[42] V. 25. 5. 1965 DVBl 1965, S. 766; v. 4. 9. 1967 DÖV 1967, S. 861.

Das OVG Münster[43] hat in einem Fall der Untersagung einer Schweinemästerei die Frage der Geltung des § 51 nicht erörtert und die Untersagung des weiteren Betriebes dieser Anlage nach allgemeinen polizeilichen Bestimmungen für zulässig erachtet[44].

In der älteren Lehre vertreten u. a. Otto Meyer[45], Rohrscheidt[46], Bernewitz[47] die gleiche Auffassung wie das Preußische OVG, ohne im wesentlichen andere Begründungen zu geben.

In der neueren Literatur sind Scheuner[48], Quaritsch[49], Fuhrmann[50] derselben Auffassung. Sie findet sich auch in den Kommentierungen von Janssen[51], Boldt-Steffens[52], Rohlfing-Kiskalt-Wolff[53] und Fuhr[54]. Bis auf Janssen[55] beziehen sie sich alle auf die bereits dargestellte Entscheidung des Preußischen OVG[56], ohne sich mit anderen hier vertretenen Meinungen auseinanderzusetzen.

2. Die Auffassung von Biermann

Die der herrschenden Meinung entgegengesetzte Auffassung wird allein von Biermann[57] vertreten. Er ist die Ansicht, § 51 GewO gelte für alle gewerblichen Anlagen, gleichgültig ob sie nur aufgrund einer besonderen Genehmigung oder genehmigungsfrei betrieben werden können. Seine Auffassung begründet er damit, daß die Heranziehung der Motive durch das Preußische OVG nicht ausreichend sei, der Wortlaut des § 51 sich eindeutig auf alle gewerblichen Anlagen beziehe und solche bedenklichen Betriebe, wie sie das Preußische OVG anführe, wegen der Bestimmung des § 26 GewO nicht sehr häufig seien. Mit den anderen Argumenten der herrschenden Meinung, insbesondere daß § 51 eine Enteignungsregel sei und daher auf polizeiwidrige Anlagen keine Anwendung finden könne, setzt sich Biermann nicht auseinander.

---

43 Entsch. v. 16. 10. 1956 DVBl 1957, S. 876.
44 Eine andere Frage ist, ob eine Schweinemästerei eine gewerbliche Anlage ist, für die die Gewerbeordnung Geltung haben soll — § 6 GewO. Die Frage kann nicht ohne weiteres verneint werden. Vgl. hierzu auch VG Wiesbaden III 859/66.
45 S. 315.
46 § 51 (S. 383).
47 § 51 Anm. 6.
48 GewArch 1956, S. 201.
49 DVBl 1959, S. 459.
50 B III, 1 § 51 Anm. 1.
51 § 51 Anm. I, 3 b.
52 § 51 Anm. 3.
53 § 51.
54 § 51 Anm. 1.
55 Siehe Anm. 9 und GewArch 1968, S. 1 ff.
56 Siehe in diesem Abschnitt, C, IV, B, 1,
57 S. 44.

3. Die vermittelnde Meinung

Nach einer zwischen den beiden oben dargestellten Auffassungen vermittelnden Meinung soll § 51 GewO für die genehmigungspflichtigen und solche genehmigungsfreien gewerblichen Anlagen Geltung haben, die im Einklang mit den zur Zeit ihrer Errichtung geltenden Gesetze erstellt und betrieben wurden[58]. Diese Auffassung wurde zunächst vom Preußischen OVG in einer Entscheidung vom 23. 10. 1883 vertreten[59]. Dort heißt es:

„Die Polizeiverwaltung hat ... dem Kläger ... die fernere Benutzung der ganzen Fabrik bis zur Erfüllung einer unmöglich zu erfüllenden Auflage untersagt. Eine derartige Maßregel fällt unter die Bestimmungen des § 51 RGewO und steht daher der Beklagten nicht zu."

Die entsprechende Meinung vertritt das Reichsgericht in der Entscheidung vom 12. 11. 1887[60]. Danach soll § 51 auch für genehmigungsfreie Anlagen Geltung haben und zwar auch für solche, die nunmehr mit einer Gefahr für die öffentliche Sicherheit und Ordnung verbunden sind. Im einzelnen führt das Reichsgericht folgendes aus[61]:

„Wenn eine gewerbliche Anlage, namentlich eine solche, für welche ein den Vorschriften der §§ 17 ff. GewO entsprechendes Konzessionierungsverfahren nicht stattgefunden hat oder nach Art des Gewerbes nicht stattzufinden braucht, nach ihrer Einrichtung oder nach dem Gegenstand des Betriebes nicht benutzt werden kann, ohne die Sicherheit von Personen und Eigentum in ihrer Umgebung erheblich zu gefährden, auch eine diese Gefährlichkeit der Anlage beseitigende Änderung nicht ausführbar ist, so würde es nach dem allgemeinen Grundsatz des § 10 II 17 ALR zu den Rechten und Pflichten der Polizeibehörde gehören, die Einstellung eines derartigen Betriebes anzuordnen und zwar ohne Entschädigungsanspruch des Besitzers, da ein besonderes Recht auf einen Betrieb solcher Art nicht bestehen, insbesondere daraus, daß der Betrieb schon eine gewisse Zeit lang in solcher Art tatsächlich bestanden hat, nicht abgeleitet werden kann. Wenn man gleichwohl genötigt ist, auch Fälle dieser Art unter die allgemein gehaltene Fassung des § 51 GewO zu bringen, so zeigt schon dies, daß die Vorschrift nicht eine Konsequenz allgemeiner Rechtsgrundsätze ist, sondern auf Erwägungen der Billigkeit beruht."

Auch in der Folgezeit hat das Reichsgericht an dieser Auffassung festgehalten[62]. Allerdings forderte es in späteren Entscheidungen über die oben zitierten Grundsätze hinaus, daß die gewerbliche Anlage im Einklang mit den bestehenden gesetzlichen Vorschriften errichtet und bisher betrieben worden ist. Dieser Auffassung schließt sich dann auch das Sächsische OVG in der Entscheidung vom 14. 6. 1927[63] an. Hier

---

[58] Vgl. statt aller *Landmann-Rohmer* § 51 Rdn. 3.
[59] Reger Bd. 4, S. 391.
[60] Bd. 19, S. 353 ff.
[61] Bd. 19, S. 360.
[62] Entscheidung v. 14. 10. 1901 Bd. 50, S. 4 ff; v. 18. 5. 1905 Bd. 61, S. 10 ff = Reger Bd. 26, S. 161.
[63] Jahrb 31, S. 42 ff.

erfährt die frühere Rechtsprechung dieses Gerichts eine wesentliche Änderung[64]. In dem dieser Entscheidung zu Grunde liegenden Fall war einem seit 25 Jahren ordnungsgemäß und unter der Aufsicht der Verwaltungsbehörde betriebenen Steinbruch Sprengungen deshalb verboten worden, weil dies zum Schutze einer zeitlich lange nach dem Steinbruch errichteten Straße erforderlich war. Das Oberverwaltungsgericht hat in diesem Fall mit folgenden Gründen die Geltung des § 51 GewO bejaht und die polizeiliche Verfügung für rechtswidrig erklärt:

„Wenn aus Gründen, die in der Entwicklung des Gemeinwesens nicht aber bei der gewerblichen Anlage (Steinbruch), insbesondere nicht in dem seinerzeit für diese gewählten Platz liegen, zu einem Verbot des ganzen Betriebes der Anlage zum Anlaß genommen werden soll, während die Anlage bei ihrer Errichtung und bisher den gesetzlichen und polizeilichen Anforderungen entsprochen hat, so ist der Fall des § 51 GewO gegeben."

In der älteren Lehre folgen Hörle[65], Neukamp[66] und Conrad-Flögel[67] dieser Auffassung.

In der neueren Lehre wird diese Meinung insbesondere bei Landmann-Rohmer[68] vertreten. Zur Begründung wird hier angeführt, es habe in der Regel zumindest eine baupolizeiliche Prüfung staatgefunden. Weiterhin würden Billigkeitsgründe dafür sprechen, daß Anlagen dieser Art nicht entschädigungslos beseitigt werden dürften. Auch gewähre § 1 Abs. 1 GewO ein öffentliches und privates Recht, einen Gewerbebetrieb zu beginnen und fortzusetzen. Dieses Recht stehe aber ebenfalls unter der Eigentumsgarantie. Kohlhaas[69], der ebenfalls auf den Zeitpunkt der Errichtung abstellt, weist in seiner Begründung daraufhin, daß nach der herrschenden Meinung der weitere Betrieb einer bisher geduldeten Anlage schon bei einer Änderung der Rechtsprechung entschädigungslos untersagt werden könnte.

Nach der Auffassung von Sieg-Leifermann[70] soll die Vorschrift insbesondere dann Geltung haben, wenn die Gefahr oder Gefahrenerhöhung durch Umstände außerhalb der Anlage, zum Beispiel durch die Entwicklung des Gemeinwesens eingetreten ist. Eine Auseinandersetzung mit der Entscheidung des Preußischen OVG und den dort genannten Gründen[71] erfolgt jedoch auch hier nicht. Nur unter besonderer Berücksichtigung dieser grundlegenden Entscheidung läßt sich aber die Problematik des § 51 GewO lösen.

---

[64] Entsch. v. 11. 12. 1901 Reger Bd. 22, S. 297; v. 16. 4. 1915 Jahrb 23, S. 3; Jahrb 30, S. 122.
[65] S. 391.
[66] § 51 Anm. 1.
[67] § 51 Anm. 2.
[68] § 51 Rdn. 3.
[69] In *Erbs-Kohlhaas* Bd. 1 G 59 § 51 Anm. 1.
[70] § 51 Anm. 4.
[71] Bd. 23, S. 254 ff.

c) *Kritik und Lösung*

1. Wortlaut und Stellung der Vorschrift im Gesetz

Ausgangspunkt der Erörterung muß der Wortlaut der Vorschrift und ihre Stellung im Gesetz sein. Aus der in der Vorschrift gebrauchten Formulierung

„Wegen überwiegender Nachteile und Gefahren für das Allgemeinwohl kann die fernere Benutzung einer j e d e n gewerblichen Anlage... untersagt werden"

ergibt sich, daß grundsätzlich jede gewerbliche Anlage, gleichgültig ob genehmigungspflichtig oder genehmigungsfrei angesprochen ist[72]. Ebensowenig kommt es nach dem Wortlaut der Bestimmung darauf an, ob die Anlage im Einklang mit den gesetzlichen Vorschriften betrieben wird[73]. Jedenfalls schweigt der Wortlaut der Bestimmung zu dieser Frage. Insbesondere aus der Stellung der Bestimmung im Gesetz folgt, daß sie sich nicht allein auf die unter die Vorschriften der §§ 16, 24 GewO fallenden Anlagen bezieht. Wäre letzteres gewollt gewesen, so würde sich die Vorschrift in Abschnitt II der Gewerbeordnung bei den besonderen Bestimmungen über genehmigungspflichtige Anlagen finden und nicht in Abschnitt III, der Regelungen beinhaltet, die für alle gewerblichen Anlagen Geltung haben. Nach Wortlaut und Stellung bezieht sich daher die Vorschrift des § 51 GewO ohne jede Einschränkung auf alle gewerblichen Anlagen[74] Es fragt sich nunmehr, ob aus anderen Gründen dieser umfassende Geltungsbereich der Bestimmung gemäß der Auffassung der herrschenen Meinung beschränkt werden muß.

2. Begründung und Motive des § 51 GewO

Eine einschränkende Auslegung des § 51 GewO ist nach der oben als herrschend bezeichneten Meinung aus den Motiven zu dieser Vorschrift zu entnehmen[75]. Begründungen des § 51 finden sich in den Motiven zur Gewerbeordnung an zwei verschiedenen Stellen. Einmal zu § 51 selbst an der für diese Bestimmung vorgesehenen Stelle[76] und zum anderen bei der Begründung der §§ 16 ff. GewO[77]. Daraus, daß die Vorschrift an letzterer Stelle ausführlicher begründet wurde als an der ihr im Gesetz gegebenen Stelle, hat nunmehr die herrschende Auffassung den Schluß gezogen, daß § 51 gerade für diese Anlagen geschaffen wurde und daher nur ausnahmsweise auch für genehmigungsfreie Anlagen Geltung haben könne. Dem steht aber zunächst dies entgegen,

[72] Siehe *Janssen* GewArch 1968, S. 1 ff (2).
[73] Siehe *Janssen* GewArch 1968, S. 1 ff (2).
[74] Insoweit wird die Auffassung von *Biermann* bestätigt.
[75] Siehe dazu in diesem Abschnitt, C, IV, b, 1.
[76] Zu § 51.
[77] Siehe in diesem Abschnitt, C, IV, b, 1.

daß auch in der Begründung und nicht nur im Wortlaut der Vorschrift von „jeder“ gewerblichen Anlage und nicht nur von den genehmigungspflichtigen gesprochen wird. Ferner ergibt sich aus der bei § 16 GewO gegebenen Begründung nichts dafür, daß die Vorschrift allein für diese Anlagen Geltung haben soll. Dagegen spricht weiterhin, daß § 51 nicht nur bei der Vorschrift des § 16 GewO, sondern auch an der ihr im Gesetz gegebenen Stelle begründet wurde. Letzteres und die der Bestimmung endgültig im Gesetz gegebene Stellung zeigen aber in ihrer Gemeinsamkeit, daß das eine oder andere nicht willkürlich und grundlos geschehen ist.

Aus der Formulierung in den Motiven und dem dort gebrachten Beispiel der Abdeckerei kann sich demgegenüber lediglich ergeben, daß der Gesetzgeber der Auffassung war, die Anlagen der §§ 16, 24 GewO würden Hauptanwendungsfälle des § 51 bilden, was gerade im Hinblick auf das Fehlen einer dem nun eingefügten § 25 Abs. 3 GewO entsprechenden Regelung von besonderer Bedeutung war[78]. Aus dem Beispiel der Abdeckerei kann jedenfalls nicht entnommen werden, daß § 51 grundsätzlich nur für genehmigungspflichtige Anlagen Geltung hat.

Entgegen der herrschenden Meinung ergibt sich daher aus den Motiven keine Einschränkung des Geltungsbereiches des § 51 GewO.

3. Der Enteignungs- und Schutzcharakter des § 51 GewO

Nach der herrschenden Meinung ist § 51 GewO eine reine Enteignungsregel, die auf polizeiwidrige oder sonst den gesetzlichen Bestimmungen zuwiderlaufende genehmigungsfreie Anlagen und Betriebe deshalb keine Anwendung finden kann, weil solche Anlagen und Betriebe keinen Eigentumsschutz genießen. Die Polizeibehörde macht hier nach dieser Auffassung lediglich von ihrem Recht Gebrauch, den Gesetzen Geltung zu verschaffen.

Die Bestimmung des § 51 GewO läßt nun die Untersagung der ferneren Benutzung einer gewerblichen Anlage nicht in jedem Fall zu Gunsten des Allgemeinwohls zu[79]. Sie ist daher keine reine Enteignungsregel, sondern eine Eingriffsermächtigung für bestimmte Fälle, die wegen der mit dem zulässigen Eingriff verbundenen besonderen Belastung für den Unternehmer mit der Entschädigungspflicht verbunden ist. Die herrschende Meinung folgert nun daraus, daß die Vorschrift nur in den Fällen Geltung haben kann, in denen nicht schon aufgrund anderer Vorschriften ein Einschreiten gegen die von dem Betrieb der

---

[78] Über § 51 GewO hinaus war keine Eingriffsbefugnis gegeben, da allgemeine landesrechtliche Vorschriften gegenüber genehmigten Anlagen nicht zur Anwendung kommen.

[79] Weder wird die Untersagung allgemein zu Gunsten des Allgemeinwohls zugelassen, noch der Entzug der Anlage, des Gewerbebetriebs oder des betr. Grundstücks; vgl. *Landmann-Rohmer* § 51 Rdn. 12.

Anlage ausgehenden Beeinträchtigungen zulässig ist, da nur dann ein enteignungsfähiges Recht des Unternehmers gegeben ist[80].
Ein solcher Fall liegt dann vor, wenn die Anlage genehmigt ist und im Rahmen der erteilten Genehmigung betrieben wird[81]. Ferner ist ein solcher Fall gegeben, wenn von einer genehmigungsfreien Anlage lediglich Nachteile ausgehen, da dann, soweit die Immissionsschutzgesetze der einzelnen Länder keine Geltung haben[82], aufgrund allgemeiner landesrechtlicher Polizeibestimmungen ein Eingriff nicht zulässig ist[83]. Dem würde auch entsprechen, was bezüglich der Vorschriften über nachträgliche Anforderungen an erteilte Rechte festgestellt wurde. Hier ergab sich, daß ein Bestandsschutz eines Gewerbebetriebes oder einer gewerblichen Anlage dann nicht gegeben ist, wenn Anforderungen gestellt werden, die eine bestehende Verpflichtung des Unternehmers zum Gegenstand haben[84]. Eine Verpflichtung eines jeden Unternehmers ist es aber, seine Anlage so zu betreiben, daß keine Gefahren für die Allgemeinheit entstehen.

Die Bestimmung des § 51 GewO ist nun jedoch nicht allein eine Eingriffsermächtigung. Sie verlangt auch eine Abwägung zwischen den Belangen der Allgemeinheit und den Interessen des betroffenen Unternehmers[85]. Dies kommt besonders durch die Beschränkung der zulässigen Untersagung des ferneren Betriebs einer gewerblichen Anlage auf die Fälle bestehender überwiegender Nachteile und Gefahren für das Allgemeinwohl zum Ausdruck. Fraglich ist nun nur, inwieweit dieser besondere, durch die geforderte Interessenabwägung gegebene Schutz gewerblicher Anlagen[86] auch bei den genehmigungsfreien Anlagen und Betrieben zu beachten ist.

Mit der herrschenden Meinung ist ein solcher Schutz dann zu bejahen, wenn der Unternehmer seine Anlage im Rahmen der für sie geltenden gesetzlichen Bestimmungen betreibt, der Betrieb zwar nicht zu einer Gefahr für die Allgemeinheit wird, er jedoch mit Nachteilen verbunden ist. Schwierigkeiten bereitet demgegenüber die Frage, ob auch die genehmigungsfreien Anlagen, die zu einer Gefahr geworden sind und jetzt daher als polizeiwidrig angesehen werden müssen, unter den von § 51 gewährten Schutz fallen. Entgegen der Auffassung von

---

[80] Vgl. auch *Janssen* GewArch 1968, S. 1 ff.
[81] Vgl. § 25 Abs. 3, § 147 GewO.
[82] Siehe dazu den Text der Vorschriften im 2. Kap., 2. Abschn., A, III, und die Ausführungen im 3. Kap., 2. Abschn., B.
[83] Die Polizeigesetze der Länder lassen ein Einschreiten nur bei Gefahren zu.
[84] Siehe insbesondere die Ausführungen zu § 24 GewO im 2. Kap., 1. Abschn., a, II, und die allgemeinen Ausführungen im 2. Kap., 1. Abschn., B, II.
[85] So auch die Motive zu § 51.
[86] Dieser Schutzcharakter wird von *Janssen* GewArch 1968, S. 1 ff zu unrecht bestritten.

Biermann[87] kann der herrschenden Meinung insoweit gefolgt werden, als gesetzmäßige polizeiliche Maßnahmen an den Störer deshalb keinen enteignenden Eingriff darstellen können, weil jedes vermögenswerte Recht, in das durch polizeiliche Anordnung eingegriffen werden kann, schon von vornherein inhaltlich den Schranken unterworfen ist, die durch die öffentliche Sicherheit und Ordnung geboten sind[88].

Bedenken bestehen jedoch gegen die ausnahmslose Geltung dieses Satzes[89]. Zweifellos ist die Untersagung des ferneren Betriebes einer gewerblichen Anlage ein Eingriff in das heute allgemein anerkannte Recht am eingerichteten und ausgeübten Gewerbebetrieb[90]. Ein Eingriff ist nur dann gerechtfertigt, wenn er von der hier in Betracht kommenden Inhaltsbestimmung des durch die Eigentumsgarantie des Art. 14 GG geschützten Rechtes gedeckt ist[91]. Die herrschende Meinung verneint ein solches schützenswertes Recht bei einer polizeiwidrig betriebenen genehmigungsfreien, nicht jedoch bei einer polizeiwidrigen genehmigten Anlage, wegen des mit der Genehmigung erteilten besonderen Rechtes[92]. Diese Auffassung berücksichtigt aber nicht, daß durch die Untersagung des weiteren Betriebes einer bestimmten Anlage das Recht am Gewerbebetrieb selbst und damit regelmäßig auch die Erwerbsgrundlage des betroffenen Unternehmers entzogen wird. Eine Tatsache, im Enteignungsrecht im allgemeinen nicht von den Grenzen des Eigentums, der Inhaltsbestimmung oder Sozialbindung, gedeckt ist[93]. Hieraus ergibt

---

[87] S. 44.

[88] BVerwG v. 25. 5. 1965 GewArch 1966, S. 46 = DVBl 1965, S. 766: „Es ist ganz unstreitig, daß der von der Polizei in Anspruch genommene Störer bei rechtmäßigem Polizeihandeln von verfassungswegen keinen Anspruch auf Entschädigung hat. Der Störer wird auch dann nicht enteignet, wenn er infolge der polizeilichen (rechtmäßigen) Anordnung ein Grundstück nicht mehr wirtschaftlich sinnvoll nutzen kann." Siehe auch *Quaritsch* DVBl 1959, S. 455: „Denn Eigentum und Vermögen geben von vornherein nicht mehr her, als ihnen die im Recht ausgeformte Sozialordnung überhaupt an Inhalt und Möglichkeiten zuerkennt." Vgl. dazu auch *Drews-Wacke* S. 205 ff und *Flatten* SKV 1967, S. 5 ff.

[89] Ebenso *Menger* VerwArch Bd. 50, S. 85 in der Besprechung des vom OVG Münster (v. 16. 10. 1956 DVBl 1957, S. 867) entschiedenen Schweinemästerfalles; vgl. auch *Schack* DVBl 1956, S. 670 Anm. 6 und *v. Krauss* S. 17.

[90] BGH v. 28. 1. 1957 Bd. 23, S. 157 ff; v. 30. 9. 1957 Bd. 25, S. 266; v. 7. 7. 1960 NJW 1960, S. 1995; v. 30. 9. 1963 NJW 1964, S. 863; v. 5. 7. 1965 NJW 1965, S. 1907; v. 29. 5. 1967 BB 1967, S. 938 ff; *Wolff* S. 372; *Dürig* JZ 1954, S. 9; *Reinhard* Verfassungsschutz S. 40; *Schack* BB 1963, S. 1227.

[91] Zur Frage der Inhaltsbestimmung und Sozialbindung des Eigentums siehe *Sellmann* NJW 1965, S. 1689 und *Bender* NJW 1965, S. 1297.

[92] Siehe oben in diesem Abschnitt, C, IV, b.

[93] Siehe auch *Menger* VerwArch Bd. 50, S. 85. Daß die Sozialpflichtigkeit und Inhaltsbestimmung des Eigentums einen völligen Entzug nicht rechtfertigt, ist hier wegen der gegebenen Polizeiwidrigkeit kein entscheidendes Argument, es zeigt aber die Tendenz der Ansichten und Entscheidungen zu Art. 14 GG, das Eigentum vor einem völligen Entzug zugunsten der Allgemeinheit zu schützen.

sich die Frage, ob allein die Polizeiwidrigkeit die Außerachtlassung dieser Grenzen rechtfertigen kann.

Sie kann nicht allgemein bejaht werden. Zunächst ist in den Fällen der Untersagung des ferneren Betriebs einer Schweinemästerei oder eines Steinbruchs[94], die hier als besonders herausragende Beispiele gebracht werden sollen, nicht ersichtlich, an welchen Orten sonst diese Betriebe ihre Niederlage haben können, als einmal in ländlicher Umgebung oder zum anderen abseits bewohnter Gegenden. Tritt nunmehr eine von diesen Anlagen ausgehende Gefahr deshalb ein, weil eine Änderung des Gemeinwesens erfolgt ist[95], so ist die Aufbürdung der Nachteile einer notwendigen Untersagung des weiteren Betriebs dieser Anlagen auf den Unternehmer kaum gerechtfertigt. Die Gründe, die zum Eintritt der Gefahr im polizeilichen Sinne geführt haben, liegen bei der Eigenart der Betriebe nicht allein in diesen selbst begründet, sondern, da sie regelmäßig an der für sie vorgesehenen Stelle betrieben werden, in der Änderung des Gemeinwesens. Dies mag in polizeirechtlicher Hinsicht ohne Bedeutung sein, im Enteignungsrecht aber nicht, da hier in erheblich größerem Maße Zumutbarkeits- und Billigkeitserwägungen eine Rolle spielen[96].

Von wesentlicher Bedeutung ist hier auch ein Vergleich mit der Behandlung genehmigungspflichtiger, ordnungsgemäß betriebener Anlagen. Eine Untersagung des weiteren Betriebs dieser Anlagen nach polizeilichen Bestimmungen wird auch dann nicht für zulässig erachtet, wenn diese zu einer Gefahr für die öffentliche Sicherheit oder Ordnung geworden sind und auf weniger einschneidende Weise als durch eine Untersagung die Beseitigung der Gefahr nicht möglich ist[97]. Die Polizeiwidrigkeit wird daher auch in diesen Fällen nicht als ausreichend angesehen, um Rechte des Gewerbetreibenden zu entziehen.

Bei genehmigungsfreien Anlagen kommt hier das Recht am Gewerbebetrieb in Betracht, das nunmehr zwar aus Gründen der Gefahrenabwehr, letztlich aber doch im Interesse des Gemeinwohls — der Entwicklung des Gemeinwesens — entzogen wird. In diesen Fällen wird die Grundlage für den Entzug des Rechtes am Gewerbebetrieb schon dadurch geschaffen, daß eine Gemeinde bestimmte Bauvorhaben ohne Rücksicht auf eine bestimmte gewerbliche Anlage durchführt und damit

---

[94] Zum Schweinemästerfall siehe OVG Münster v. 16. 10. 1956 DVBl 1957, S. 867; beachte hier aber den Anwendungsbereich des § 51 im Hinblick auf § 6 GewO. Zum Steinbruchfall siehe SächsOVG v. 14. 6. 1927 Jahrb 31, S. 42 und BVerwG v. 25. 5. 1965 DVBl 1965, S. 766, v. 4. 9. 1967 DÖV 1967, S. 861.

[95] Etwa durch den Bau neuer Siedlungen oder Autostraßen.

[96] Vgl. die zur Frage der Sozialbindung vertretenen Theorien, die teilweise auf die Schwere und die Zumutbarkeit des Eingriffs abstellen — siehe *Sellmann* NJW 1965, S. 1689 und *Bender* NJW 1965, S. 1297.

[97] Siehe oben 3. Kap., 2. Abschn., B, II.

bereits den weiteren Betrieb im Interesse des Allgemeinwohls unmöglich macht.

Dem wird nun entgegengehalten, daß bei genehmigungspflichtigen Anlagen eine besondere Prüfung erfolge und der Unternehmer daraufhin ein Recht zum Betrieb erhalte. Ein solches Recht werde aber dem Betreiber einer genehmigungsfreien Anlage nicht erteilt. Dies ist zwar zutreffend, es ist aber zu beachten, daß auch die Errichtung einer genehmigungsfreien gewerblichen Anlage ohne Mitwirkung der Verwaltungsbehörde schon im Hinblick auf die Bestimmungen der Baunutzungsverordnung[98] nicht zulässig ist. Nach diesen Vorschriften wird ein Bauvorhaben auch daraufhin überprüft, welche Beeinträchtigungen für die Nachbarn durch die Nutzung des Baues als gewerbliche Anlage zu erwarten sind[99]. Von dem Ergebnis dieser Prüfung hängt es ab, ob eine Baugenehmigung erteilt wird. Dem Betreiber einer genehmigungspflichtigen Anlage wird nun zusätzlich noch eine gewerberechtliche Genehmigung erteilt, ohne daß unter Umständen erheblich umfangreichere Prüfungen durchgeführt worden sind. Dieser formelle Unterschied soll nun aber dazu führen, daß, wenn der Betreiber einer genehmigungsfreien und der Betreiber einer genehmigten Anlage gezwungen sind, ihre Erwerbsgrundlage aufzugeben, der eine eine Entschädigungsleistung erhält, der andere aber nicht, obwohl beiden Anlagen der weitere Betrieb aus Gründen der öffentlichen Sicherheit und Ordnung untersagt wurde. Der Grund hierfür ist nicht recht einzusehen. Die Erteilung der Genehmigung beruht nämlich nicht auf einem besonderen Verdienst, einer besonderen Tätigkeit des begünstigten Unternehmers. Sie folgt auch nicht aus dem Grunde, dem Unternehmer ein besonderes Recht zu verschaffen, das den ferneren Betrieb der Anlage uneingeschränkt gewährleisten soll. Das Recht wird vielmehr im wesentlichen deshalb erteilt, weil der Gesetzgeber diese Anlage als gefährlich angesehen hat, aus diesem Grunde das zusätzliche Genehmigungsverfahren fordert und die Durchführung dieses Verfahrens mit der Genehmigungserteilung bestätigt. Dem Betreiber einer genehmigungsfreien Anlage wird eine zusätzliche Genehmigung nun nicht deshalb nicht erteilt, weil er sie nicht verdient, sondern deshalb, weil seine Anlage vom Gesetzgeber als ungefährlich und daher nicht als besonders genehmigungsbedürftig und überwachungsbedürftig angesehen wird. Dies kann aber dem Betreiber einer genehmigungsfreien Anlage nicht in der Form zum Vorwurf gemacht werden, daß seine Anlage trotz

---

[98] VO über die bauliche Nutzung der Grundstücke vom 26. 6. 1962 (BGBl I S. 429); zur Frage der Untersagung des Betriebes trotz erteilter Baugenehmigung siehe BGH v. 20. 1. 1966 NJW 1966, S. 649; ferner BVerwG v. 22. 9. 1967 DVBl 1968, S. 44 und *Flatten* SKV 1967, S. 5 ff.

[99] Siehe die §§ 2 ff BauNutzVO; BGH v. 25. 11. 1968 NJW 1969, S. 234 — auch Schutzzweck zu Gunsten des Gewerbetreibenden bejaht.

bisheriger ordnungsgemäßer Errichtung und ordnungsgemäßem Betrieb deshalb untersagt wird, weil sie nunmehr unter Umständen bedingt durch die Entwicklung des Gemeinwesens zu einer Gefahr im polizeilichen Sinne geworden ist. Damit sind aber auch das Preußische OVG und die ihm folgenden Autoren und Gerichtsentscheidungen[100] widerlegt, wonach nicht einmal Billigkeitsrücksichten ersichtlich sein sollen, die eine entschädigungslose Untersagung einer ohne Mitwirkung der Behörde entstandene gewerbliche Anlage verhindern würden.

Wollte man im übrigen dieser hier vertretenen Auffassung nicht folgen, so könnte es sich als weitere Konsequenz ergeben, daß eine gewerbliche Anlage allein infolge der Änderung der Rechtsprechung als gefährlich im Sinne des Polizeirechts angesehen wird, damit den Schutz des § 51 GewO verliert und entschädigungslos untersagt werden kann[101].

Die Vorschrift des § 51 GewO muß daher entsprechend ihrem Wortlaut für alle gewerblichen Anlagen Geltung haben[102]. Sie gilt für die genehmigten und solche genehmigungsfreie Anlagen ohne jede Einschränkung, die lediglich mit Nachteilen für die Allgemeinheit verbunden sind, sofern nicht die besonderen Bestimmungen der Immissionsschutzgesetze eingreifen. Sie hat ferner für solche genehmigungsfreie Anlagen Geltung, deren Betrieb nunmehr zwar mit einer Gefahr im polizeilichen Sinne verbunden ist, die aber im Einklang mit den zur Zeit ihrer Errichtung geltenden Bestimmungen errichtet und bisher betrieben wurden. Dies gilt insbesondere dann, wenn der Unternehmer durch die Änderung der Rechtsprechung oder durch die Veränderung der Umwelt zur Aufgabe seines Betriebes gezwungen wird[103].

Demgegenüber verdient der Betrieb von Anlagen, die von Anfang an polizeiwidrig waren, nicht den Schutz des § 51 GewO. Er kann daher aufgrund der allgemeinen landesrechtlichen Polizeibestimmungen entschädigungslos untersagt werden. Wenn hier nun teilweise die Meinung vertreten wird, ein wesentlicher Unterschied zwischen den verschiedenen Auffassungen sei deshalb nicht gegeben, weil diese Betriebe in aller Regel von Anfang an latent gefährlich seien[104], so ist dem entgegenzuhalten, daß diese im Zeitpunkt der Errichtung zwar latent gefährlich, nicht aber polizeiwidrig waren und daher unter § 51 GewO fallen, wenn die Gefahr durch die Änderung des Gemeinwesens existent wird[105].

---

[100] Siehe oben in diesem Abschnitt, C, IV, b.

[101] So auch *Kohlhaas* § 51 Anm. 1 und *Landmann-Rohmer* § 51 Rdn. 3.

[102] Siehe auch den Entwurf zur Änderung des § 51 GewO BTDrucks V — 81 5. Wahlperiode.

[103] So auch *Sieg-Leifermann* § 51 Anm. 4.

[104] Entsprechend der hier vertretenen Auffassung hätte der oben als Beispiel wiedergegebene Tankstellenfall über § 51 GewO gelöst werden müssen.

[105] So *Fuhr* § 51 Anm. 1 c.

4. Bestätigung des Ergebnisses durch andere gesetzliche Bestimmungen

Eine Bestätigung der hier vertretenen Auffassung ergibt sich weiterhin aus den bisher behandelten gesetzlichen Bestimmungen. Hieraus folgt, daß der Gesetzgeber grundsätzlich von dem Bestandsschutz bestehender gewerblicher Anlagen ausgeht[106]. Abgesehen von den Bestimmungen, die sich auf solche Anlagen beziehen, für deren Betrieb eine besondere sachliche Erlaubnis erteilt wird, gewährt das Gesetz auch einen Schutz der Gewerbebetriebe, die lediglich aufgrund einer dem Unternehmer erteilten Personalerlaubnis betrieben werden. So läßt § 120 d GewO teilweise nur solche Anforderungen zu, die für den Unternehmer in wirtschaftlicher Hinsicht ausführbar sind[107]. Aus der amtlichen Begründung zu § 18 AtomG ist zu entnehmen, daß dem Unternehmer Veränderungen der Umweltverhältnisse nicht zur Last gelegt werden sollen[108]. Der gleiche Gedanke des Schutzes der Gewerbebetriebe vor unzumutbaren Anforderungen ist in den Immissionsschutzgesetzen der Länder zum Ausdruck gekommen, die teilweise nur eine Verpflichtung des Unternehmers zur Ausführung der wirtschaftlich zumutbaren Maßnahmen begründen[109]. Ähnliche Beschränkungen sind auch in der für Hessen erlassenen Lärmschutzverordnung gegeben[110].

Letzlich auch hieraus kann entnommen werden, daß genehmigungsfreie Anlagen einen grundsätzlichen Schutz vor völliger Untersagung genießen.

5. § 51 GewO und die Immissionsschutzgesetze

Auch neben der Geltung der speziellen landesrechtlichen Bestimmungen über die Abwehr der von Gewerbebetrieben ausgehenden Immissionen, die die hier nicht völlig zutreffenden allgemeinen Polizeigesetze der Länder in dieser Hinsicht verdrängen, hat die Bestimmung des § 51 GewO nicht an Bedeutung verloren. Aus den Immissionsschutzgesetzen von Nordrhein-Westfalen und von Rheinland-Pfalz und der hessischen Lärmschutzverordnung ergibt sich insoweit eine Besonderheit, als nach diesen Vorschriften nur eine beschränkte Verpflichtung des Unternehmers zur Ausführung der wirtschaftlich zumutbaren Maßnahmen aber keine Untersagungsberechtigung gegeben ist, wenn die danach zulässigen Anordnungen nicht ausreichen, um die Gefahr oder einen Nachteil für die Nachbarn zu beseitigen. Die hier bestehende Lücke kann wegen der speziellen Regelung dieser Gesetze nicht durch

---

[106] Vgl. § 25 Abs. 3 GewO und dazu VG Gelsenkirchen v. 25. 2. 1965 BB 1965, S. 725.

[107] Siehe oben 3. Kap., 1. Abschn., A.

[108] BTDrucks 1958/59 Nr. 759.

[109] § 3 ImschG v. Rhld.-Pf. § 3 ImschG v. Nds. § 3 ImschG v. Bad-Württ.

[110] Siehe oben 3. Kap., 2. Abschn., B, I.

die allgemeinen polizeilichen Vorschriften über die Gefahrenabwehr geschlossen werden. Die Bestimmung des § 51 GewO muß daher auch in den Fällen Geltung haben, in denen eine polizeiliche Gefahr von einer gewerblichen Anlage ausgeht oder Nachteile für die Allgemeinheit gegeben sind, sofern der Unternehmer die ihm durch die Immissionsschutzgesetze auferlegten Verpflichtungen erfüllt.

Eine Besonderheit ist nach den Immissionsschutzgesetzen von Baden-Württemberg und Niedersachsen gegeben. Nach den Vorschriften dieser Gesetze ist einerseits die Verpflichtung des Unternehmers beschränkt auf die Ausführung solcher Schutzmaßnahmen, die für Anlagen der von ihm betriebenen Art wirtschaftlich zumutbar sind. Andererseits ist aber vorgesehen, daß die Untersagung des weiteren Betriebes einer solchen Anlage dann erfolgen kann, und zwar ohne Entschädigungsleistung, wenn es das öffentliche Interesse erfordert oder Gefahren für die Gesundheit oder bedeutende Sachwerte vorliegen. Dies bedeutet aber, daß der Unternehmer, auch wenn er die in den Vorschriften über nachträgliche Anforderungen auferlegten Verpflichtungen erfüllt, einem Verbot des weiteren Betriebes seiner Anlage ausgesetzt bleibt. Eine Regelung, die die Beschränkung der Verpflichtung des Unternehmers nahezu als bedeutungslos erscheinen läßt. Abgesehen davon, daß die Untersagung eines Betriebes einer gewerblichen Anlage, die die ihr auferlegten besonderen Verpflichtungen erfüllt, im Hinblick auf Art. 14 GG nach keiner der oben[111] zu § 51 GewO dargestellten Auffassungen zulässig ist und auch wegen des mit der Untersagung verbundenen Eingriffs in das Recht am Gewerbebetrieb nicht gerechtfertigt sein kann, kommt hier im Hinblick auf die Bestimmung des § 51 GewO eine Untersagung nur unter den in dieser Vorschrift genannten Voraussetzungen in Betracht. Dies kann allerdings nur gegenüber Anlagen gelten, die vor Erlaß der Immissionsschutzgesetze errichtet wurden. Insoweit können die Bestimmungen des § 5 Abs. 2 des Immissionsschutzgesetzes von Niedersachsen und des § 4 des gleichen Gesetzes von Baden-Württemberg keine Anwendung finden. Die Vorschrift des § 51 GewO hat daher in Ergänzung der landesrechtlichen Bestimmungen über die Abwehr der durch gewerbliche Immissionen eintretenden Gefahren und Nachteilen eine wesentliche Bedeutung.

[111] In diesem Abschnitt, C, IV, b.

Zusammenfassung

1. Nachträgliche Anforderungen an genehmigungspflichtige Anlagen und Betriebe sind Auflagen, die nach Erlaß eines begünstigenden Verwaltungsaktes und damit nach Erteilung einer bestimmten Befugnis (Genehmigung, Bewilligung oder Erlaubnis) diesem beigefügt werden.

Bei genehmigungsfreien Anlagen und Betrieben werden hierunter behördliche Anordnungen verstanden, die nach Errichtung der Anlage oder des Betriebes ergehen.

2. Die nachträgliche Anordnung bestimmter Maßnahmen ist ein belastender Verwaltungsakt, der mit den verwaltungsgerichtlichen Rechtsbehelfen angefochten werden kann. Dementsprechend sind die allgemeinen Grenzen rechtmäßigen Verwaltungshandelns zu beachten.

3. Soweit sich nachträglich Anforderungen auf gewährte Rechtspositionen beziehen, sind sie weder eine teilweise Rücknahme, noch eine völlige Rücknahme unter gleichzeitiger Neuerteilung einer belasteten Befugnis. Regelmäßig sind sie weder eine Enteignung noch ein enteignungsgleicher Eingriff.

4. Von der nachträglichen Anforderung ist zu unterscheiden die nachträgliche Beschränkung der Ausübung einer Befugnis, die als Teilrücknahme anzusehen ist und von den Vorschriften, die ausdrücklich nur nachträgliche Anforderungen zulassen, nicht gedeckt ist.

5. Bei nachträglichen Anforderungen ist zu unterscheiden zwischen solchen, die im Hinblick auf eine bestehende Verpflichtung des Gewerbetreibenden gestellt werden — „unechte" nachträgliche Anforderungen — und solchen, die erst eine zusätzliche Verpflichtung des Unternehmers begründen — „echte" nachträgliche Anforderungen.

6. Ein Bestandschutz gewerblicher Anlagen und Betriebe ist grundsätzlich nur gegenüber solchen nachträglichen Anforderungen gegeben, die nicht im Hinblick auf eine bestehende Verpflichtung des Unternehmers gestellt werden.

7. Genehmigungsfreie gewerbliche Anlagen genießen grundsätzlich den Schutz des § 51 GewO vor entschädigungsloser Untersagung des weiteren Betriebes.

8. Genehmigungsfreie gewerbliche Anlagen, deren Betrieb mit einer Gefahr im polizeilichen Sinne verbunden ist, genießen den Schutz des § 51 GewO nur, wenn sie entsprechend den im Zeitpunkt ihrer Errich-

tung geltenden gesetzlichen Bestimmungen errichtet wurden und in diesem Rahmen betrieben werden.

9. Die Vorschrift des § 51 GewO hat auch im Hinblick auf die Regelungen der Immissionsschutzgesetze der Länder wesentliche Bedeutung. Die Bestimmung muß insbesondere dann Beachtung finden, wenn diese Gesetze keine Untersagungsmöglichkeit des Betriebes gewerblicher Anlagen vorsehen oder eine entschädigungslose Untersagung auch in den Fällen ermöglichen, in denen der Unternehmer seine Anlage im Rahmen der ihm durch diese Gesetze auferlegten Verpflichtungen betreibt.

Literaturverzeichnis

Adam, Robert: Lizensierungsgesetz und Verwaltungsrechtsweg DRZ 1947, S. 390.

Antoniolli, Walter: Allgemeines Verwaltungsrecht 1954 Wien Manz'sche Verlags- u. Universitätsbuchhandlung.

Arndt, Über die Zulässigkeit polizeilicher Anordnungen bei den nach § 16 der GewO genehmigten Anlagen VerwArch Bd. 10, S. 185.

Assfalg, Dieter: Sind Auflagen und Bedingungen behördlicher Erlaubnisse selbständig anfechtbar BB 1967, S. 190.

Bachof, Otto: Die Rechtsprechung des Bundesverwaltungsgerichts JZ 1962, S. 745.

Bender, Bernd: Sozialbindung des Eigentums und Enteignung NJW 1965, S. 1297.

Bergdolt, Gottfried: Die Bekämpfung des Baulärms in Nordrhein-Westfalen BB 1967, S. 1190.

Bernewitz, A. v.: Die Reichsgewerbeordnung 1893 Leipzig Roßbergsche Buchhandlung.

Bernhardt, Fritz: Arzneimittelgesetz, Kommentar 1961 Berlin, Frankfurt Verlag Franz Vahlen.

Biermann, J.: Privatrecht und Polizei in Preussen 1897 Berlin.

Boldt-Steffens, Gewerbeordnung, Kommentar von Gerhard Boldt und Heinz Steffens 1955 Münster (Westf.) Aschendorffsche Verlagsbuchhandlung.

Borst, W.: Die Verwaltungsvorschriften des Atomgesetzes DVBl 1960, S. 160.

Bullinger, Martin: Die Mineralölfernleitungen 1962 Stuttgart.

Burghartz, Franz-Josef: Wasserhaushaltsgesetz und Wassergesetz für das Land Nordrhein-Westfalen, Kommentar von F.-J. Burghartz unter Mitarbeit von Erich Weiss, 1962 München Berlin C. H. Beck Verlag.

Conrad-Floegel, M. Stengeleins Kommentar zu den strafrechtlichen Nebengesetzen des deutschen Reiches, 5. Auflage 1927 Berlin, neu bearbeitet von Ludwig Ebermayer, Ernst Conrad, Albert Feisenberger, Johannes Floegel, Karl Schneidewin und Otto Schwarz.

Demme, Helmut: Die nachbarlichen Schutzvorschriften im Gaststättenrecht DVBl 1967, S. 758.

Drews-Wacke, Allgemeines Polizeirecht, Ordnungsrecht des Bundes und der Länder, dargestellt von Bill Drews und Gerhard Wacke, 7. Auflage 1961 C. Heymanns Verlag.

Dürig, Günther: Anmerkung zum Urteil des BSG vom 19. 3. 1957 JZ 1958 S. 23.

Ebner, Hans-Christoph von: Probleme bei nachträglichen Anordnungen gemäß § 25 Abs. 3 GewO in GewArch 1969, S. 193.

Engert, Jochen: Das zweite Gesetz zur Änderung des Wasserhaushaltsgesetzes DVBl 1965, S. 6.

Etmer-Bolck, Arzneimittelgesetz, Kommentar von Friedrich Etmer und Jürgen Bolck, 1966 München Ver. R. S. Schulz.

Eyermann-Föhler, Verwaltungsgerichtsordnung, Kommentar von Erich Eyermann und Ludwig Fröhler, 4. Auflage 1965 München, Berlin C. H. Beck Verlag.

Fachinger, Josef: Die Zulässigkeit verwaltungsrechtlicher Auflagen DV 1949, S. 118.

Feldt, Leo Georg: Hessisches Wassergesetz, Kommentar 1964 Berlin Verlag E. Schmidt.

Fielitz-Meier-Montigel, Personenbeförderungsgesetz kommentiert von Heinrich Fielitz, Hans Meier, Eberhard Montigel in der Wirtschaftskommentator Teil C: Wirtschaftsrecht I 1967 Frankfurt Verlag Kommentator GmbH.

Fischerhof, Deutsches Atomgesetz und Strahlenschutzrecht Bd. 1 von Hans Fischerhof unter Mitarbeit von Walter Schaible, Erich Schmidt-Leichner, Heinz Fritz, Eberhard Ziegler und des Instituts für Völkerrecht der Universität Göttingen 1962 Baden-Baden, Bonn Verlag Aug. Lutzeyer.

Flatten, Karl-Josef: Entschädigung bei Beseitigung latenter Gefahren SKV 1967, S. 5.

Forsthoff, Ernst: Eigentumsschutz öffentlichrechtlicher Rechtsstellungen NJW 1955, S. 1249.

— Lehrbuch des Verwaltungsrechts 1. Bd. Allgemeiner Teil 9. Auflage 1966 München C. H. Beck Verlag.

Fremdling, Bewilligung, angehobene Erlaubnis, beschränkte Erlaubnis im bay. Wasserrecht BayVerwBl 1968, S. 45.

Fuhr, Eberhard: Kommentar zur Gewerbeordnung, Stand 22. 8. 1967 Neuwied Luchterhand Verlag.

Fuhrmann: Strafrecht und Strafverfahren von A. Dalcke 36. Auflage 1955, neu bearbeitet von Ernst Fuhrmann und Karl Schäfer.

Germershausen-Seydel: Wegerecht und Wegeverwaltung in Preußen von A. Germershausen, 4. Auflage neu bearbeitet von G. Seydel Bd. I 1932 (unveränderter Nachdruck 1955) Berlin C. Heymanns Verlag.

Gleiss, Alfred und Horst Helm: Das Gesetz über technische Arbeitsmittel (Maschinenschutzgesetz) BB 1968, S. 814.

Gieseke-Wiedemann: Wasserhaushaltsgesetz unter Berücksichtigung der Landeswassergesetze von Paul Gieseke und Werner Wiedemann 1963 München Berlin C. H. Beck Verlag.

Gossrau, E.: Das neue Pipeline-Gesetz BB 1964, S. 947.

Greif, Wolfgang: Personenbeförderungsgesetz, Kommentar 1961 München Berlin C. H. Beck Verlag.

Gropp, Günter: Gaststättenrecht, in M. v. Brauchitsch Verwaltungsgesetze des Bundes und der Länder, neu hrsg. von Ule Bd. VIII 2. Halbband Wirtschaftsverwaltungsrecht II.

Heinrich, Herbert: Auflagen und Vorbehalt weiterer Auflagen bei Erteilung einer Genehmigung nach § 16 GewO GewArch 1968, S. 25.

Heller-Lehmann: Deutsche Berggesetze, hrsg. von der Wirtschaftsvereinigung Bergbau e. V. Bad Godesberg, bearbeitet von Wolfgang Heller und Wolfgang Lehmann, Stand 1. 11. 1967 Essen Verlag Glückauf.

Herschel, Wilhelm: Regeln der Technik NJW 1968, S. 617.

Hörle: Die Beeinträchtigung des Eigentums durch gewerbliche Anlagen nach dem BGB und der Gewerbeordnung VerwArch Bd. 10, S. 366.

Hoffmann, Heinrich: Gesetz über das Apothekenwesen, Kommentar, 1961 München Berlin C. H. Beck Verlag.

Hoppe, Werner: Eingriff in gewerbliche Betriebe durch nachträgliche Anordnung von Schutzmaßnahmen BB 1966, S. 1372.

Huber, Ernst Rudolf: Wirtschaftsverwaltungsrecht 1. Band 2. Auflage 1953 Tübingen J. C. B. Mohr Verlag.

Ipsen, Hans-Peter: Anmerkung zum Urteil des BVerfG vom 1. 7. 1953 JZ 1953, S. 663.

Janssen, Günter: Der Anspruch auf Entschädigung bei Aufopferung und Enteignung, Verwaltung und Wirtschaft Heft 24, 1961 Stuttgart, hrsg. von Franz Günnicker, Friedrich Klein u. a.

Janssen, Fritz: Sperrwirkung des § 51 GewO GewArch 1968, S. 1. M. v. Brauchitsch Verwaltungsgesetze des Bundes und der Länder, neu hrsg. von C. H. Ule, Bd. VIII 1. Halbband Wirtschaftsverwaltungsrecht I Abschn. II Gewerbeordnung, bearbeitet von Walter Bäck, Egon Hoffmann, Fritz Janssen, Bernhard Volmer 1964 C. Heymanns Verlag.

Jellinek, Walter: Verwaltungsrecht 1928 Berlin Springer Verlag.

Kimminich, O.: Bonner Kommentar zum Grundgesetz Stand August 1967 Hamburg Gildenverlag.

Kloesel-Cyran: Arzneimittelgesetz, Kommentar von Arno Kloesel und Walter Cyran, 2. Auflage 1962 Stuttgart Dt. Apotheker Verlag.

Kohlhaas: Strafrechtliche Nebengesetze, begr. von Georg Erbs, hrsg. von Max Kohlhaas, bearbeitet von Max Kohlhaas, Albert Lorz, Christian Mayr, Gerhard Potrykus, Walter Zipfel, Band 1, Stand 1967, München C. H. Beck Verlag.

Kolb, Fritz: Das Gesetz zur Ordnung des Wasserhaushaltes, Kommentar, 1958 Köln Sigillum Verlag.

Kormann, Karl: System der rechtsgeschäftlichen Staatsakte, 1910 Berlin, Neudruck 1962 Scientia Verlag.

Krauss, Rupprecht: Der Grundsatz der Verhältnismäßigkeit in seiner Bedeutung für die Notwendigkeit des Mittels im Verwaltungsrecht, in Abhandlung aus dem Seminar für Öffentliches Recht der Universität Hamburg hrsg. von Rudolf Laun und Hans-Peter Ipsen, 1955 Hamburg Appel Verlag.

Krüger, Herbert: Grundfragen einer rechtsstaatlichen Wassergesetzgebung, Rechtsgutachten Hamburg, Heft 3 der Schriftenreihe der Arbeitsgemeinschaft zur Förderung der Industrie — Wasserwirtschaft in Bundesverband der dt. Industrie 1957.

— Die Auflage als Instrument der Wirtschaftsverwaltung DVBl 1955, S. 380, 450, 518.

Landmann-Rohmer: Gewerbeordnung, Kommentar von Robert v. Landmann, Gustav Rohmer, Erich Eyermann, Ludwig Fröhler 12. Auflage 1963 München Berlin C. H. Beck Verlag.

Lerche, Peter: Übermaß und Verfassungsrecht 1961 C. Heymanns Verlag.

Linckelmann, Karl: Zu den kommenden Landeswassergesetzen DÖV 1960, S. 521.

Mangels, Gerd: Getränkeschankanlagenverordnung, Kommentar 1963 München Berlin C. H. Beck Verlag.

Martens, Wolfgang: Fehlerhafte Nebenbestimmungen im Verwaltungsprozeß DVBl 1965, S. 428.

Mattern-Raisch: Atomgesetz, Kommentar von K. H. Mattern und Peter Raisch, 1961 Berlin Frankfurt Franz Vahlen Verlag.

Maunz, Theodor: Deutsches Staatsrecht, Studienbuch, 14. Auflage 1965 München Berlin C. H. Beck Verlag.

Menger, Christian-Friedrich: Höchstrichterliche Rechtsprechung zum Verwaltungsrecht VerwArch Bd. 50, S. 77.

Merländer: Anlagen zur Lagerung, Abfüllung und Beförderung brennbarer Flüssigkeiten zu Lande, Vorschriftensammlung VbF/TVbF mit Kommentar Bd. I von Rudolf Merländer, Helmut Freytag, Fritz Zachen, Arbeit und Sozialordnung, Schriftenreihe für Arbeitsrecht, Arbeitsschutz, Sozialordnung, Lohn-, Tarif- und Schlichtungswesen 1964 C. Heymanns Verlag.

Meyer, Georg: Lehrbuch des Verwaltungsrechts Bd. 1 2. Auflage 1893 Leipzig.

Meyer, Otto: Deutsches Verwaltungsrecht, ein Systematisches Handbuch der deutschen Rechtswissenschaften, hrsg. von Karl Binding, 6. Auflage 2. Band 1896 Leipzig.

Michel, Elmar: Das Gaststättengesetz, Kommentar 4. Auflage 1952 Köln Berlin C. Heymanns Verlag.

Miesbach-Engelhardt: Bergrecht, Kommentar zu den Landesberggesetzen von Hermann Miesbach und Dieter Engelhardt 1962 Berlin Schweizer Verlag.

Müller: Straßenverkehrsrecht, bearbeitet von Werner Full, Wolfgang Möhl, Karl Rüth, 22. Auflage 1969 Bd. 1 Berlin Verlag de Gruyter.

Münch, Ingo v.: Der Widerrufsvorbehalt im Verwaltungsrecht JZ 1964, S. 53.

Nebinger, Robert: Verwaltungsrecht Allgemeiner Teil, 2. Auflage 1949 Stuttgart Wissenschaftliche Verlags Gesellschaft.

Neukamp, Ernst: Die Gewerbeordnung des deutschen Reichs, 8. Auflage 1910 Tübingen J. C. B. Mohr Verlag.

Nöthlichs, Matthias: Anordnungsermächtigungen in Form von Generalklauseln auf dem Gebiet des technischen Arbeitsschutzes RdA 1964, S. 88.

— Grundsätze der Technischen Anleitung zum Schutz gegen Lärm BB 1968, S. 896.

Peters, Hans: Lehrbuch der Verwaltung, 1949 Springer Verlag.

Peters, Johann Josef: Getränkeschankanlagen, 3. Auflage 1961 C. Heymanns Verlag.

Quack, Klaus: Die Rückwirkung belastender Gesetze DVBl 1962, S. 289.

Quaritsch, Helmut: Eigentum und Polizei DVBl 1959, S. 455.

— Anmerkung zum Urteil des BGH vom 20. 1. 1966 JZ 1968, S. 428.

Rabeneick, Fritz: Die Befugnis des Bundes zur Gesetzgebung auf dem Gebiet des öffentlichen Emmissionsrechtes DVBl 1960, S. 497.

Rasch, Ernst Dieter: Lästige Anlagen mit Bestandsprivileg DVBl 1961, S. 813.

Redmann, Günter: Formelle Rechtswidrigkeit im Gewerberecht GewArch 1959, S. 103.

Reinhard, Rudolf: Wo liegen für den Gesetzgeber die Grenzen gemäß Art. 14 Bonner Grundgesetz über Inhalt und Schranken des Eigentums zu bestimmen? In Verfassungsschutz des Eigentums von R. Reinhard und Ulrich Scheuner 1954 Tübingen J. C. B. Mohr Verlag.

Rohlfing-Kiskalt-Wolff, Handkommentar zur Gewerbeordnung, 3. Auflage 1961 erläutert von Hans Kiskalt und Karl Wolff.

Rohmer-Eyermann, Kommentar zum Gaststättengesetz von Gustav Rohmer neubearbeitet von Erich Eyermann, 2. Auflage 1952 München Berlin C. H. Beck Verlag.

Rohrscheidt, Kurt v.: Gewerbeordnung für das Deutsche Reich 1. Band 2. Auflage 1912 Berlin Verlag F. Vahlen.

Sauer-Lais-Quirll, Gesetz zur Ordnung des Wasserhaushaltes, Textausgabe mit Erläuterungen von Ernst Sauer, Rudolf Lais und Ferdinand Quirll, 1958 Agricola Verlag.

Sellmann, Martin: Sozialbindung des Eigentums und Enteignung NJW 1965, S. 1689.

Sieder-Zeitler, Wasserhaushaltsgesetz, Kommentar erläutert von Frank Sieder und Herbert Zeitler unter Mitarbeit von Ernst Hlawaty und Heinz

Dame, Band I 1. und 2. Grundlieferung 1966 München-Berlin C. H. Beck Verlag.

Sieg-Leifermann, Gewerbeordnung erläutert von Harald Sieg und Werner Leifermann, 2. Auflage 1966 München Berlin C. H. Beck Verlag.

Sievers, Rudolf: Wasserrecht, in M. v. Brauchitsch Verwaltungsgesetze des Bundes und der Länder Band IV 1. Halbband, hrsg. von C. H. Ule 1964 C. Heymanns Verlag.

— Gewässerschutz und alte Rechte DVBl 1961, S. 141.

— Zum Wasserhaushaltsgesetz der BRD, in der Festschrift für Gieseke, Beiträge zum Recht der Wasserwirtschaft und zum Energierecht 1958 Karlsruhe.

Schack, Friedrich: Das Entschädigungsmaß des § 70 PrPVG und der entsprechenden Bestimmungen der neuen Polizeigesetze DVBl 1956, S. 669.

— Der Eigentumsschutz gewerblicher Rechtspositionen in der Rechtsprechung des BGH BB 1963, S. 1227.

Schäfer, Gerhard: Der Widerruf begünstigender Verwaltungsakte, 1960 Marburg.

Schäfer, Karl-Wilhelm: Das Recht der Regeln der Technik jur. Diss. Köln 1965.

Scheer, Bernhard: Das Polizei- und Ordnungsrecht in den Ländern der BRD, Band IV Allgemeines Polizei- und Ordnungsrecht im Lande Hessen, 1967 Hamburg.

Scheerbarth, Walter: Das Allgemeine Bauordnungsrecht 2. Auflage 1966 Köln.

Schellong, Über die Bedeutung der Bedingung in der Reichsgewerbeordnung, über die Befugnis der Polizeibehörde zur Schließung einer genehmigten gewerblichen Anlage und über die Rechtsfolgen einer ungerechtfertigten polizeilichen Schließung VerwArch Bd. 18, S. 40

Scheuner, Hans: Zur Untersagung der ferneren Benutzung einer gewerblichen Anlage gemäß § 51 GewO GewArch 1956, S. 200.

Scheuner, Ulrich: Grundlagen und Art der Enteignungsentschädigung, in Verfassungsschutz des Eigentums von R. Reinhard und Ulrich Scheuner 1954 J. C. B. Mohr Verlag Tübingen.

Schilling, Wesen und Form der Rechtsverleihung JR 1968, S. 87.

Schlund, Gerhard H.: Sachgemäßheit von Auflagen BayVerwBl 1968, S. 5.

Schmidt, Rainer: Anmerkung zum Urteil des BGH vom 23. 6. 1967 NJW, S. 791.

Schneider, Egon: Anmerkung zum Urteil des BGH vom 22. und 29. 5. 1967 NJW 1967, S. 1750.

Schönke-Schröder, Strafgesetzbuch, Kommentar, begr. von Adolf Schönke, fortgeführt von Horst Schröder 13. Auflage 1967 München Berlin C. H. Beck Verlag.

Schrödter, Hans: Anmerkung zum Urteil des BVerwG vom 24. 10. 1967 DVBl 1968, S. 37.

Stahlhacke, Eugen: Kommentar zur Gewerbeordnung, Band III Arbeitsrechtliche Vorschriften, Stand 30. 11. 1967 Neuwied H. Luchterhand Verlag.

Stephany, H.: Zum Problem der Reinhaltung der Luft BB 1960, S. 529.

Stephany-Oels, Reinhaltung der Luft, Abwehr von Arbeitslärm und anderen betrieblichen Emmissionen von Hans Stephany und Heinrich Oels, 1960 C. Heymanns Verlag.

Thieme, Werner: Lebensmittelrecht im Rechtsstaat NJW 1966, S. 1436.

Turegg, Kurt Egon Frh. v.: Grundriß des Verwaltungsrechts Band 26 Gewerberecht, 1953 Tübingen J. B. Mohr Verlag.

Ule-Rasch, M. v. Brauchitsch Verwaltungsgesetze des Bundes und der Länder, neu hrsg. von C. H. Ule Band III 1. Halbband Allgemeines Polizeirecht bearbeitet von C. H. Ule und Ernst Rasch 1965 C. Heymanns Verlag.

Vossen, Leo: Der Schutz der Gewerbefreiheit und der Verfassungsrechte, 2. Auflage 1910 Hannover Helwingsche Verlagsbuchhandlung.

Weber, Werner: in Neumann-Nipperdey-Scheuner Die Grundrechte Bd. 2 S. 331, Handbuch der Theorie und Praxis der Grundrechte 1954 Berlin Verlag Duncker und Humblot.

Werner, Leipziger Kommentar, Strafgesetzbuch, begr. von Ludwig Ebermayer, Adolf Lobe, Werner Rosenberg, fortgeführt von Johannes Nagler, hrsg. von Heinrich Jagusch, Edmund Mezger, August Schaefer, Wolfhart Werner, 8. Auflage 1958 Berlin, de Gruyter Verlag.

Westermann, Harry: Aktuelles und werdendes Recht der Mineralölfernleitungen, 1964 Karlsruhe.

Wiegand, A.: Reinhaltung der Luft und Abwehr von Betriebslärm in Frankfurt am Main, Dritter Arbeitsbericht des Gewerbe- und Ordnungsamtes der Stadt Frankfurt am Main, Mai 1961.

Wiethaup, Hans: Die Lärmbekämpfung in der BRD 2. Auflage 1967 C. Heymanns Verlag.

— Die Technische Anleitung zur Reinhaltung der Luft in GewArch 1969, S. 102.

Willecke, Raimund: Grundriß des Bergrechts, 1958 Berlin Springer Verlag.

Witzel, Gustav: Gesetz zur Ordnung des Wasserhaushaltes unter Einbeziehung der Ausfüllungs- und Ergänzungsgesetze der Länder, 5. Auflage 1964 Berlin Frankfurt F. Vahlen Verlag.

Wolff, Hans J.: Verwaltungsrecht Band I, Studienbuch, 6. Auflage 1965 München Berlin C. H. Beck Verlag.

Wüsthoff-Grimme, Handbuch des deutschen Wasserrechts, Loseblatt Textsammlung begr. von Alexander Wüsthoff, fortgeführt von Walter Kumpf Band I, 1958 Berlin E. Schmidt Verlag.

Zipfel, Walter: Lebensmittelrecht, Kommentar der gesamten lebensmittelrechtlichen Vorschriften, Band I Stand 1. 5. 1966 München Berlin C. H. Beck Verlag.

FSC
www.fsc.org
MIX
Papier | Fördert
gute Waldnutzung
FSC® C083411

Kolibri 360 GmbH
Ferdinand-Jühlke-Straße 7
99095 Erfurt, Deutschland
produktsicherheit@kolibri360.de

Druck:
CPI Druckdienstleistungen GmbH
im Auftrag der
Kolibri 360 GmbH
Ferdinand-Jühlke-Str. 7
99095 Erfurt